In diesem Taschenbuch werden sechzehn wichtige irische Autoren seit der 2. Hälfte des 19. Jahrhunderts mit je einer sehr guten Kurzgeschichte vorgestellt – von Elisabeth Schnack, der gewiß gründlichsten Kennerin der Materie. Den englischen Originaltexten ist in Paralleldruck eine deutsche Übersetzung beigegeben.

dtv zweisprachig · Edition Langewiesche-Brandt

IRISH STEW
A Big Book of Short Stories

Großes Kurzgeschichten-Buch

Auswahl und Übersetzung
von Elisabeth Schnack

Deutscher Taschenbuch Verlag

© Deutscher Taschenbuch Verlag GmbH & Co. KG
München. Oktober 1986. Originalausgabe
Die Joyce-Übersetzung ist von Dieter E. Zimmer
Copyright-Einzelnachweise Seite 320
Umschlaggestaltung: Celestino Piatti
Gesamtherstellung: Kösel, Kempten
ISBN 3-423-09231-9. Printed in Germany

Terry looked up; Josephine lay still. He felt shy, embarrassed all at once at the idea of anyone coming here. His brain was ticking like a watch: he looked up warily.

But there was nobody. Outside the high cold walls, beyond the ragged arch of the chapel, delphiniums crowded in sunshine – straining with brightness, burning each other up – bars of colour that, while one watched them, seemed to turn round slowly. But there was nobody there.

The chapel was a ruin, roofed by daylight, floored with lawn. In a corner the gardener had tipped out a heap of cut grass from the lawn-mower. The daisy-heads wilted, the cut grass smelt stuffy and sweet. Everywhere, cigarette-ends, scattered last night by the couples who'd come here to kiss. First the dance, thought Terry, then this: the servants will never get straight. The cigarette-ends would lie here for days, till after the rain, and go brown and rotten.

Then he noticed a charred cigarette stump in Josephine's hair. The short wavy ends of her hair fell back – still in lines of perfection – from temples and ears; by her left ear the charred stump showed through. For that, he thought, she would never forgive him; fastidiousness was her sensibility, always tormented. ("If you must know," she had said, "well, you've got dirty nails, haven't you? Look.") He bent down and picked the cigarette-end out of her hair; the fine ends fluttered under his breath. As he threw it away, he noticed his nails were still dirty. His hands were stained now – naturally – but his nails must have been dirty before. Had she noticed again?

But had she, perhaps, for a moment been proud of

Terry blickte auf: Josephine lag still. Beim Gedanken, jemand könne kommen, wurde er plötzlich verlegen und schüchtern. Sein Gehirn tickte wie eine Uhr: er blickte wachsam auf.

Aber es war niemand da. Jenseits der hohen, kalten Mauern, hinter dem zerbröckelnden Bogenfenster der Kapelle, drängte sich der Rittersporn im Sonnenschein, blaue Kerzen, die an Glanz miteinander wetteiferten, sich gegenseitig versengten und, während man ihnen zusah, sich langsam zu drehen schienen. Aber es war niemand da.

Die Kapelle war eine Ruine, ihr Dach das Tageslicht, ihr Fußboden die Grasnarbe. In einer Ecke hatte der Gärtner einen Haufen zerschnittenes Gras vom Rasenmäher zusammengetragen. Die Köpfe der Gänseblümchen hingen schlaff hervor, das gemähte Gras roch stickig und süß. Überall lagen Zigarettenstummel, wie sie gestern abend die Pärchen fortgeworfen hatten, die hierhergekommen waren, um sich zu küssen. Zuerst die Tanzerei, und dann das hier, dachte Terry: die Dienstboten werden niemals fertig. Die Zigarettenstummel würden tagelang hier liegen, bis nach dem Regen, und braun werden und verschimmeln.

Dann bemerkte er einen verkohlten Zigarettenstummel in Josephines Haar. Die kurzen, gewellten Enden ihrer Haare fielen in noch immer makelloser Ordnung von den Schläfen und Ohren zurück; neben ihrem linken Ohr schaute der verkohlte Stummel hervor. Das würde sie ihm nie verzeihen, dachte er. Vor lauter Pedanterie war sie qualvoll überempfindlich. («Falls du's wissen willst», hatte sie gesagt, «du hast nämlich schmutzige Fingernägel! Da, sieh mal!») Er bückte sich und nahm den Zigarettenstummel aus ihrem Haar; die feinen Spitzen zitterten von seinem Atemhauch. Als er den Stummel wegwerfen wollte, fiel ihm auf, daß seine Nägel noch immer schmutzig waren. Seine Hände waren jetzt besudelt – das war unvermeidlich – aber die Nägel müssen vorher schon schmutzig gewesen sein. Ob sie es wieder bemerkt hatte?

Aber war sie nicht vielleicht doch einen Augenblick stolz auf

him? Had she had just a glimpse of the something he'd told her about? He wanted to ask her: "What do you feel now? Do you believe in me?" He felt sure of himself, certain, justified. For nobody else would have done this to Josephine.

Himself they had all – always – deprecated. He felt a shrug in this attitude, a thinly disguised kind of hopelessness. "Oh, *Terry* . . ." they'd say, and break off. *He was no good*: he couldn't even put up a tennis-net. He never could see properly (whisky helped that at first, then it didn't), his hands wouldn't serve him, things he wanted them to hold slipped away from them. *He was no good*; the younger ones laughed at him till they, like their brothers and sisters, grew up and were schooled into bitter kindliness. Again and again he'd been sent back to them all (and repetition never blunted the bleak edge of these home-comings) from school, from Cambridge, now – a month ago – from Ceylon. "The bad penny!" he would remark, very jocular. "If I could just think things out," he had tried to explain to his father, "I know I could do *something*." And once he had said to Josephine: "I know there is Something I could do."

"And they will know now," he said, looking round (for the strange new pleasure of clearly and sharply seeing) from Josephine's face to her stained breast (her heavy blue beads slipped sideways over her shoulder and coiled on the grass – touched, surrounded now by the unhesitant trickle);

from her breast up the walls to their top, the top crumbling, the tufts of valerian trembling against the sky. It was as though the dark-paned window through which he had so long looked out swung open suddenly. He saw (clear as the walls and the sky) Right and Wrong, the old childish fixities. *I have done right,* he thought (but his brain was still ticking). *She*

ihn gewesen? Hatte sie doch eine kleine Ahnung von dem bekommen, was er ihr hatte sagen wollen? Nun hätte er sie gern gefragt: «Was meinst du jetzt? Glaubst du an mich?» Er war seiner sicher, war überzeugt von sich, fühlte sich gerechtfertigt. Denn niemand sonst hätte Josephine das angetan!

Ihn selber hatten sie alle stets abgelehnt. Ihre Einstellung zu ihm war wie ein Achselzucken, eine schlecht verhohlene Art Hoffnungslosigkeit. «Oh, Terry...» seufzten sie und brachen ab. Er taugte zu nichts: nicht einmal das Tennisnetz konnte er spannen. Er konnte nicht gut sehen (da hatte ihm zuerst der Whisky geholfen; nachher auch nicht mehr); seine Hände wollten ihm nie gehorchen: Dinge, die sie halten sollten, entglitten ihnen. Er taugte zu nichts: die jüngeren Geschwister lachten ihn aus, bis sie größer wurden und sich gleich den älteren Geschwistern eine bittere Freundlichkeit angewöhnt hatten. Wieder und immer wieder war er nach Hause geschickt worden (und die Wiederholung vermochte der häufigen Heimkehr niemals die Schärfe zu nehmen): von der Schule, von der Universität und jetzt – vor einem Monat – von Ceylon. «Das schwarze Schaf!» hatte er scherzend bemerkt. «Wenn ich nur richtig nachdenken könnte», hatte er seinem Vater zu erklären versucht, «denn ich weiß, daß ich *irgend etwas* tun kann!» Und einmal hatte er zu Josephine gesagt: «Ich weiß, daß es etwas gibt, was ich tun könnte.»

«Und jetzt werden sie's einsehen», sagte er und blickte sich um (erfüllt von der neuen, seltsamen Freude, deutlich und scharf zu sehen), blickte von Josephines Gesicht auf ihre besudelte Brust (ihre schweren blauen Perlen waren seitlich über die Schulter gerutscht und rollten im Gras – jetzt berührt und umgeben von dem pausenlosen Tröpfeln; blickte von der Brust die Mauern aufwärts bis zu ihrer Krone, der morschen Mauerkrone, auf der die Baldrianbüschel sich flirrend gegen den Himmel abzeichneten. Es war ihm, als wäre das Fenster mit den trüben Scheiben, durch das er so lange hinausgestarrt hatte, plötzlich aufgeflogen. Er erkannte nun (so deutlich wie die Mauern und den Himmel) die alten kindisch starren Richtlinien Recht und Unrecht. Ich habe recht gehandelt, dachte er (aber sein Gehirn tickte noch immer). *Sie durfte nicht leben*

ought not to live with this flaw in her. Josephine ought not to live, she had to die.

All night he had thought this out, walking alone in the shrubberies, helped by the dance-music, dodging the others. His mind had been kindled, like a dull coal suddenly blazing. He was not angry; he kept saying: "I must not be angry, I must be just." He was in a blaze (it seemed to himself) of justice. The couples who came face to face with him down the paths started away.

Someone spoke of a minor prophet, some one breathed "Caliban." ... He kept saying: "That flaw right through her. She damages truth. She kills souls; she's killed mine." So he had come to see, before morning, his purpose as God's purpose.

She had laughed, you see. She had been pretending. There was a tender and lovely thing he kept hidden, a spark in him; she had touched it and made it the whole of him, made him a man. She had said: "Yes, I believe, Terry. I understand." That had been everything. He had thrown off the old dull armour. ... Then she had laughed.

Then he had understood what other men meant when they spoke of her. He had seen at once what he was meant to do. "This is for me," he said. "No one but I can do it."

All night he walked alone in the garden. Then he watched the french windows and when they were open again stepped in quickly and took down the African knife from the dining-room wall. He had always wanted that African knife. Then he had gone upstairs (remembering, on the way, all those meetings with Josephine, shaving, tying of ties), shaved, changed into flannels, put the knife into his blazer pocket (it was too long, more then an inch of the blade came out through the inside lining) and sat on his window-sill, watching sunlight brighten and

mit diesem Makel. Josephine durfte nicht leben, sie mußte sterben.

Die ganze Nacht hindurch hatte er es sich zurechtgelegt, während er allein zwischen den Sträuchern umherging, unterstützt von der Tanzmusik, den andern ausweichend. Sein Denken war wie ein dunkles Stück Kohle angefacht worden, das plötzlich auflodert. Er war nicht zornig. Er sagte sich ständig: «Ich darf nicht zornig werden, ich muß gerecht sein!» Er glühte (wie ihm schien) vor Gerechtigkeit. Die Paare, die ihm auf den Gartenwegen von Angesicht zu Angesicht begegneten, schraken zurück. Jemand sprach von einem kleinen Propheten, ein anderer flüsterte: «Caliban»... Er sagte sich dauernd: «Der Makel geht bei ihr durch und durch. Sie schädigt die Wahrheit. Sie tötet Seelen: meine hat sie getötet!» Und so hatte er schließlich noch vor dem Morgen seine Absicht als Gottes Absicht erkannt.

Sie hatte nämlich gelacht. Sie hatte ihm etwas vorgemacht. Im innersten Winkel seines Herzens hatte er etwas sehr Feines und Zartes verborgen gehalten, einen Funken: den hatte sie berührt und alles an ihm verwandelt, ihn zum Mann gemacht. Sie hatte gesagt: «Ja, ich glaube an dich, Terry. Ich verstehe dich.» Das war alles gewesen. Er hatte die alte, düstere Rüstung von sich geschleudert... Da hatte sie gelacht.

Dann erst hatte er verstanden, was andere Männer meinten, wenn sie von ihr sprachen. Er hatte sofort gesehen, was er zu tun hatte. «Das ist meine Aufgabe», hatte er gesagt. «Keiner kann es tun, nur ich.»

Die ganze Nacht war er allein im Garten umhergegangen. Später hatte er die Glastüren beobachtet, und als sie wieder offenstanden, war er rasch eingetreten und hatte das afrikanische Messer von der Eßzimmerwand genommen. Schon immer hatte er das afrikanische Messer haben wollen. Danach war er die Treppe hinaufgegangen (und hatte unterwegs an all die Begegnungen mit Josephine gedacht, an das Rasieren, das Krawattenbinden), hatte sich rasiert, die Flanellhose angezogen, das Messer in die Hosentasche gesteckt (es war zu lang, zwei Zentimeter von der Klinge waren durchs Innenfutter gegangen) und sich aufs Fensterbrett gesetzt und beobachtet,

broaden from a yellow agitation behind the trees into swathes of colour across the lawn. He did not think; his mind was like somebody singing, somebody able to sing.

And, later, it had all been arranged for him. He fell into, had his part in, some kind of design. Josephine had come down in her pleated white dress (when she turned the pleats whirled).

He had said, "Come out!" and she gave that light distant look, still with a laugh at the back of it, and said, "Oh – right-o, little Terry." And she had walked down the garden ahead of him, past the delphiniums into the chapel. Here, to make justice perfect, he had asked once more: "*Do* you believe in me?" She had laughed again.

She lay now with her feet and body in sunshine (the sun was just high enough), her arms flung out wide at him, desperately, generously: her head rolling sideways in shadow on the enclosed, silky grass. On her face was a dazzled look (eyes half closed, lips drawn back), an expression almost of diffidence. Her blood quietly soaked through the grass, sinking through to the roots of it.

He crouched a moment and, touching her eyelids – still warm – tried to shut her eyes. But he didn't know how. Then he got up and wiped the blade of the African knife with a handful of grass, then scattered the handful away. All the time he was listening; he felt shy, embarrassed at the thought of anyone finding him here. And his brain, like a watch, was still *ticking*.

On his way to the house he stooped down and dipped his hands in the garden tank. Someone might scream; he felt embarrassed at the thought of somebody screaming. The red curled away through the water and melted.

He stepped in at the morning-room window. The

wie das Sonnenlicht heller wurde und sich von einem gelben Zittern hinter den Bäumen zu farbigen Schwaden auf dem Rasen verbreitete. Er dachte nicht; sein Geist war wie jemand, der singt, der endlich zu singen vermag.

Und später war alles wie für ihn vorbereitet. Er verfiel in einen gewissen Plan, hatte darin seine Rolle. Josephine war in ihrem weißen Faltenkleid (wenn sie sich drehte, tanzten die Falten) die Treppe heruntergekommen. Er hatte gesagt: «Komm mit hinaus!», und sie hatte ihm so einen flüchtigen, fernen Blick zugeworfen, noch immer mit einem Lachen dahinter, und hatte gesagt: «Oh, meinetwegen, kleiner Terry!» Und sie war vor ihm her durch den Garten gegangen und an den Rittersporkerzen vorbei in die Kapelle. Hier hatte er sie, um völlig gerecht zu sein, noch einmal gefragt: «Glaubst du an mich?» Und wieder hatte sie gelacht.

Sie lag jetzt mit den Füßen und dem Körper im Sonnenschein (die Sonne stand gerade hoch genug); ihre Arme waren weit nach ihm ausgebreitet, wehrlos, alles gebend, der Kopf lag, zur Seite geneigt, im Schatten auf dem seidigen, eingefriedeten Gras. Das Gesicht zeigte einen verwirrten Ausdruck (die Augen waren halb geschlossen, die Lippen geschürzt), eine fast schüchterne Miene. Ihr Blut sickerte still ins Gras, sank bis zu den Wurzeln durch.

Er kauerte einen Augenblick über ihr, berührte die noch warmen Lider und versuchte, ihr die Augen zuzudrücken. Aber er wußte nicht, wie. Dann stand er auf, wischte die Klinge des afrikanischen Messers an einer Handvoll Gras ab und streute das Gras umher. Die ganze Zeit lauschte er; der Gedanke, jemand könne ihn hier finden, schüchterte ihn ein und war ihm peinlich. Und sein Gehirn tickte immer noch wie eine Uhr.

Auf dem Weg zum Haus bückte er sich über die Gartentonne und tauchte seine Hände ins Wasser. Jemand könnte sonst loskreischen; der Gedanke, daß jemand loskreischen könnte, war ihm peinlich. Das Rote sank, sich kräuselnd, durchs Wasser und verging.

Er trat durch die Glastür des Frühstückszimmers. Die Jalousien

blinds were half down – he stooped his head to avoid them – and the room was in dark-yellow shadow. (He had waited here for them all to come in, that afternoon he arrived back from Ceylon.) The smell of pinks came in, and two or three blue-bottles bumbled and bounced on the ceiling. His sister Catherine sat with her back to him, playing the piano. (He had heard her as he came up the path.) He looked at her pink pointed elbows – she was playing a waltz and the music ran through them in jerky ripples.

"Hullo, Catherine," he said, and listened in admiration. So his new voice sounded like this!

"Hullo, Terry." She went on playing, worrying at the waltz. She had an anxious, methodical mind, but loved gossip. He thought: Here is a bit of gossip for you – Josephine's down in the chapel, covered with blood. Her dress is spoilt, but I think her blue beads are all right. I should go and see.

"I say, Catherine –"

"Oh, Terry, they're putting the furniture back in the drawing-room. I wish you'd go and help. It's getting those big sofas through the door . . . and the cabinets." She laughed: "I'm just putting the music away," and went on playing.

He thought: I don't suppose she'll be able to marry now. No one will marry her. He said: "Do you know where Josephine is?"

"No, I haven't" – rum-tum-tum, rum-tum-*tum* – "the slightest idea. Go on, Terry."

He thought: She never liked Josephine. He went away.

He stood in the door of the drawing-room. His brothers and Beatrice were pushing the big armchairs, chintz-skirted, over the waxy floor. They all felt him there: for as long as possible didn't notice him. Charles – fifteen, with his pink scrubbed ears – considered a moment, shoving against the cabinet, thought it was rather a shame, turned with an honest,

waren halb heruntergelassen – er zog den Kopf ein, um sich nicht zu stoßen; und das Zimmer lag in dunkelgelben Schatten. (Hier hatte er an dem Nachmittag, als er aus Ceylon zurückgekehrt war, darauf gewartet, daß alle kommen sollten). Nelkenduft wehte herein, und zwei oder drei Schmeißfliegen brummten und prallten gegen die Decke. Seine Schwester Catherine saß, den Rücken ihm zugewandt, am Klavier und spielte. (Er hatte sie schon gehört, als er den Gartenweg heraufkam). Er sah auf ihre roten, spitzigen Ellbogen – sie spielte einen Walzer, und die Musik zuckte wie Kräuselwellen hindurch.

«Hallo, Catherine!» sagte er und hörte sich bewundernd zu. So klang also seine neue Stimme!

«Hallo, Terry!» Sie spielte weiter und mühte sich mit dem Walzer ab. Catherine besaß einen hellen, klar denkenden Verstand, aber sie liebte Klatsch. Er dachte: da hättest du was zu klatschen – Josephine unten in der Ruine, mit Blut bedeckt. Ihr Kleid ist hin, aber ihre blauen Perlen sind, glaube ich, nicht besudelt. Du solltest hingehn und nachschauen...

«Hör' mal, Catherine...»

«Oh, Terry, im Wohnzimmer werden die Möbel wieder eingeräumt. Könntest du ihnen nicht helfen? Es ist so schwierig, die großen Sofas durch die Tür zu bugsieren... und die Schränke auch.» Sie lachte: «Ich will nur noch die Musik aufräumen», und spielte weiter.

Er dachte: jetzt wird sie vermutlich nicht heiraten können. Niemand wird sie jetzt haben wollen. Er fragte: «Weißt du, wo Josephine ist?»

«Nein, ich habe» – rum-tum-tum, rum-tum-tum – «nicht die leiseste Ahnung. Geh doch bitte, Terry!»

Er dachte: sie hat Josephine nie leiden können. Er ging.

Dann stand er in der Wohnzimmertür. Seine Brüder und Beatrice wuchteten die schweren Chintz-Sessel über den gebohnerten Fußboden. Alle spürten, daß er da war – und so lange wie möglich beachteten sie ihn nicht. Charles, der Fünfzehnjährige, mit seinen roten, sauber geschrubbten Ohren, überlegte einen Augenblick, stieß gegen den Schrank, fand ihr Verhalten ziemlich beschämend und drehte sich mit einer Miene zu ihm um, die ehrlich und freundlich seine Abneigung

kindly look of distaste, said, "Come on, Terry." He can't go back to school now, thought Terry, can't go anywhere, really: wonder what they'll do with him – send him out to the Colonies? Charles had perfect manners: square, bluff, perfect. He never thought about anybody, never felt anybody – just classified them. Josephine was "a girl staying in the house," "a friend of my sisters'." He would think at once (in a moment when Terry had told him), "A girl staying in the house ... it's ... well, I mean, if it hadn't been *a girl staying in the house* ..."

Terry went over to him; they pushed the cabinet. But Terry pushed too hard, crooked; the further corner grated against the wall. "Oh, I say, we've scratched the paint," said Charles. And indeed they had; on the wall was a grey scar. Charles went scarlet: he hated things to be done badly. It was nice of him to say: "*We've* scratched the paint." Would he say later: "We've killed Josephine"?

"I think perhaps you'd better help with the sofas," said Charles civilly.

"You should have seen the blood on my hands just now," said Terry.

"Bad luck!" Charles said quickly and went away.

Beatrice, Josephine's friend, stood with her elbows on the mantelpiece looking at herself in the glass above. Last night a man had kissed her down in the chapel (Terry had watched them). This must seem to Beatrice to be written all over her face – what else could she be looking at? Her eyes in the look-ing-glass were dark, beseeching. As she saw Terry come up behind her she frowned angrily and turned away.

"I say, Beatrice, do you know what happened down in the chapel?"

"Does it interest you?" She stooped quickly and pulled down the sofa loose-cover where it had 'runk-led' up, as though the sofa legs were indecent.

ausdrückte. «Komm, Terry!» rief er. Terry dachte: jetzt kann er nicht wieder in sein Schulheim, eigentlich nirgendwohin; möchte mal wissen, was sie mit ihm anfangen – ob sie ihn in die Kolonien schicken? Charles hatte tadellose Manieren: offen, geradezu, tadellos. Er dachte nie über andre nach, empfand nie etwas für andre; er klassifizierte die Menschen nur. Josephine war «ein junges Mädchen, das bei uns wohnt, eine Freundin meiner Schwestern.» Er würde (im Augenblick, wenn Terry es ihm mitteilte) sofort denken: «Ein junges Mädchen, das bei uns wohnt ... es ist ... ja, eben, ich meine, wenn es nicht *ein junges Mädchen wäre, das bei uns gewohnt hat ...*»

Terry ging zu ihm hinüber; sie verschoben den Schrank. Aber Terry schob zu stark und nicht gerade; die andere Schrankecke schrammte über die Wand. «Oh, halt, jetzt haben wir die Farbe abgekratzt!» rief Charles. Und es stimmte; auf der Wand war eine graue Schramme. Charles wurde dunkelrot; er haßte es, wenn man etwas nicht tadellos machte. Es war nett von ihm, daß er sagte: «*Wir* haben die Farbe abgekratzt.» Ob er später auch sagen würde: «Wir haben Josephine umgebracht?»

«Ich glaube, du solltest lieber bei den Sofas helfen!» sagte Charles höflich.

«Du hättest vorhin das Blut an meinen Händen sehen sollen», sagte Terry.

«Pech!» sagte Charles rasch und ging fort.

Beatrice, Josephines Freundin, hatte die Ellbogen auf den Kaminsims aufgestützt und betrachtete sich im Spiegel. Gestern abend hatte ein Mann sie unten in der Kapelle geküßt (Terry hatte sie beobachtet). Wahrscheinlich meinte Beatrice, es stünde ihr im Gesicht geschrieben – weshalb sonst könnte sie sich so scharf mustern? Ihre Augen wirkten im Spiegel dunkel und flehend. Als sie sah, daß Terry hinter ihr auflachte, runzelte sie verärgert die Stirn und wandte sich ab.

«Hör' mal, Beatrice, weißt du vielleicht, was in der Kapelle unten passiert ist?»

«Interessiert es dich?» Sie bückte sich schnell und zog die Sofa-Bezüge, wo sie verrutscht waren, nach unten –, als böten die Sofabeine einen unanständigen Anblick.

"Beatrice, what would you do if I'd killed somebody?"

"Laugh," said she, wearily.

"If I'd killed a woman?"

"Laugh harder. Do you know any women?"

She was a lovely thing, really: he'd ruined her, he supposed. He was all in a panic. "Beatrice, swear you won't go down to the chapel." Because she might, well – of course she'd go down: as soon as she was alone and they didn't notice she'd go creeping down to the chapel. It had been *that* kind of kiss.

"Oh, be quiet about that old chapel!" Already he'd spoilt last night for her. How she hated him! He looked round for John. John had gone away.

On the hall table were two letters, come by the second post, waiting for Josephine. No one, he thought, ought to read them – he must protect Josephine; he took them up and slipped them into his pocket.

"I say," called John from the stairs, "what are you doing with those letters?" John didn't mean to be sharp but they had taken each other unawares. They none of them wanted Terry to *feel* how his movements were sneaking movements; when they met him creeping about by himself they would either ignore him or say: "Where are *you* off to?" jocosely and loudly, to hide the fact of their knowing he didn't know. John was Terry's elder brother, but hated to sound like one. But he couldn't help knowing those letters were for Josephine, and Josephine was 'staying in the house.'

"I'm taking them for Josephine."

"Know where she is?"

"Yes, in the chapel . . . I killed her there."

But John – hating this business with Terry – had turned away. Terry followed him upstairs, repeating: "I killed her there, John . . . John, I've killed Josephine in the chapel." John hurried ahead, not

«Beatrice, was würdest du sagen, wenn ich jemand umgebracht hätte?»

«Lachen», sagte sie verdrießlich.

«Und wenn ich eine Frau umgebracht hätte?»

«Noch lauter lachen. Kennst du überhaupt Frauen?»

Sie war wirklich ein reizendes Ding: wahrscheinlich hatte der Mann ihr etwas angetan. Plötzlich bekam er es mit der Angst: «Beatrice, schwör mir, daß du nicht in die Kapelle gehst!» Denn sie könnte – ja, natürlich würde sie hingehen. Sobald sie allein war und niemand sie beachtete, würde sie sich in die Kapelle schleichen. *So* eine Art Kuß war es also gewesen.

«Ach, hör' auf mit der alten Kapelle!» Den gestrigen Abend hatte er ihr bereits verdorben. Wie sie ihn verabscheute! Er blickte sich nach John um. John war fortgegangen.

Auf dem Tisch in der Halle lagen zwei Briefe, die mit der zweiten Post gekommen waren, beide für Josephine. Niemand sollte sie lesen, dachte er; er mußte Josephine schützen. Er nahm sie an sich und steckte sie in seine Tasche.

«Heh!» rief John von der Treppe her. «Was willst du mit den Briefen?» John wollte nicht heftig sprechen, aber sie hatten sich gegenseitig überrascht. Keines von den Geschwistern wollte Terry spüren lassen, daß sie ihn für einen Schleicher hielten; wenn sie ihn irgendwo trafen und er herumschlich, übersahen sie ihn oder sie riefen fröhlich und laut: «Hallo, wohin?», um ihn nicht merken zu lassen, daß sie über ihn wußten, was er selbst nicht wußte.

John war Terrys älterer Bruder, aber er haßte es, wie ein solcher zu reden. Nur: er wußte schließlich, daß die Briefe für Josephine waren, und Josephine war ihr Gast.

«Ich bringe sie Josephine.»

«Weißt du, wo sie ist?»

«Ja, in der Kapelle ... ich hab' sie dort umgebracht.»

Aber John (der mit Terry einfach nichts zu tun haben wollte) hatte sich schon abgewandt. Terry folgte ihm die Treppe hinauf und wiederholte: «Ich hab' sie dort umgebracht, John ... John, ich habe Josephine in der Kapelle umgebracht.»

listening, not turning round. "Oh, yes," he called over his shoulder. "Right you are, take them along." He disappeared into the smoking-room, banging the door. It had been John's idea that, from the day after Terry's return from Ceylon, the sideboard cupboard in the dining-room should be kept locked up. But he'd never said anything; oh no. What interest could the sideboard cupboard have for a brother of his? he pretended to think.

Oh yes, thought Terry, you're a fine man with a muscular back, but you couldn't have done what I've done. There had, after all, been Something in Terry. He *was* abler than John (they'd soon know). John had never kissed Josephine.

Terry sat down on the stairs saying: "Josephine, Josephine!" He sat there gripping a baluster, shaking with exaltation.

The study door-panels had always looked solemn; they bulged with solemnity. Terry had to get past to his father; he chose the top left-hand panel to tap on. The patient voice said: "Come in!"

Here and now, thought Terry. He had a great audience; he looked at the books round the dark walls and thought of all those thinkers. His father jerked up a contracted, strained look at him. Terry felt that hacking with his news into this silence was like hacking into a great, grave chest. The desk was a havoc of papers.

"What exactly do you want?" said his father, rubbing the edge of the desk.

Terry stood there silently: everything ebbed. "I want," he said at last, "to talk about my future."

His father sighed and slid a hand forward, rumpling the papers. "I suppose, Terry," he said as gently as possible, "you really *have* got a future?" Then he reproached himself. "Well, sit down a minute . . . I'll just . . ."

John eilte weiter, ohne zuzuhören oder sich umzudrehen. «Ja, ja», rief er über die Schulter zurück. «Du hast schon recht, bring sie ihr nur!» Er verschwand im Rauchzimmer und schmetterte die Tür zu. Es war Johns Gedanke gewesen, daß mit dem Tage von Terrys Rückkehr aus Ceylon die Anrichte im Eßzimmer dauernd verschlossen bleiben sollte. Aber er hatte nichts darüber gesagt – o nein. Was für ein Interesse konnte die Anrichte für einen seiner Brüder haben?, redete er sich ein.

O ja, dachte Terry, du bist ein strammer Mann mit einem starken Rücken, aber du hättest nicht fertiggebracht, was ich getan habe. Es steckte eben doch etwas in Terry! Er konnte *mehr* als John (wie sie bald sehen würden). John hatte Josephine nie geküßt.

Terry setzte sich auf die Treppe und sagte: «Josephine! Josephine!» Er klammerte sich ans Treppengeländer und zitterte in leidenschaftlicher Verzückung.

Die Tafeln der Schreibzimmer-Tür hatten stets würdevoll ausgesehen; sie strotzten von Würde. Terry mußte an ihnen vorbei zu seinem Vater; er wählte die Tafel links oben, um anzuklopfen. Die geduldige Stimme rief: «Herein!»

Jetzt und hier, dachte Terry. Hier hatte er eine großartige Zuhörerschaft; er sah auf die Bücher ringsum vor den dunklen Wänden und dachte an all die Denker. Sein Vater blickte auf, mit gerunzelter Stirn, angestrengt. Wenn Jerry mit seiner Neuigkeit auf das Schweigen hier einhacken würde, wäre es wie das Einhacken auf eine große, ernste Brust. Der Schreibtisch war ein Chaos von Papier.

«Was wolltest du eigentlich genau?» fragte sein Vater und rieb über die Kante des Schreibtisches.

Terry stand stumm da: alles entschwand und verebbte. «Ich möchte», sagte er endlich, «über meine Zukunft sprechen.»

Sein Vater seufzte, schob eine Hand vor, knüllte die Papiere. So sanft wie möglich fragte er: «Hoffentlich hast du auch wirklich eine Zukunft, Terry?» Dann machte er sich Selbstvorwürfe. «Setz' dich eine Minute hin, Terry ... ich will nur noch ...»

Terry sat down. The clock on the mantelpiece echoed the ticking in his brain. He waited.

"Yes?" said his father.

"Well, there must be some kind of future for me, mustn't there?"

"Oh, certainly. . . ."

"Look here, father, I have something to show you. That African knife –"

"What about it?"

"That African knife. It's here. I've got it to show you."

"What about it?"

"Just wait a minute." He put a hand into either pocket: his father waited.

"It *was* here – I did have it. I brought it to show you. I must have it somewhere – that African knife."

But it wasn't there, he hadn't got it; he had lost it; left it, dropped it – on the grass, by the tank, anywhere. He remembered wiping it. . . . Then?

Now his support was all gone; he was terrified now; he wept.

"I've lost it," he quavered, "I've lost it."

"What do you mean?" said his father, sitting blankly there like a tombstone, with his white, square face.

"What are you trying to tell me?"

"Nothing," said Terry, weeping and shaking. "Nothing, nothing, nothing."

Terry setzte sich. Die Uhr auf dem Kaminsims tickte das Echo zum Ticken in seinem Gehirn. Er wartete.

«Ja?» fragte sein Vater.

«Irgendeine Zukunft muß ich doch haben, nicht?»

«O sicher...»

«Vor allem wollt' ich dir was zeigen, Vater. Das afrikanische Messer...»

«Was ist's damit?»

«Das afrikanische Messer... Es ist hier ... ich muß es dir zeigen.»

«Was ist's damit?»

«Warte eine Minute!» Er fuhr mit der Hand in jede Tasche: sein Vater wartete.

«Es war da! Ich hab's bestimmt gehabt! Ich wollte es dir zeigen. Ich muß es irgendwo haben, das Messer.»

Aber es war nicht da, er hatte es nicht mehr. Er hatte es verloren, hatte es fallen lassen – aufs Gras, neben die Regentonne, irgendwohin. Er konnte sich erinnern, daß er es abgewischt hatte... Und dann?

All sein Rückhalt war ihm genommen; er war entsetzt; er weinte.

«Ich hab's verloren», stammelte er. «Ich hab's verloren!»

«Was meinst du eigentlich?» fragte sein Vater und saß so ausdruckslos wie ein Grabstein da mit seinem weißen, kantigen Gesicht.

«Was möchtest du mir sagen?»

«Nichts», sagte Terry, plötzlich stoßweise weinend. «Nichts, nichts, nichts.»

If Jack Creedon did not get to where the road from Carrignadoura crosses the road to Aharas in time to catch up the mail car – well, he would have to walk the whole long ten miles into Raheen, instead of sitting, neighbour-like, on the car chatting to Larry the driver. With him Jack Creedon loved to chat – that is when Larry could be got to speak at all; for the most part he spoke only to his horse.

It had been raining all day. Now, however, the sun had scattered the heavy rain-clouds, and there, behind them, lay a mass of shredded, tumbled, thin-drawn filaments and veils of vapour in which the coming sunset had already begun to heighten the tints. That brightness in the west was beautiful, indeed, after the dull day. Yet Jack Creedon gave it never a thought, but he tramped and tramped the mountainy road; and where the water-courses had made their own of its surface he splashed and splashed. All the time, however, he made up and up towards the crossing of the main roads on the ridge.

Above an edge of the hill he presently saw the tail-board of Larry's car; the car was not moving, a thing that made him wonder. And soon he saw Larry himself, a little away from his horse, stamping about on the watery road. His hands were deep in his pockets, his whip was gripped under his elbow, and his face was looking more crusty than ever. There he was stamping about on the mountaintop, impatience itself. A twinkle came into Jack Creedon's eye. He could make no guess at what was causing Larry to delay in so windy a spot after driving through miles of rain.

"Eh!" he cried, "is it taking the air ye are?"

Old Larry turned: "The air!" he snarled.

"Ye might be civil!"

Wenn Jack Creedon nicht rechtzeitig dorthin kam, wo sich die Straße von Carrignadoura mit der Straße von Aharas kreuzte, wo er die Postkutsche abfangen wollte, dann mußte er die ganzen zehn Meilen bis nach Raheen zu Fuß zurücklegen, anstatt wie ein guter Nachbar neben Larry, dem Fahrer, auf dem Kutschbock zu sitzen und mit ihm zu schwatzen. Mit ihm schwatzte Jack Creedon gern – das heißt, falls er ihn dazu bewegen konnte, denn meistens sprach er nur mit seinem alten Pferd.

Es hatte den ganzen Tag geregnet. Doch jetzt hatte die Sonne die schweren Regenwolken verscheucht, und drüben, schräg hinter ihnen, spann sich ein Netz von wirren Wolkenfahnen und Dunstschleiern, deren Farben die untergehende Sonne bereits kräftiger zu tönen begann. Nach einem so trüben Tag war die Helle im Westen wirklich wunderbar. Doch Jack Creedon hielt sich nicht lange damit auf, sondern trabte wacker die Bergstraße entlang, und wo die Rinnsale sich einen eigenen Weg gebahnt hatten, platschte er mitten hindurch. Und die ganze Zeit strebte er immer höher hinauf, zum Paß hinauf, wo sich die beiden Landstraßen kreuzten.

Über einem Hügelkamm erblickte er plötzlich die Ladeklappe von Larrys Wagen. Der Wagen stand still, und das wunderte ihn. Und bald sah er auch Larry selbst, der etwas weiter weg von seinem Pferd auf der überschwemmten Landstraße umherstampfte. Die Hände hatte er in den Taschen vergraben und die Peitsche unter den Ellbogen geklemmt, und sein Gesicht sah mürrischer denn je aus. Ungeduldig stampfte er da oben auf dem Berg herum. Jack Creedon mußte fast lachen. Er konnte sich nicht vorstellen, was Larry veranlaßte, an einer Stelle zu halten, die dem Wind so ausgesetzt war, nachdem er meilenweit durch den Regen gefahren war.

«He?» rief er. «Ein bißchen frische Luft schnappen?»

Der alte Larry drehte sich um. «Frische Luft?» knurrte er. «Kannst ruhig freundlich sprechen!»

"Civil!"

"Is it anyone ye're waiting for?"

"Him!" Without taking his hands from his pockets Larry twisted himself until his whip pointed towards a series of step-like rocks that rose to a fine viewpoint. There Jack Creedon saw a well-dressed stranger staring intently over the steaming valley into the sunset. Its glare had caused him to put his hand above his eyes.

"Who is he?" whispered Jack.

"One of them tourists – lave me alone!"

Then Jack made a motion towards the car; would he mount? Larry surlily nodded; and Jack Creedon got up and bid his time. Meanwhile old Larry stamped on the wet rocks.

The sunset soon parted with its glory; the sky grew cold and livid, the clouds became the colour and shape of dusky wings. Turning from it, the American silently made for his seat in the car. He took in the new passenger with a soft glance and slow nod.

Dusk thickened; night fell as they swung along the slopes of the interminable hills. They would climb slowly up a long rise, the stroke of every hoof echoing from the rocks above their heads. Then, a quick change, they swung down the descent at a reckless *pace*, the car swaying from side to side.

And the darkness added to the mystery of it. Perhaps it was for this the American had crossed the miles of foam. Still he never spoke. But Jack Creedon was putting two and two together. He was saying to himself that this indeed was a very silent traveller, a very queer sort of man to pay his money for so curious a pleasure, standing up on a windy point of rock while the sun set. It did not strike him that the sunset in a mountain valley might seem a very wonderful vision to one who had all his life seen it set amid sky-scrapers and factory chimneys. At

«Freundlich?»

«Wartest wohl auf jemand?»

«Auf den da!» Ohne die Hände aus der Tasche zu nehmen, verrenkte sich Larry, bis der Peitschenstiel auf ein paar Felsen wies, die stufenartig zu einem schönen Aussichtspunkt anstiegen. Dort sah Jack Creedon einen gut angezogenen Femdling, der über das dampfende Tal hin in den Sonnenuntergang starrte. Weil es ihn blendete, mußte er die Hand über die Augen legen.

«Wer's 'n das?» flüsterte Jack Creedon.

«'n Tourist eben. Kannst mich in Ruhe lassen!»

Nun deutete Jack mit dem Kopf zum Wagen hinüber, ob er einsteigen dürfe. Larry nickte verdrossen, und Jack stieg auf und wartete. Der alte Larry stampfte weiter über die nassen Steine.

Bald verblich die Pracht des Sonnenuntergangs: der Himmel wurde kalt und fahl, und die Wolken sahen in Form und Farbe wie dämmerige Schwingen aus. Der Amerikaner wandte sich schweigend ab und kam in den Wagen. Den neuen Fahrgast bedachte er mit einem milden Blick und leichten Nicken.

Es wurde rasch dunkler. Die Nacht brach an, als sie an den Abhängen der endlosen Hügel entlangschaukelten. Gemächlich erklommen sie eine lange Steigung, während jeder Hufschlag von den Felsen über ihnen widerhallte. Dann ein schneller Wechsel, und in so wildem Tempo ging es bergab, daß der Wagen von einer Seite auf die andre geschleudert wurde.

Durch die Dunkelheit wurde alles noch geheimnisvoller. Vielleicht war es deswegen, daß der Amerikaner die endlosen Meilen schäumenden Kielwassers hinter sich gebracht hatte? Doch er sprach noch immer nicht. Aber Jack Creedon machte sich Gedanken über ihn. Er dachte bei sich, es müsse ein seltsamer Mensch sein, dieser stumme Reisende, der sein Geld für ein so merkwürdiges Vergnügen ausgab, auf einem zugigen Fels zu stehen und den Sonnenuntergang zu beobachten. Es kam Jack nicht in den Sinn, daß so ein Sonnenuntergang über einem Tal in den Bergen ein wunderbarer Anblick für einen Menschen war, der sein Leben lang die Sonne nur zwischen

the least, however, he understood that one who whishes to see the sun set would also very likely wish to see the moon rise; and it was this thought that opened his mouth.

But first it must be said that there are two roads by which you may enter Raheen. One is known as the Old Road, the other they call the Sea Road. The Sea Road is broad and new; over the brows of great cliffs, along the edge of the sea, it winds, giving a succession of mighty views of great headlands and sweeps of sea-water. The Old Road, on the other hand, sneaks, as it were, into the quiet old village.

It runs along by a little stream; masses of tumbled rocks and slopes of heather are the only scenery to be viewed from it. The moon would be high and small before one caught a glimpse of it in such a place; whereas from the Sea Road you might find it rising up like a glory from the heart of the waters.

"Larry," said Jack, "the gentleman would like to see the moon rising up beyond the sea."

Larry either didn't hear, or wouldn't hear. His voice startled the night:

"Whoa, girl!" he cried to his horse. "Whoa! Whoa!"

"Larry, what about taking the Sea Road to-night?

"Whoa, girl, whoa!"

They rattled along, and soon the choice must be made; they must turn to the left and enter the darkness of the Old Road, or taking the right presently strike up into the sky. Jack Creedon must try again.

"The moon will be rising any minute, and the gentleman here would like to see it; you'll take the Sea Road, Larry?" There was a certain challenging tone in the voice, and a challenge Larry had never shirked.

"I won't then – no, not if 'twas Bonyparty himself was sitting there besides you, my son!" he said.

Wolkenkratzern und Fabrikschloten untergehen sah. Doch meinte er immerhin, daß ein Mensch, der den Sonnenuntergang sehen wollte, wahrscheinlich auch den Mondaufgang sehen wolle, und das öffnete ihm die Lippen.

Doch hier muß vorausgeschickt werden, daß man Raheen auf zwei verschiedenen Straßen erreichen kann: die eine ist als die Alte Landstraße bekannt, und die andre wird die Küstenstraße genannt. Die Küstenstraße ist breit und neu; sie windet sich immer am Rand des Meeres über die Kuppen der Steilhänge hin und bietet eine Reihe prächtiger Ausblicke auf hohe Vorgebirge und weite Meeresbuchten. Die Alte Landstraße dagegen stiehlt sich gewissermaßen ganz heimlich in das stille alte Dorf hinein. Sie folgt einem kleinen Bach, und das einzige Bild, das sich dort bietet, sind Felder groben Geölls und Heidekrauthänge. Der Mond würde schon hoch und schmal am Himmel stehen, bevor man in einer solchen Gegend auch nur einen Blick von ihm erhaschte. Von der Küstenstraße dagegen konnte man ihn sehen, wie er mit einem Glorienschein aus dem Schoß des Meeres aufstieg.

«Larry», sagte Jack, «der Herr möchte sicher den Mond aus dem Meer aufgehen sehen.»

Entweder hatte Larry es nicht gehört, oder er wollte es nicht hören. Seine Stimme erschreckte die Nacht:

«Hüh, Alte!» rief er seinem Pferd zu. «Hüh! Hüh!»

«Larry, wie wär's, wenn du heute Nacht die Küstenstraße entlangfährst?»

«Hüh, Alte, hüh!»

Sie ratterten weiter, und bald mußte die Entscheidung getroffen werden, ob sie sich nach links wenden und in die Finsternis der Alten Landstraße einbiegen sollten, oder nach rechts, wo es sogleich himmelwärts zu gehen schien.

«Der Mond muß jeden Augenblick aufgehen, und der Herr hier möchte es gern sehen! Nicht wahr, du biegst in die Küstenstaße ein?» Darin lag eine gewisse Herausforderung, und einer Herausforderung war Larry noch nie ausgewichen.

«Nein, das werde ich bestimmt nicht tun, und wenn der alte Napolibumm persönlich neben dir säße, mein Junge», sagte er.

For the first time the American spoke.

"If it makes the journey longer, or is harder on the horse, I'll take it into consideration." It was a stately little speech.

"Whoa! Ha-ick! Ha-ick!" cried Larry; he almost stopped the clatter of the hoofs; then he turned round towards the speaker and answered with equal deliberation:

"To-night is no different from any other night. I'm coming this journey for over fifty years, and 'tisn't worth while to change – meaning no offence – go on, girl, go on!" He shook the reins.

Jack Creedon turned with some touch of resentment in his quick movement, but a restraining hand was laid on his arm; at the same moment they came to the divide, and without direction as it seemed, the horse turned to the left; they were to sneak into Raheen by the Old Road.

The road fell away, down and down; and higher and higher the valley sides rose around them, so that soon they were driving headlong through a black darkness. As will happen in such surroundings they sank, all three, into deep silence. Hour after hour appeared to go by and Raheen seemed no nearer.

The horse suddenly stopped. Not a word had been spoken. Not a word was now spoken. The American heard the driver getting down. What was happening? For a moment he felt some touch of coldness and fear. Then he, too, got down. As he did so, his companion collided with him.

"Oh!" he said, with a start.

"One minute," he heard Jack Creedon's voice and he felt himself being pushed aside, "stand there as you are!" and then he knew that Jack Creedon had flung a stone against a great heap of stones. Then it appeared that the driver had done the same, for again there was the same sound of falling and slipping stones. What did it mean?

Zum erstenmal machte der Amerikaner den Mund auf.

«Wenn die Fahrt dadurch länger dauert oder das Pferd ermüdet, könnte ich es berücksichtigen!» Es hörte sich sehr stolz an.

«Hoah! Hoah! Hoah!» schrie Larry. Es gelang ihm fast, das Hufeklappern zum Stillstand zu bringen; dann wandte er sich zu dem Amerikaner um und antwortete mit ebensolcher Entschiedenheit:

«Heute nacht wird's nicht anders gemacht als jede Nacht! Ich fahr' hier schon fünfzig Jahre lang – es lohnt sich nicht, es anders zu machen, mit Verlaub! Hüh, Alte! Hüh!» Er klatschte mit den Zügeln.

Leicht verärgert drehte sich Jack Creedon rasch auf die Seite, aber eine beschwichtigende Hand legte sich ihm auf den Arm. Im gleichen Augenblick kamen sie zur Weggabelung, und scheinbar ohne die geringste Aufforderung bog das Pferd nach links ein: sie würden sich also über die Alte Landstraße nach Raheen hineinstehlen!

Die Straße fiel ab und sank und sank, und höher und höher türmten sich die beiden Talseiten auf, so daß sie bald Hals über Kopf durch tiefste Finsternis zu fahren schienen. Wie es in einer solchen Umgebung leicht geschah, fielen alle drei in tiefes Schweigen. Stunde um Stunde schien zu verstreichen, und Raheen schien nicht näher zu rücken.

Plötzlich blieb das Pferd stehen. Kein Wort war gefallen, und auch jetzt sagte keiner etwas. Der Amerikaner konnte hören, daß der Kutscher abstieg. Was war geschehen? Eine Sekunde lang empfand er eine kalte und unheimliche Berührung. Dann stieg auch er ab. Dabei stieß er mit dem andern Fahrgast zusammen.

«Oh!» rief er erschrocken.

«Einen Augenblick!» Er hörte Jack Creedons Stimme und wurde von ihm beiseitegeschoben. «Bleiben Sie stehen, wo Sie sind!» Dann merkte er, daß Jack Creedon einen Stein auf einen hohen Steinhaufen am Wege geworfen hatte. Und dann hatte der Fahrer anscheinend das gleiche getan, denn wieder hörte er den Aufschlag und herunterpolternde Steine. Was mochte es bedeuten?

"What about yourself, sir?" came Larry's voice, and the stranger felt a fair-sized stone being pushed into his hand.

"Just fling it from you straight ahead and say: 'May Eternal Light shine upon him!'"

"Eternal Light on whom? What for?" questioned the American quickly.

"Tell him!" said old Larry, again as cranky as ever.

"You don't know, sir," said Jack Creedon, "that you're at the Croppy's grave – and that 'tis the custom to do what Larry is after saying."

"Oh!" said the quiet, foreign voice, and he flung his stone upon the cairn.

"Up, boys," said Larry. He was already up himself. They were swinging along again.

"Who was he? Who's buried there?"

"Who knows? – not man nor mortal could tell you that; not to mind me; but whoever he was we all give him the stones and the prayers, because our fathers before us gave them; and sure if he didn't deserve them he wouldn't be getting them, and the thing he done must have been a great thing, and his sufferings must have been great sufferings. He lies in a lonely place."

So spoke Jack Creedon, not witting that old Larry's ear was on the stretch. But he knew of it in a moment, for Larry's voice was in the night:

"Do you hear him? Do you hear him, sir? and he wanting me only a moment ago to take the Sea Road; wanting me to go staring at the moon and its grandeur, and leave the poor Croppy there in his loneliness," and then as if the thought he had kept so long to himself had at last overwhelmed him, had swept him free of his surroundings, he cried out in a sort of wail, cried so loud that his voice filled all the lonely darkness:

"But old Larry didn't forget you, me poor Croppy. Larry didn't forget you, though the gold of America

«Und Sie, Sir?» Larrys Stimme war zu hören, und der Fremde spürte, wie ihm ein ziemlich großer Stein in die Hand gedrückt wurde.

«Werfen Sie ihn einfach geradeaus und sagen Sie dabei: ‹Möge das Ewige Licht über ihm leuchten!›»

«Ewiges Licht über wem? Und wozu?» fragte der Amerikaner rasch.

«Erzähl's ihm!» sagte der alte Larry verdrießlicher denn je.

«Sie können nicht wissen, Sir», erklärte Jack Creedon, «daß Sie hier vor Croppys Grab stehen und daß es so der Brauch bei uns ist, zu tun, was Larry gesagt hat.»

«Ach so», sagte die ruhige, fremde Stimme, und ein Stein fiel auf das Steinmal.

«Aufgestiegen!» befahl der alte Larry. Er saß bereits oben, und dann schaukelten sie weiter.

«Wer war er? Wer liegt dort begraben?»

«Wer das wüßte! Kein Sterblicher kann es Ihnen sagen, und ich erst recht nicht. Aber einerlei, wer er war – von uns bekommt er Stein und Gebet, weil es vor uns schon unsre Väter so gemacht haben,

und wenn er's nicht verdiente, würde er beides nicht bekommen, und was er getan hat, war bestimmt eine Heldentat, und sein Leid muß ein großes Leid gewesen sein. Und liegt nun an dem verlassenen Ort!»

So sprach Jack Creedon, ohne zu bedenken, daß der alte Larry die Ohren gespitzt hatte. Doch gleich darauf wußte er es, denn Larrys Stimme drang durch die Nacht:

«Haben Sie's gehört, Sir? Haben Sie's gehört? Vorhin hat er unbedingt gewollt, daß ich die Küstenstraße fahren sollte – den Mond in seiner Erhabenheit besehn – und den armen Croppy hier in seiner Einsamkeit lassen!» Und dann brach's aus ihm hervor, was er so lange für sich behalten hatte, als hätte es ihn schließlich überwältigt und über seine Umgebung hinausgehoben. Wie in einer Totenklage schrie er, schrie so laut, daß seine Stimme die ganze, einsame Finsternis ausfüllte:

«Aber der alte Larry hat dich nicht vergessen, mein armer Croppy! Larry hat dich nicht vergessen, auch wenn ihm alles Gold von Amerika in die Hand gedrückt wird!» Seine Stim-

was slipping into his hand." His voice went far back into the silent hills and caverns before it died. It seemed long until they heard the horse's hoofs again.

The American told me this story himself, when we were in the middle of a discussion as to the power of great singers and great actors to move you.

"I don't say I was moved," he said, "by that cry of faith in the night – I was cleansed, as by fire!"

me füllte die stillen Täler und Klüfte, bis sie verhallte. Es schien ihnen eine lange Zeit zu dauern, bis sie wieder die Pferdehufe hörten.

Der Amerikaner hat mir diese Geschichte selber erzählt, als wir mitten in einem Gespräch über die Macht großer Sänger und Schauspieler waren, und wie sie einen erschüttern können.

«Nicht erschüttert war ich», schloß er, «von diesem nächtlichen Schrei der Treue; ich war geläutert – wie von Feuer.»

"Beautiful fingers, beautiful fingers," said the Sultan, as he looked at the delicate curve of the shining nails, all faintly tinted with pink.

He sat by his battlements in the evening, on his terrace at Showr-ud-dulin. Below him the white wall of sparkling granite went sheer to the waters of a tarn, so still that you had scarcely thought that gold-fish even could ever stir in its deeps. And on this haunting stillness, this night-like hush, the sun had some while set, though its rays still danced upon the upper wall, picking out specks of mica; and a curious influence from the gleaming wall fell on the under shadows.

And sitting there with earth fading underneath him, as he touched the tinted nails, old recollections came back to him, radiant as moonlight. The girl he had seen eight years ago tending goats on high pastures; an evening, as now; her village far below them, all blue with smoke and swift nightfall; a little above them the last of the pasture ending; above that the huge grave mountain, with something of daylight lingering about its serene head; a bell from a temple sending a curious warning, up and up into the still air; a sudden chill and an upward rush of the darkness; the girl's eyes shining, and those delicate hands.

As the darkness deepened under the Sultan's wall, memory wakened and brightened, as the colours were brightening in the huge dome of the sky. He thought of the bridal day, the palanquins and the music. He saw with the inner eye their tower that stood in the forest, its marble terrace in the morning sun, and their cats walking up and down it softly over the marble. The hundred noises of the forest at night came again to him over the tree-tops. Again

«Wunderschöne Finger! Wunderschöne Finger!» murmelte der Sultan und betrachtete die zarte Wölbung der schimmernden Nägel, die alle blaßrosa getönt waren.

Jeden Abend saß er hinter den Zinnen seiner Terrasse in Showr-ud-dulin. Unter ihm fiel die weiße Mauer aus funkelndem Granit senkrecht zum Wasser eines Bergsees ab, der so still dalag, als könnten nicht einmal Goldfische sich je in seiner Tiefe tummeln. In dieser unheimlichen Stille, diesem beinah nächtlichen Schweigen war vor kurzem die Sonne untergegangen; ihre Strahlen freilich tänzelten noch jetzt über die Mauerkrönung und brachten die Glimmerplättchen zum Vorschein. Ein sonderbares Fluidum fiel von der schimmernden Mauer auf die Schatten in der Tiefe.

Und während die Erde tief unter ihm verblaßte und er so dasaß und die rosigen Nägel berührte, tauchten alte Erinnerungen in ihm auf, leuchtend wie Mondesglanz: Das Mädchen, das er vor acht Jahren beim Ziegenhüten auf der Bergweide erspäht hatte – an einem Abend gleich diesem –, und an ihr Dorf tief unter ihnen, bläulich vom Abendrauch und dem raschen Einbruch der Nacht; dicht über ihnen die Grenze des Weidelandes – und darüber der gewaltige, ernste Berg, um dessen gelassenen Gipfel das letzte Tageslicht spielte; eine Tempelglocke, die ihren seltsam warnenden Klang höher und höher in die stille Luft entsandte – und dann ein jähes Frösteln und der Ansturm der Dunkelheit – die strahlenden Augen des Mädchens – und die zarten Hände.

Je mehr sich unter der Palastmauer die Schatten vertieften und die Farben am hohen Himmelsdom aufglühten, desto leuchtender erwachte die Erinnerung. Der Sultan dachte an den Hochzeitstag, an die Sänfte und an die Musik. Er sah mit seinem geistigen Auge den Turm, der im Walde stand, sah die Marmorterrasse in der Morgensonne daliegen, und wie ihre Katzen leise auf den Marmorplatten einherschritten. Die tausend Geräusche des nächtlichen Waldes drangen wieder über die Baumwipfel zu ihm her. Wieder erwachten Men-

men woke before dawn and called far off with clear voices.

Overhead light clouds were changing to stranger and richer colours: in the deeps of his memory the years were changing. He remembered now the coming of the Welshman. He had shown him his tower, and they had hunted together; he had shown him all the forest. He had told his guest strange tales of the ancient days, and the customs of men and beasts, all of them queer and true; but he could never tell tales so strange as those that the Welshman told. Whatever he told him his guest told something stranger, calling up far lands so vividly with his tales that you knew it was as he said, though he told of astounding customs.

He remembered the day they parted; the long farewell at the gate; and how a radiance seemed to have faded away from the morning.

He remembered finding the girl with the lovely hands was gone.

He had ridden eighty miles before he overtook them. He found them at an inn. In a small dark room with low ceiling. The Welshman had drawn his revolver with a threatening air, thus losing his one last chance; he should have shot from the pocket. Then the Sultan had come in with his sword, the one his grandfather had used so well, and those before him; and before them, as many said, the gods; but who could tell?

And now he touched again those delicate hands, those gleaming nails, and a diamond he once had given, that shone there brighter than the last of the daylight. The crocodile in the tarn below was utterly motionless, a dark streak only darker by a shadow or so than the gloaming. The fall of his morsels of food made far more ripple than he made with his whole body, when the Sultan fed his pet with dainties at evening.

schen vor der Morgenfrühe und riefen fern, ferne mit hellen Stimmen.

Die lichten Wolken ihm zu Häupten veränderten sich und nahmen sattere, seltsame Farben an, und in der Tiefe der Vergangenheit wechselten die Jahre. Er erinnerte sich jetzt an die Ankunft des Welschen. Er hatte ihm seinen Turm gezeigt, und sie waren zusammen auf die Jagd gegangen. Er hatte ihm den ganzen Wald gezeigt. Seltsame Legenden aus alter Zeit hatte er seinem Gast erzählt, auch von den Gebräuchen der Menschen und Tiere, alle eigenartig und wahr. Doch was er auch erzählen mochte, nie war es so seltsam wie die Geschichten, die der Welsche erzählte. Stets waren sie seltsamer, und fremde Länder beschworen sie herauf, daß man merkte, es entsprach alles der Wahrheit, obwohl der Gast von ganz erstaunlichen Bräuchen erzählte.

Und der Sultan erinnerte sich an den Tag, als sie voneinander schieden, gedachte des langen Abschieds am Tor, und wie der Morgen seinen Glanz eingebüßt zu haben schien.

Und er erinnerte sich, daß das Mädchen mit den schönen Händen verschwunden war.

Achtzig Meilen war er geritten, ehe er die beiden eingeholt hatte. Er fand sie in einer Schenke. In einem kleinen Zimmer mit niedriger Decke. Der Welsche hatte mit drohender Gebärde seinen Revolver gezogen und damit seine letzte Chance verloren: er hätte aus der Tasche schießen sollen. Der Sultan aber war mit seinem Schwert vorgetreten, mit dem Schwert, das schon sein Großvater so vorteilhaft gehandhabt hatte – und alle, die vor ihm gelebt hatten – und vor denen, wie viele behaupteten, sogar die Götter. Aber wer konnte das wissen?

Und jetzt berührte der Sultan die feinen Hände, die schimmernden Nägel und einen Diamanten, den er einst verschenkt hatte und der heller als das letzte Tageslicht funkelte. Das Krokodil im Bergsee tief unten rührte sich nicht, war nur ein dunkler Streif, nur um etwa einen Schatten dunkler als die Abenddämmerung. Das Herunterfallen seiner Futterhäppchen rief stärkeres Wellengekräusel hervor als das Krokodil mit seinem ganzen Körper, wenn der Sultan des Abends sein Hätscheltier mit Leckerbissen fütterte.

"Beautiful fingers. Beautiful fingers," sighed the Sultan, as he threw the last of them, diamond and all, to the tarn.

«Wunderschöne Finger! Wunderschöne Finger!» seufzte der Sultan, als er den letzten von ihnen – den mit dem Diamanten – in den Bergsee hinunterwarf.

The bell rang furiously and, when Miss Parker went to the tube, a furious voice called out in a piercing North of Ireland accent:

– Send Farrington here!

Miss Parker returned to her machine, saying to a man who was writing at a desk:

– Mr Alleyne wants you upstairs.

The man muttered *Blast him!* under his breath and pushed back his chair to stand up. When he stood up he was tall and of great bulk. He had a hanging face, dark wine-coloured, with fair eyebrows and moustache; his eyes bulged forward slightly and the whites of them were dirty. He lifted up the counter and, passing by the clients, went out of the office with a heavy step.

He went heavily upstairs until he came to the second landing, where a door bore a brass plate with the inscription *Mr. Alleyne.* Here he halted, puffing with labour and vexation, and knocked. The shrill voice cried:

– Come in!

The man entered Mr Alleyne's room. Simultaneously Mr Alleyne, a little man wearing gold-rimmed glasses on a clean-shaven face, shot his head up over a pile of documents. The head itself was so pink and hairless that it seemed like a large egg reposing on the papers. Mr Alleyne did not lose a moment:

– Farrington? What is the meaning of this? Why have I always to complain of you? May I ask you why you haven't made a copy of that contract between Bodley and Kirwan? I told you it must be ready by four o'clock.

– But Mr Shelly said, sir –

– *Mr Shelly said, sir.* . . . Kindly attend to what I say and not to what *Mr Shelly says, sir.* You have

Die Klingel rasselte wütend, und als Miß Parker zum Sprachrohr ging, rief eine wütende Stimme mit schneidendem nordirischen Akzent:

– Schicken Sie Farrington hoch!

Miß Parker kehrte an ihre Maschine zurück und sagte zu einem Mann, der an einem Pult schrieb:

– Mr. Alleyne will Sie oben sprechen.

Der Mann murmelte flüsternd *Zum Teufel mit ihm!* und stieß seinen Stuhl zurück, um aufzustehen. Stehend wirkte er groß und massig. Er hatte ein sackendes dunkel-weinfarbenes Gesicht mit hellen Augenbrauen und Schnurrbart: seine Augen traten leicht hervor, und ihr Weißes war schmutzig. Er hob die Barriere und ging, vorbei an den Klienten, mit schwerem Schritt hinaus.

Schwer stieg er hinauf zum zweiten Treppenabsatz, wo eine Tür ein Messingschild mit der Aufschrift *Mr. Alleyne* trug. Hier blieb er stehen, schnaufte vor Anstrengung und Verdruß und klopfte. Die schrille Stimme rief:

– Herein!

Der Mann betrat Mr. Alleynes Zimmer. Im gleichen Moment ließ Mr. Alleyne, ein kleiner Mann mit einer goldgeränderten Brille auf einem glattrasierten Gesicht, seinen Kopf über einem Stapel von Dokumenten hochschnellen. Der Kopf war so rosig und haarlos, daß er wie ein großes Ei aussah, das da auf den Papieren ruhte. Mr. Alleyne verlor keinen Augenblick:

– Farrington? Was soll das heißen? Warum muß ich mich immer über Sie beschweren? Darf ich wohl fragen, warum Sie keine Abschrift von dem Vertrag zwischen Bodley und Kirwan gemacht haben? Ich habe Ihnen doch gesagt, daß er um vier fertig sein muß.

– Aber Mr. Shelley hat gesagt, Sir –

– *Mr. Shelley hat gesagt, Sir*... Kümmern Sie sich gefälligst um das, was ich sage, und nichts da von *Mr. Shelley hat gesagt, Sir*. Immer haben Sie irgendeine Ausrede, um sich um

always some excuse or another for shirking work. Let me tell you that if the contract is not copied before this evening I'll lay the matter before Mr Crosbie. . . . Do you hear me now?

– Yes, sir.

– Do you hear me now? . . . Ay and another little matter! I might as well be talking to the wall as talking to you. Understand once for all that you get a half an hour for your lunch and not an hour and a half. How many courses do you want, I'd like to know. . . . Do you mind me, now?

– Yes, sir.

Mr Alleyne bent his head again upon his pile of papers. The man stared fixedly at the polished skull which directed the affairs of Crosbie & Alleyne, gauging its fragility. A spasm of rage gripped his throat for a few moments and then passed, leaving after it a sharp sensation of thirst. The man recognized the sensation and felt that he must have a good night's drinking.

The middle of the month was passed and, if he could get the copy done in time, Mr Alleyne might give him an order on the cashier. He stood still, gazing fixedly at the head upon the pile of papers. Suddenly Mr Alleyne began to upset all the papers, searching for something. Then, as if he had been unaware of the man's presence till that moment, he shot up his head again, saying:

– Eh? Are you going to stand there all day? Upon my word, Farrington, you take things easy!

– I was waiting to see . . .

– Very good, you needn't wait to see. Go downstairs and do your work.

The man walked heavily towards the door and, as he went out of the room, he heard Mr Alleyne cry after him that if the contract was not copied by evening Mr Crosbie would hear of the matter.

He returned to his desk in the lower office and

die Arbeit zu drücken. Lassen Sie sich gesagt sein, daß ich die Sache Mr. Crosbie melden werde, wenn der Vertrag nicht bis heute abend abgeschrieben ist... Haben Sie mich jetzt verstanden?

– Jawohl, Sir.

– Haben Sie mich jetzt verstanden?... Und dann noch eine Kleinigkeit! Ich könnte ebensogut einer Wand predigen wie Ihnen. Merken Sie sich ein für allemal, daß Sie eine halbe Stunde Mittagspause haben und nicht anderthalb. Ich möchte mal wissen, wieviele Gänge denn der Herr speist... Hab ich mich jetzt klar ausgedrückt?

– Jawohl, Sir.

Mr. Alleyne senkte den Kopf wieder auf seinen Papierstapel. Der Mann starrte unverwandt auf den blanken Schädel, der die Geschäfte von Crosbie & Alleyne führte, und schätzte seine Zerbrechlichkeit ab. Ein Zornkrampf umklammerte eine kurze Weile seine Kehle und löste sich dann, um ein akutes Durstgefühl zu hinterlassen. Dem Mann kam das Gefühl bekannt vor, und es war ihm nach einer ordentlich durchzechten Nacht zumute. Der Monat war schon mehr als halb vorbei, und wenn er die Abschrift rechtzeitig fertig bekäme, gäbe ihm Mr. Alleyne vielleicht eine Anweisung für den Kassierer. Er rührte sich nicht und blickte unverwandt auf den Kopf über dem Papierstapel. Plötzlich begann Mr. Alleyne alle Papiere durcheinander zu werfen, auf der Suche nach irgendetwas. Dann, als wäre er der Anwesenheit des Mannes bis zu diesem Augenblick nicht gewahr gewesen, ließ er den Kopf von neuem hochschnellen und sagte:

– Nanu? Wollen Sie den ganzen Tag dastehen? Auf mein Wort, Farrington, Sie nehmen die Dinge leicht!

– Ich habe gewartet, um zu sehen...

– Sehr schön, Sie brauchen nicht zu warten, um zu sehen. Gehen Sie runter und machen Sie Ihre Arbeit.

Der Mann ging schwer zur Tür, und als er das Zimmer verließ, hörte er, wie Mr. Alleyne ihm nachrief, daß Mr. Crosbie von der Sache erfahren würde, wenn der Vertrag bis zum Abend nicht abgeschrieben wäre.

Er kehrte an sein Pult im Büro unten zurück und zählte die

counted the sheets which remained to be copied. He took up his pen and dipped it in the ink but he continued to stare stupidly at the last words he had written: *In no case shall the said Bernard Bodley be* . . . The evening was falling and in a few minutes they would be lighting the gas: then he could write. He felt that he must slake the thirst in his throat. He stood up from his desk and, lifting the counter as before, passed out of the office. As he was passing out the chief clerk looked at him inquiringly.

– It's all right, Mr Shelly, said the man, pointing with his finger to indicate the objective of his journey.

The chief clerk glanced at the hat-rack but, seeing the row complete, offered no remark. As soon as he was on the landing the man pulled a shepherd's plaid cap out of his pocket, put it on his head and ran quickly down the rickety stairs. From the street door he walked on furtively on the inner side of the path towards the corner and all at once dived into a doorway. He was now safe in the dark snug of O'Neill's shop, and, filling up the little window that looked into the bar with his inflamed face, the colour of dark wine or dark meat, he called out:

– Here, Pat, give us a g.p., like a good fellow.

The curate brought him a glass of plain porter. The man drank it at a gulp and asked for a caraway seed. He put his penny on the counter and, leaving the curate to grope for it in the gloom, retreated out of the snug as furtively as he had entered it.

Darkness, accompanied by a thick fog, was gaining upon the dusk of February and the lamps in Eustace Street had been lit. The man went up by the houses until he reached the door of the office, wondering whether he could finish his copy in time. On the stairs a moist pungent odour of perfumes saluted his nose: evidently Miss Delacour had come while he was out in O'Neill's. He crammed his cap back again into

Blätter, die noch abzuschreiben blieben. Er nahm seinen Federhalter und tauchte ihn in die Tinte, doch dann blickte er weiter dümmlich auf die letzten Worte, die er geschrieben hatte: *In keinem Fall soll besagter Bernard Bodley*... Der Abend brach herein, und in ein paar Minuten würden sie die Gasbeleuchtung anstecken: dann könnte er schreiben. Er spürte, daß er den Durst in seiner Kehle löschen mußte. Er stand von seinem Pult auf, hob die Barriere wie zuvor und verließ das Büro. Als er hinausging, sah ihn der Bürovorsteher fragend an.

– Schon in Ordnung, Mr. Shelley, sagte der Mann und zeigte mit dem Finger, um den Bestimmungsort seiner Unternehmung anzudeuten.

Der Bürovorsteher warf einen Blick auf den Hutständer, doch da er die Reihe vollzählig fand, sagte er nichts. Sobald er draußen auf der Treppe war, zog der Mann eine karierte Schäfermütze aus der Tasche, setzte sie auf und lief schnell die wacklige Treppe hinab. Von der Haustür an ging er verstohlen dicht an den Häusern entlang zur Ecke und tauchte plötzlich in einen Hauseingang. Im dunklen Hinterzimmer von O'Neills Kneipe war er jetzt in Sicherheit, und indem er das kleine Fenster zum Schankraum mit seinem geröteten Gesicht ausfüllte, das die Farbe dunklen Weines oder dunklen Fleisches hatte, rief er:

– Los, Pat, bringen Sie uns mal ein Glas Porter, seien Sie so gut.

Der ‹Kurat› brachte ihm ein Glas einfachen Porter. Der Mann stürzte es auf einen Zug herunter und verlangte ein Kümmelkorn. Er legte seinen Penny auf die Theke, ließ den ‹Kuraten› in der Düsternis danach tasten und zog sich aus dem Hinterzimmer so verstohlen zurück, wie er gekommen war.

Dunkelheit, begleitet von dichtem Nebel, überwältigte die Februardämmerung, und die Laternen auf der Eustace Street waren angezündet worden. Der Mann ging an den Häusern entlang bis zur Tür seines Büros und fragte sich, ob er seine Abschrift wohl rechtzeitig schaffen würde. Auf der Treppe grüßte ein feuchter durchdringender Parfumgeruch seine Nase: offenbar war Miß Delacour gekommen, während er bei O'Neill gewesen war. Er stopfte seine Mütze in die Tasche

his pocket and re-entered the office, assuming an air of absent-mindedness.

– Mr Alleyne has been calling for you, said the chief clerk severely. Where were you?

The man glanced at the two clients who were standing at the counter as if to intimate that their presence prevented him from answering. As the clients were both male the chief clerk allowed himself a laugh.

– I know that game, he said. Five times in one day is a little bit. . . . Well, you better look sharp and get a copy of our correspondence in the Delacour case for Mr Alleyne.

This address in the presence of the public, his run upstairs and the porter he had gulped down so hastily confused the man and, as he sat down at his desk to get what was required, he realized how hopeless was the task of finishing his copy of the contract before half past five. The dark damp night was coming and he longed to spend it in the bars, drinking with his friends amid the glare of gas and the clatter of glasses. He got out the Delacour correspondence and passed out of the office. He hoped Mr Alleyne would not discover that the last two letters were missing.

The moist pungent perfume lay all the way up to Mr Alleyne's room. Miss Delacour was a middle-aged woman of Jewish appearance. Mr Alleyne was said to be sweet on her or on her money. She came to the office often and stayed a long time when she came. She was sitting beside his desk now in an aroma of perfumes, smoothing the handle of her umbrella and nodding the great black feather in her hat. Mr Alleyne had swivelled his chair round to face her and thrown his right foot jauntily upon his left knee. The man put the correspondence on the desk and bowed respectfully but neither Mr Alleyne nor Miss Delacour took any notice of his bow. Mr Alleyne tapped a finger on the correspondence and then

zurück, nahm eine geistesabwesende Miene an und trat wieder in das Büro.

– Mr. Alleyne hat nach Ihnen gerufen, sagte der Bürovorsteher streng. Wo waren Sie?

Der Mann warf einen kurzen Blick auf die beiden Klienten, die an der Barriere standen, als wolle er zu verstehen geben, daß ihre Gegenwart ihn an einer Antwort hindere. Da die Klienten beide männlichen Geschlechts waren, erlaubte sich der Bürovorsteher ein Lachen.

– Ich kenn die Tour, sagte er. Fünfmal am Tag ist ein bißchen ... Na, machen Sie schon schnell und suchen Sie die Abschrift unserer Korrespondenz in der Sache Delacour für Mr. Alleyne heraus.

Diese Worte in Gegenwart des Publikums, das schnelle Treppensteigen und der Porter, den er so hastig heruntergestürzt hatte, brachten den Mann durcheinander, und als er sich an sein Pult setzte, um das Verlangte herauszusuchen, wurde ihm klar, wie hoffnungslos die Aufgabe war, die Abschrift des Vertrages noch vor halb sechs fertigzustellen. Die finsterfeuchte Nacht kam, und er sehnte sich, sie in den Kneipen zu verbringen, mit seinen Freunden inmitten des grellen Gaslichts und des Geklirrs der Gläser zu trinken. Er suchte die Delacour-Korrespondenz heraus und verließ das Büro. Er hoffte, Mr. Alleyne würde nicht entdecken, daß die beiden letzten Briefe fehlten.

Das feuchte durchdringende Parfum lagerte auf dem ganzen Weg hinauf in Mr. Alleynes Zimmer. Miß Delacour war eine Frau mittleren Alters und von jüdischem Aussehen. Mr. Alleyne, hieß es, habe es auf sie oder ihr Geld abgesehen. Sie kam oft ins Büro und blieb dann immer lange. Sie saß jetzt in einer Wolke von Parfum neben seinem Pult, strich über den Griff ihres Schirms und nickte mit der großen schwarzen Feder auf ihrem Hut. Mr. Alleyne hatte seinen Stuhl so gedreht, daß er ihr gegenübersaß, und seinen rechten Fuß forsch auf sein linkes Knie geworfen. Der Mann legte die Korrespondenz auf das Pult und verbeugte sich respektvoll, doch weder Mr. Alleyne noch Miß Delacour nahm irgendeine Notiz von seiner Verbeugung. Mr. Alleyne tippte mit dem Finger auf die

flicked it towards him as if to say: *That's all right: you can go.*

The man returned to the lower office and sat down again at his desk. He stared intently at the incomplete phrase: *In no case shall the said Bernard Bodley be* ... and thought how strange it was that the last three words began with the same letter. The chief clerk began to hurry Miss Parker, saying she would never have the letters typed in time for post. The man listened to the clicking of the machine for a few minutes and then set to work to finish his copy. But his head was not clear and his mind wandered away to the glare and rattle of the public-house. It was a night for hot punches. He struggled on with his copy but when the clock struck five he had still fourteen pages to write. Blast it! He couldn't finish it in time. He longed to execrate aloud, to bring his fist down on something violently. He was so enraged that he wrote *Bernard Bernard* instead of *Bernard Bodley* and had to begin again on a clean sheet.

He felt strong enough to clear out the whole office single-handed. His body ached to do something, to rush out and revel in violence. All the indignities of his life enraged him. ... Could he ask the cashier privately for an advance? No, the cashier was no good, no damn good: he wouldn't give an advance. ... He knew where he would meet the boys: Leonard and O'Halloran and Nosey Flynn. The barometer of his emotional nature was set for a spell of riot.

His imagination had so abstracted him that his name was called twice before he answered. Mr Alleyne and Miss Delacour were standing outside the counter and all the clerks had turned round in anticipation of something. The man got up from his desk. Mr Alleyne began a tirade of abuse, saying that two letters were missing. The man answered that he knew nothing about them, that he had made a faithful copy. The tirade continued: it was so bitter and violent that

Korrespondenz und schnickte ihn dann in seine Richtung, als wolle er sagen: *Schon gut, Sie können gehen.*

Der Mann kehrte in das Büro unten zurück und setzte sich wieder an sein Pult. Er starrte angespannt auf den unvollendeten Satz: *In keinem Fall soll besagter Bernard Bodley...* und dachte, daß es doch seltsam wäre, wie die letzten drei Wörter mit demselben Buchstaben anfingen. Der Bürovorsteher begann Miß Parker zu drängen – sie würde, sagte er, die Briefe nie rechtzeitig für die Post getippt haben. Der Mann lauschte ein paar Minuten lang dem Klappern der Maschine und machte sich dann daran, seine Abschrift zu beenden. Doch sein Kopf war nicht klar, und seine Gedanken wanderten fort zu dem grellen Licht und dem Geklirr des Wirtshauses. Es war eine Nacht für heißen Punsch. Er quälte sich weiter mit seiner Abschrift, aber als die Uhr fünf schlug, hatte er immer noch vierzehn Seiten zu schreiben. Zum Teufel damit! Es war nicht zu schaffen. Gerne hätte er laut geflucht, hätte er seine Faust wuchtig auf irgendetwas niedergehen lassen. Er war so erbittert, daß er *Bernard Bernard* statt *Bernard Bodley* schrieb und auf einem neuen Blatt noch einmal anfangen mußte.

Er fühlte sich stark genug, das ganze Büro eigenhändig kurz und klein zu schlagen. Sein Körper brannte darauf, etwas zu tun, hinauszustürzen und in Gewalttätigkeit zu schwelgen. All die Demütigungen seines Lebens erbitterten ihn... Ob er den Kassierer privat um einen Vorschuß bitten konnte? Nein, mit dem Kassierer war nichts anzufangen, verdammt nichts: der würde ihm keinen Vorschuß geben... Er wußte, wo er die Jungs finden würde: Leonard und O'Halloran und Nosey Flynn. Das Barometer seiner Gefühlslage zeigte eine Unwetterperiode an.

Seine Vorstellungen hatten ihn so abgelenkt, daß sein Name zweimal gerufen wurde, ehe er antwortete. Mr. Alleyne und Miß Delacour standen vor der Barriere, und alle Angestellten hatten sich erwartungsvoll umgewandt. Der Mann stand von seinem Pult auf. Mr. Alleyne begann eine Schimpftirade und sagte, daß zwei Briefe fehlten. Der Mann antwortete, er wisse nichts von ihnen, er habe eine genaue Abschrift gemacht. Die Tirade ging weiter: sie war so bitter und heftig, daß der Mann

the man could hardly restrain his fist from descending upon the head of the manikin before him.

– I know nothing about any other two letters, he said stupidly.

– *You – know – nothing*. Of course you know nothing, said Mr Alleyne. Tell me, he added, glancing first for approval to the lady beside him, do you take me for a fool? Do you think me an utter fool?

The man glanced from the lady's face to the little egg-shaped head and back again; and, almost before he was aware of it, his tongue had found a filicitous moment:

– I don't think, sir, he said, that that's a fair question to put to me.

There was pause in the very breathing of the clerks. Everyone was astounded (the author of the witticism no less than his neighbours) and Miss Delacour, who was a stout amiable person, began to smile broadly. Mr Alleyne flushed to the hue of a wild rose and his mouth twitched with a dwarf's passion. He shook his fist in the man's face till it seemed to vibrate like the knob of some electric machine:

– You impertinent ruffian! You impertinent ruffian! I'll make short work of you! Wait till you see! You'll apologize to me for your impertinence or you'll quit the office instanter! You'll quit this, I'm telling you, or you'll apologize to me!

. . . .

He stood in a doorway opposite the office watching to see if the cashier would come out alone. All the clerks passed out and finally the cashier came out with the chief clerk. It was no use trying to say a word to him when he was with the chief clerk. The man felt that his position was bad enough. He had been obliged to offer an abject apology to Mr Alleyne for his impertinence but he knew what a hornet's nest the office would be for him. He could remember the way in

nur schwer seine Faust zurückhalten konnte, auf den Kopf des Männchens vor ihm niederzufahren.

– Ich weiß nichts von irgendwelchen anderen zwei Briefen, sagte er dümmlich.

– *Sie – wissen – nichts.* Sie wissen natürlich nichts, sagte Mr. Alleyne. Sagen Sie, fügte er hinzu, nachdem er zunächst einen beifallheischenden Blick auf die Dame neben sich gerichtet hatte, halten Sie mich für einen Idioten? Halten Sie mich für einen Vollidioten?

Der Mann blickte von dem Gesicht der Dame zu dem kleinen Eierkopf und wieder zurück; und fast ehe es ihm bewußt wurde, hatte seine Zunge einen glückhaften Augenblick gefunden:

– Das Sir, sagte er, fragen Sie mich besser nicht.

Die Angestellten hielten den Atem an. Alle waren sie perplex (der Urheber des Bonmots nicht minder als seine Nachbarn), und Miß Delacour, die eine derbe freundliche Person war, begann breit zu lächeln. Mr. Alleyne lief rot an wie eine wilde Rose, und sein Mund begann vor zwergenhafter Leidenschaft zu zucken. Er schüttelte seine Faust vor dem Gesicht des Mannes, bis sie wie der Griff eines elektrischen Geräts zu zittern schien:

– Sie unverschämter Flegel! Sie unverschämter Flegel! Ich mache kurzen Prozeß mit Ihnen! Warten Sie nur ab! Sie werden sich bei mir für diese Unverschämtheit entschuldigen, oder Sie verlassen das Büro auf der Stelle! Sie verlassen es, sage ich Ihnen, oder Sie entschuldigen sich bei mir!

.   .   .   .

Er stand im Hauseingang dem Büro gegenüber und wartete ab, ob der Kassierer allein herauskommen würde. Alle Angestellten kamen heraus, und schließlich kam auch der Kassierer mit dem Bürovorsteher. Es hatte keinen Zweck, auch nur ein Wort mit ihm zu sprechen, wenn er mit dem Bürovorsteher zusammen war. Seine Lage, fühlte der Mann, war schlecht genug. Er war genötigt worden, sich bei Mr. Alleyne für seine Unverschämtheit unterwürfig zu entschuldigen, doch er wußte, was für ein Wespennest das Büro jetzt für ihn sein würde. Es war

which Mr Alleyne had hounded little Peake out of the office in order to make room for his own nephew. He felt savage and thirsty and revengeful, annoyed with himself and with everyone else. Mr Alleyne would never give him an hour's rest; his life would be a hell to him. He had made a proper fool of himself this time. Could he not keep his tongue in his cheek? But they had never pulled together from the first, he and Mr Alleyne, ever since the day Mr Alleyne had overheard him mimicking his North of Ireland accent to amuse Higgins and Miss Parker: that had been the beginning of it. He might have tried Higgins for the money, but sure Higgins never had anything for himself. A man with two establishments to keep up, of course he couldn't. . . .

He felt his great body again aching for the comfort of the public-house. The fog had begun to chill him and he wondered could he touch Pat in O'Neill's. He could not touch him for more than a bob – and a bob was no use. Yet he must get money somewhere or other: he had spent his last penny of the g.p. and soon it would be too late for getting money anywhere. Suddenly, as he was fingering his watch-chain, he thought of Terry Kelly's pawn-office in Fleet Street. That was the dart! Why didn't he think of it sooner?

He went through the narrow alley of Temple Bar quickly, muttering to himself that they could all go to hell because he was going to have a good night of it. The clerk in Terry Kelly's said *A crown!* but the consignor held out for six shillings; and in the end the six shillings was allowed him literally. He came out of the pawn-office joyfully making a little cylinder of the coins between his thumb and fingers. In Westmoreland Street the footpaths were crowded with young man and women returning from business and ragged urchins ran here and there yelling out the names of the evening edition. The man passed through the crowd, looking on the spectacle generally

ihm in Erinnerung, wie Mr. Alleyne den kleinen Peake aus dem Büro getrieben hatte, um Platz für seinen eigenen Neffen zu schaffen. Er war wütend und durstig und rachsüchtig, böse auf sich selber wie auf alle anderen. Keine Stunde würde Mr. Alleyne ihn in Frieden lassen; sein Leben würde die Hölle sein. Dieses Mal hatte er sich richtig zum Idioten gemacht. Konnte er denn seine Zunge nicht im Zaum halten? Aber sie waren von Anfang an nicht miteinander ausgekommen, er und Mr. Alleyne, jedenfalls seit dem Tage nicht, als Mr. Alleyne mitangehört hatte, wie er zur Belustigung von Higgins und Miß Parker seinen nordirischen Akzent nachmachte: damit hatte es angefangen. Er hätte versuchen können, Higgins anzupumpen, aber Higgins hatte ja selber nie etwas. Ein Mann, der für zwei Haushalte aufzukommen hatte, natürlich konnte der nicht . . .

Wieder fühlte er, wie sein großer Körper auf die Wohltat des Wirtshauses brannte. Der Nebel ließ ihn fröstern, und er fragte sich, ob er Pat bei O'Neill anhauen könne. Mehr als ein Shilling, war bei ihm nicht zu holen – und ein Shilling hatte keinen Zweck. Doch irgendwoher mußte er das Geld bekommen: seinen letzten Penny hatte er für das Glas Porter ausgegeben, und bald wäre es zu spät, noch irgendwo Geld herzukriegen. Plötzlich, als er an seiner Uhrkette fingerte, fiel ihm Terry Kellys Pfandhaus in der Fleet Street ein. Das war die Idee! Warum war ihm das nicht eher eingefallen?

Er ging schnell durch die enge Temple Bar und murmelte vor sich hin, daß sie von ihm aus alle zur Hölle fahren könnten, weil er sich jedenfalls einen vergnügten Abend machen würde. Der Angestellte bei Terry Kelly sagte *Eine Crown!*, doch der Deponent bestand auf sechs Shilling; und schließlich wurden ihm tatsächlich sechs Shilling bewilligt. Er verließ das Pfandhaus fröhlich und machte einen kleinen Geldzylinder zwischen Daumen und Fingern.

Auf der Westmoreland Street wimmelten die Gehsteige von jungen Männern und Frauen, die von der Arbeit kamen, und zerlumpte Knirpse liefen hin und her und riefen die Namen der Abendausgaben aus. Der Mann schritt durch die Menge, betrachtete das Schauspiel im großen und

with proud satisfaction and staring masterfully at the office-girls. His head was full of the noises of tram-gongs and swishing trolleys and his nose already sniffed the curling fumes of punch. As he walked on he preconsidered the terms in which he would narrate the incident to the boys:

– So, I just looked at him – coolly, you know, and looked at her. Then I looked back at him again – taking my time, you know. *I don't think that that's a fair question to put to me, says* I.

Nosey Flynn was sitting up in his usual corner of Davy Byrne's and, when he heard the story, he stood Farrington a half-one, saying it was as smart a thing as ever he heard. Farrington stood a drink in his turn. After a while O'Halloran and Paddy Leonard came in and the story was repeated to them. O'Halloran stood tailors of malt, hot, all round and told the story of the retort he had made to the chief clerk when he was in Callan's of Fownes's Street; but, as the retort was after the manner of the liberal shepherds in the eclogues, he had to admit that it was not so clever as Farrington's retort. At this Farrington told the boys to polish off that and have another.

Just as they were naming their poisons who should come in but Higgins! Of course he had to join in with the others. The men asked him to give his version of it, and he did so with great vivacity for the sight of five small hot whiskies was very exhilarating. Every-one roared laughing when he showed the way in which Mr Alleyne shook his fist in Farrington's face. Then he imitated Farrington, saying *And here was my nabs, as cool as you please,* while Farrington looked at the company out of his heavy dirty eyes, smiling and at times drawing forth stray drops of liquor from his moustache with the aid of his lower lip.

When that round was over there was a pause. O'Halloran had money but neither of the other two

ganzen mit stolzer Genugtuung und starrte die Büromädchen gebieterisch an. Sein Kopf war voll von dem Lärm der Tramglocken und der sirrenden Stromabnehmer, und seine Nase schnupperte schon die kräuselnden Punschdämpfe. Während er weiterging, überlegte er sich im voraus, wie er den Jungs den Vorfall erzählen würde:

– Also, ich hab ihn nur angesehn – ganz kühl, nicht, und dann hab ich sie angesehn. Dann hab ich wieder ihn angesehn – ich hab mir Zeit gelassen, nicht. *Das fragen Sie mich besser nicht,* sag ich.

Nosey Flynn saß in seiner Stammecke bei Davy Byrne, und als er die Geschichte hörte, gab er Farrington einen Halben aus – das wäre eine der dollsten Sachen, die er je gehört hätte. Farrington gab seinerseits einen aus. Nach einer Weile kamen O'Halloran und Paddy Leonard herein, und die Geschichte wurde ihnen wiederholt. O'Halloran gab der ganzen Runde je einen dreiviertel heißen Malzwhisky aus und erzählte die Geschichte von der Replik, die er dem Bürovorsteher gegenüber gemacht hatte, als er bei Callan in der Fownes's Street arbeitete; doch da es eine Replik in der Art der losen Schäfer in den Eklogen war, mußte er zugeben, daß sie nicht so gescheit war wie Farringtons Replik. Darauf forderte Farrington die Jungs auf, ihren Schnaps wegzuputzen und noch einen zu sich zu nehmen.

Als sie gerade ihre Medizin bestellten, wer kam da herein? Higgins! Natürlich mußte er sich zu den anderen setzen. Die Männer forderten ihn auf, seine Version zum besten zu geben, und er tat es sehr lebhaft, denn der Anblick fünf kleiner heißer Whiskys war sehr aufmunternd. Alle brüllten sie vor Lachen, als er zeigte, wie Mr. Alleyne die Faust vor Farringtons Gesicht geschüttelt hatte. Dann machte er Farrington nach, sagte: *Und da steht er, so kühl wie nur was,* während Farrington die Gesellschaft aus seinen schweren schmutzigen Augen ansah, lächelte und von Zeit zu Zeit mit Hilfe seiner Unterlippe verirrte Schnapstropfen aus seinem Schnurrbart herunterholte.

Als diese Lage zu Ende war, entstand ein Schweigen. O'Halloran hatte Geld, doch von den anderen beiden schien keiner

seemed to have any; so the whole party left the shop somewhat regretfully. At the corner of Duke Street Higgins and Nosey Flynn bevelled off to the left while the other three turned back towards the city. Rain was drizzling down on the cold streets and, when they reached the Ballast Office, Farrington suggested the Scotch House. The bar was full of men and loud with the noise of tongues and glasses. The three men pushed past the whining match-sellers at the door and formed a little party at the corner of the counter. They began to exchange stories. Leonard introduced them to a young fellow named Weathers who was performing at the Tivoli as an acrobat and knockabout *artiste*. Farrington stood a drink all round. Weathers said he would take a small Irish and Apollinaris. Farrington, who had definite notions of what was what, asked the boys would they have an Apollinaris too; but the boys told Tim to make theirs hot. The talk became theatrical. O'Halloran stood a round and then Farrington stood another round, Weathers protesting that the hospitality was too Irish. He promised to get them in behind the scenes and introduce them to some nice girls. O'Halloran said that he and Leonard would go but that Farrington wouldn't go because he was a married man; and Farrington's heavy dirty eyes leered at the company in token that he understood he was being chaffed. Weathers made them all have just one little tincture at his expense and promised to meet them later on at Mulligan's in Poolbeg Street.

When the Scotch House closed they went round to Mulligan's. They went into the parlour at the back and O'Halloran ordered small hot specials all round. They were all beginning to feel mellow. Farrington was just standing another round when Weathers came back. Much to Farrington's relief he drank a glass of bitter this time. Funds were running low but they had enough to keep them going. Presently two

welches zu haben; also verließ die ganze Gesellschaft etwas bedauernd die Kneipe. An der Ecke Duke Street schwenkten Higgins und Nosey Flynn links ab, während die andern drei zurückgingen in Richtung Stadtzentrum. Regen nieselte auf die kalten Straßen nieder, und als sie das Ballast Office erreichten, schlug Farrington das Scotch House vor. Die Kneipe war voll von Männern und laut vom Lärm der Zungen und Gläser. Die drei drängten sich an den winselnden Streichholzverkäufern nahe der Tür vorbei und bildeten eine kleine Gruppe an der Ecke der Theke. Sie begannen Geschichten auszutauschen. Leonard stellte sie einem jungen Kerl namens Weathers vor, der im Tivoli als Akrobat und dummer August auftrat. Farrington gab eine ganze Runde aus. Weathers sagte, er nehme einen kleinen Irischen und Apollinaris.

Farrington, der feste Vorstellungen davon hatte, was sich gehörte, fragte die Jungs, ob auch sie ein Apollinaris wollten; aber die Jungs forderten Tim auf, ihren heiß zu machen. Das Gespräch wandte sich dem Theater zu. O'Halloran gab eine Runde aus, und dann ab Farrington noch eine Runde aus, während Weathers einwandte, daß solche Gastfreundschaft zu irisch wäre. Er versprach, sie hinter die Kulissen zu bringen und mit ein paar netten Mädchen bekannt zu machen. O'Halloran sagte, daß er und Leonard mitkommen würden, aber Farrington nicht, weil er ja ein verheirateter Mann wäre; und Farringtons schwere schmutzige Augen musterten die Gesellschaft tückisch, zum Zeichen, daß er verstand, daß man sich über ihn lustig machte. Weathers ließ allen grade nur einen Kurzen auf seine Rechnung kommen und versprach, sie später bei Mulligan in der Poolbeg Street wiederzutreffen.

Als das Scotch House schloß, gingen sie um die Ecke zu Mulligan. Sie gingen in die Hinterstube, und O'Halloran bestellte eine Runde kleiner heißer Specials. Sie begannen sich alle benebelt zu fühlen. Farrington gab gerade noch eine weitere Runde aus, als Weathers zurückkam. Zu Farringtons großer Erleichterung trank er diesmal ein Glas Bitter. Die Mittel wurden knapp, aber noch hatten sie genug, um weiterzumachen. Im Augenblick kamen zwei junge Frauen mit gro-

young women with big hats and a young man in a check suit came in and sat at a table close by. Weathers saluted them and told the company that they were out of the Tivoli. Farrington's eyes wandered at every moment in the direction of one of the young women. There was something striking in her appearance. An immense scarf of peacock-blue muslin was wound round her hat and knotted in a great bow under her chin; and she wore bright yellow gloves, reaching to the elbow. Farrington gazed admiringly at the plump arm which she moved very often and with much grace; and when, after a little time, she answered his gaze he admired still more her large dark brown eyes. The oblique staring expression in them fascinated him. She glanced at him once or twice and, when the party was leaving the room, she brushed against his chair and said O, pardon! in a London accent. He watched her leave the room in the hope that she would look back at him, but he was disappointed. He cursed his want of money and cursed all the rounds he had stood, particularly all the whiskies and Apollinaris which he had stood to Weathers. If there was one thing that he hated it was a sponge. He was so angry that he lost count of the conversation of his friends.

When Paddy Leonard called him he found that they were talking about feats of strength. Weathers was showing his biceps muscle to the company and boasting so much that the other two had called on Farrington to uphold the national honour. Farrington pulled up his sleeve accordingly and showed his biceps muscle to the company. The two arms were examined and compared and finally it was agreed to have a trial of strength. The table was cleared and the two men rested their elbows on it, clasping hands. When Paddy Leonard said Go! each was to try to bring down the other's hand on to the table. Farrington looked very serious and determined.

The trial began. After about thirty seconds Weath-

ßen Hüten und ein junger Mann in einem karierten Anzug herein und setzten sich an einen Tisch in der Nähe. Weathers grüßte sie und erzählte den anderen, daß sie aus dem Tivoli wären. Farringtons Augen wanderten jeden Moment zu einer der jungen Frauen hinüber. Ihre Erscheinung hatte etwas Auffallendes. Ein riesiger Schal aus pfauenblauem Musselin war um ihren Hut geschlungen und in einer großen Schleife unter dem Kinn verknotet; und sie trug hellgelbe Handschuhe, die bis zum Ellbogen reichten. Farrington starrte verwundert auf den rundlichen Arm, den sie sehr oft und mit viel Anmut bewegte; und als sie nach kurzer Zeit seinen Blick erwiderte, bewunderte er noch mehr ihre großen dunkelbraunen Augen. Ihr schräger staunender Ausdruck faszinierte ihn. Ein- oder zweimal sah sie flüchtig zu ihm herüber, und als die Gruppe aufbrach, streifte sie seinen Stuhl und sagte mit Londoner Akzent *O pardon!*

Er verfolgte, wie sie den Raum verließ, in der Hoffnung, daß sie sich nach ihm umsehen werde, doch er wurde enttäuscht. Er verfluchte seinen Geldmangel und verfluchte all die Runden, die er ausgegeben hatte, besonders all die Whiskys und Apollinaris, die er Weathers ausgegeben hatte. Wenn ihm etwas verhaßt war, dann ein Schmarotzer. Er war so zornig, daß ihm die Unterhaltung seiner Freunde entging.

Als Paddy Leonard ihn rief, stellte er fest, daß sie über Kraftproben redeten. Weathers zeigte der Runde seinen Bizeps und gab so an, daß die anderen beiden Farrington aufgefordert hatten, die nationale Ehre zu retten. Farrington zog also seinen Ärmel hoch und zeigte der Runde seinen Bizeps. Die beiden Arme wurden geprüft und verglichen, und schließlich kam man überein, eine Kraftprobe zu veranstalten. Der Tisch wurde abgeräumt, die beiden stützten ihre Ellbogen darauf und verklammerten ihre Hände.

Wenn Paddy Leonard *Los!* sagte, sollte jeder versuchen, die Hand des anderen auf den Tisch herunterzudrücken. Farrington sah sehr ernst und entschlossen aus.

Die Probe begann. Nach etwa dreißig Sekunden drückte

ers brought his opponent's hand slowly down on to the table. Farrington's dark wine-coloured face flushed darker still with anger and humiliation at having been defeated by such a stripling.

– You're not to put the weight of your body behind it. Play fair, he said.

– Who's not playing fair? said the other.

– Come on again. The two best out of three.

The trial began again. The veins stood out on Farrington's forehead, and the pallor of Weathers' complexion changed to peony. Their hands and arms trembled under the stress. After a long struggle Weathers again brought his opponent's hand slowly on to the table. There was a murmur of applause from the spectators. The curate, who was standing beside the table, nodded his red head towards the victor and said with loutish familiarity:

– Ah! that's the knack!

– What the hell do you know about it? said Farrington fiercely, turning on the man What do you put in your gab for?

– Sh, sh! said O'Halloran, observing the violent expression of Farrington's face. Pony up, boys. We'll have just one little smahan more and then we'll be off.

A very sullen-faced man stood at the corner of O'Connell Bridge waiting for the little Sandymount tram to take him home. He was full of smouldering anger and revengefulness. He felt humiliated and discontented; he did not even feel drunk; and he had only twopence in his pocket. He cursed everything. He had done for himself in the office, pawned his watch, spent all his money; and he had not even got drunk. He began to feel thirsty again and he longed to be back again in the hot reeking public-house. He had lost his reputation as a strong man, having been defeated twice by a mere boy. His heart swelled with

Weathers die Hand seines Gegners langsam auf den Tisch herunter. Der Zorn und die Demütigung, von einem solchen Grünschnabel geschlagen worden zu sein, rötete Farringtons dunkel-weinfarbenes Gesicht noch mehr.

– Man darf sein Körpergewicht nicht einsetzen. Fair spielen, sagte er.

– Wer spielt hier nicht fair? sagte der andere.

– Noch mal. Wer zweimal von dreien gewinnt.

Die Probe begann von neuem. Auf Farringtons Stirn traten die Adern hervor, und Weathers' bleiches Gesicht bekam die Farbe einer Päonie. Ihre Hände und Arme zitterten vor Anstrengung.

Nach langem Kampf drückte Weathers die Hand seines Gegners wieder langsam auf den Tisch. Die Zuschauer murmelten beifällig. Der ‹Kurat›, der neben dem Tisch stand, nickte mit seinem roten Kopf zum Sieger hin und sagte mit blöder Vertraulichkeit:

– Jawoll! So wird's gemacht.

– Was zum Teufel verstehen Sie davon? sagte Farrington grimmig und drehte sich zu dem Mann um. Wieso haben Sie dazwischenzureden?

– Pst, pst! sagte O'Halloran mit einem Blick auf Farringtons gewalttätigen Gesichtsausdruck. Jetzt blecht mal, Jungs. Wir wollen nur noch einen kleinen Schluck trinken, und dann raus hier.

Ein Mann mit sehr verdrossenem Gesicht stand an der Ecke der O'Connell Bridge und wartete auf die kleine Tram nach Sandymount, die ihn nach Hause bringen sollte. Er war voll von schwelendem Zorn und Rachsucht. Er fühlte sich gedemütigt und mißgelaunt; er fühlte sich noch nicht einmal betrunken; und er hatte nur noch Twopence in der Tasche. Er fluchte auf alles. Er hatte sich geschafft im Büro, hatte seine Uhr versetzt, sein ganzes Geld ausgegeben; und er war noch nicht einmal betrunken. Wieder kam das Durstgefühl, und er sehnte sich zurück in die heiße stinkige Wirtschaft. Er hatte seinen Ruf als starker Mann verloren, zweimal war er von einem bloßen Jungen geschlagen worden. Wut stieg

fury and, when he thought of the woman in the big hat who had brushed against him and said *Pardon!* his fury nearly choked him.

His tram let him down at Shelbourne Road and he steered his great body along in the shadow of the wall of the barracks. He loathed returning to his home. When he went in by the side-door he found the kitchen empty and the kitchen fire nearly out. He bawled upstairs:

– Ada! Ada!

His wife was a little sharp-faced woman who bullied her husband when he was sober and was bullied by him when he was drunk. They had five children. A little boy came running down the stairs.

– Who is that? said the man, peering through the darkness.

– Me, pa.

– Who are you? Charlie?

– No, pa. Tom.

– Where's your mother?

– She's out at the chapel.

– That's right. . . . Did she think of leaving any dinner for me?

– Yes, pa. I –

– Light the lamp. What do you mean by having the place in darkness? Are the other children in bed?

The man sat down heavily on one of the chairs while the little boy lit the lamp. He began to mimic his son's flat accent, saying half to himself: *At the chapel. At the chapel, if you please!* When the lamp was lit he banged his fist on the table and shouted:

– What's for my dinner?

– I'm going . . . to cook it, pa, said the little boy.

The man jumped up furiously and pointed to the fire.

– On that fire! You let the fire out! By God, I'll teach you to do that again!

in ihm hoch, und als er an die Frau mit dem großen Hut dachte, die ihn gestreift und *Pardon!* gesagt hatte, erstickte ihn die Wut fast.

Seine Tram setzte ihn an der Shelbourne Road ab, und er steuerte seinen massigen Körper im Schatten der Kasernenmauer entlang. Es graute ihm davor, nach Hause zu kommen. Als er durch die Seitentür eintrat, fand er die Küche leer und das Küchenfeuer beinahe erloschen. Er brüllte nach oben:

– Ada! Ada!

Seine Frau war klein, hatte scharfe Gesichtszüge, tyrannisierte ihren Mann, wenn er nüchtern war, und wurde von ihm tyrannisiert, wenn er betrunken war. Sie hatten fünf Kinder. Ein kleiner Junge kam die Treppe herabgerannt.

– Wer ist denn das? sagte der Mann und spähte in die Dunkelheit.

– Ich, Papa.

– Wer ist ich? Charlie?

– Nein, Papa. Tom.

– Wo ist deine Mutter?

– Sie ist in der Kirche.

– Achja... Hat sie daran gedacht, mir was zu essen dazulassen?

– Ja, Papa. Ich –

– Mach die Lampe an. Was soll das überhaupt heißen, hier alles dunkel zu lassen? Sind die andern Kinder im Bett?

Der Mann setzte sich schwer auf einen der Stühle, während der kleine Junge die Lampe anzündete. Er begann, die ordinäre Dubliner Aussprache seines Sohnes nachzumachen, indem er halb zu sich selber sagte: *In der Kirche. In der Kirche, wenn du nichts dagegen hast!* Als die Lampe angezündet war, schlug er mit der Faust auf den Tisch und schrie:

– Was krieg ich zu essen?

– Ich ... ich werde es dir kochen, Papa, sagte der kleine Junge.

Der Mann sprang wütend auf und zeigte auf das Feuer.

– Auf diesem Feuer! Du hast das Feuer ausgehn lassen! Bei Gott, ich will dich lehren, das nochmal zu machen!

He took a step to the door and seized the walking-stick which was standing behind it.

– I'll teach you to let the fire out! he said, rolling up his sleeve in order to give his arm free play.

The little boy cried *O, pa!* and ran whimpering round the table, but the man followed him and caught him by the coat. The little boy looked about him wildly but, seeing no way of escape, fell upon his knees.

– Now, you'll let the fire out the next time! said the man, striking at him viciously with the stick. Take that, you little whelp!

The boy uttered a squeal of pain as the stick cut his thigh. He clasped his hands together in the air and his voice shook with fright.

– O, pa! he cried. Don't beat me, pa! And I'll . . . I'll say a *Hail Mary* for you. . . . I'll say a *Hail Mary* for you, pa, if you don't beat me. . . . I'll say a *Hail Mary*. . . .

Er machte einen Schritt auf die Tür zu und griff sich den Spazierstock, der dahinter stand.

– Ich will dich lehren, das Feuer ausgehn zu lassen! sagte er, während er den Ärmel hochkrempelte, um seinem Arm Spielraum zu geben.

Der kleine Junge rief *Ach, Papa!* und rannte heulend um den Tisch, doch der Mann folgte ihm und bekam ihn an der Jacke zu fassen. Der kleine Junge blickte verängstigt umher, aber da er keinen Fluchtweg sah, fiel er auf die Knie.

– Du wirst mir das Feuer nochmal ausgehn lassen! sagte der Mann und schlug mit dem Stock böse auf ihn ein. Da hast du's, du Bengel!

Der Junge stieß einen wimmernden Schmerzensschrei aus, als der Stock in seinen Schenkel schnitt. Er faltete die Hände in der Luft, und seine Stimme bebte vor Angst.

– Ach Papa! rief er. Schlag mich nicht, Papa! Ich sag . . . ich sag auch ein *Ave Maria* für dich . . . Ich sag ein *Ave Maria* für dich, Papa, wenn du mich nicht schlägst . . . Ich sag ein *Ave Maria* . . .

When he taught me some years ago he was an old man near his retirement, and when he would pass through the streets of the little town on his way from school you would hear the women talking about him as they stood at their doors knitting or nursing their babies: "Poor man, he's done. ... Killing himself. ... Digging his own grave!" With my bag of books under my arm I could hear them, but I could never understand why they said he was digging his own grave, and when I would ask my mother she would scold me: "Take your dinner, like a good boy, and don't be listening to the hard back-biters of this town. Your father has always a good word for Master Craig – so that should be enough for you.!"

"But why do they say he's killing himself?"

"Why do who say? Didn't I tell you to take your dinner and not be repeating what the idle gossips of this town are saying? Listen to me, son! Master Craig is a decent, good-living man – a kindly man that would go out of his way to do you a good turn. If Master Craig was in any other town he'd have got a place in the new school at the Square instead of being stuck for ever in that wee poky bit of a school at the edge of the town!"

It was true that the school was small – a two-roomed ramshackle of a place that lay at the edge of the town beyond the last street lamp. We all loved it. Around it grew a few trees, their trunks hacked with boys' names and pierced with nibs and rusty drawing-pins. In summer when the windows were open we could hear the leaves rubbing together and in winter see the raindrops hanging on the bare twigs.

It was a draughty place and the master was always complaining of the cold, and even in the early autumn he would wear his overcoat in the classroom and rub

Als ich vor einigen Jahren zu ihm in die Schule ging, war er ein alter Mann, der dicht vor der Pensionierung stand, und wenn er auf dem Wege von der Schule durch die Straßen des Städtchens schlenderte, konnte man die Frauen über ihn reden hören, während sie auf der Türschwelle saßen und strickten oder ihre Säuglinge nährten: «Der arme Mann, der ist erledigt ... bringt sich selber um ... gräbt sein eigenes Grab!» Ich, die Schultasche unter dem Arm, hörte sie wohl, aber ich konnte nie verstehen, weshalb sie sagten, er grabe sich sein eigenes Grab, und wenn ich meine Mutter danach fragte, schalt sie nur: «Iß dein Mittagbrot und sei folgsam und höre nicht auf die bösen Verleumder in dieser Stadt! Dein Vater hat immer ein gutes Wort für Master Craig übrig ... und das sollte dir genügen.»

«Aber warum sagen sie, er bringt sich um?»

«Hab' ich dir nicht eben gesagt, du sollst essen und nicht wiederholen, was die dummen Klatschbasen über ihn reden? Glaub's mir, mein Junge, Master Craig ist ein anständiger, braver Mann, ein feundlicher Mann, der das Hemd vom Leibe hergeben würde, könnte er einem damit helfen. Wenn Master Craig in einem andern Städtchen Lehrer wäre, dann hätte er eine Stelle in der neuen Schule am Marktplatz bekommen, anstatt daß er ewig in der armseligen kleinen Schule in der Hintergasse unterrichten muß!»

Es stimmte: unsere Schule war klein, war eine Bruchbude von Haus mit nur zwei Klassenzimmern. Sie lag am Stadtrand, hinter der letzten Straßenlaterne. Aber wir hingen an ihr. Rundherum wuchsen ein paar Bäume, in deren Stämme wir unsre Namen geschnitzt und Federn und rostige Reißzwecken gesteckt hatten. Im Sommer, wenn die Fenster offenstanden, konnten wir die Blätter rauschen hören, und im Winter sahen wir die Regentropfen an den kahlen Zweigen.

Es war ein zugiges Haus, und der Lehrer beklagte sich stets über die Kälte. Schon in den ersten Oktobertagen trug er seinen Mantel auch im Schulzimmer und rieb sich die Hände:

his hands together: "Boys, it's very cold today. Do you feel it cold?" And to please him we would answer: "Yes, sir, 'tis very cold." He would continue to rub his hands and he would look out at the old trees casting their leaves or at the broken spout that flung its tail of rain against the window. He always kept his hands clean and three times a day he would wash them in a basin and wipe them on a roller towel affixed to the inside of his press. He had a hanger for his coat and a brush to brush away the chalk that accumulated on the collar in the course of the day.

In the wet, windy month of November three buckets were placed on the top of the desks to catch the drips that plopped here and there from the ceiling, and those drops made different music according to the direction of the wind. When the buckets were filled the master always called me to empty them, and I would take them one at a time and swirl them into the drain at the street and stand for a minute gazing down at the wet roofs of the town or listen to the rain pecking at the lunch-papers scattered about on the cinders.

"What's it like outside?" he always asked when I came in with the empty buckets.

"Sir, 'tis very bad."

He would write sums on the board and tell me to keep an eye on the class and out to the porch he would go and stand in grim silence watching the rain nibbling at the puddles. Sometimes he would come in and I would see him sneak his hat from the press and disappear for five or ten minutes. We would fight then with rulers or paper-darts till our noise would disturb the mistress next door and in she would come and stand with her lips compressed, her finger in her book. There was silence as she upbraided us: "Mean, low, good-for-nothing corner boys. Wait'll Mister Craig comes back and I'll let him know the angels he has. And I'll give him special news about *you*!" –

«Kinder, Kinder, heute ist's sehr kalt. Findet ihr's auch so kalt?» Und um ihm eine Freude zu machen, antworteten wir stets: «Ja, es ist sehr kalt!» Dann rieb er sich weiter die Hände und blickte auf die alten Bäume, die ihr Laub abwarfen, oder auf die zerbrochene Dachtraufe, die mit ihrem Regenschweif gegen die Fensterscheiben peitschte. Er hielt seine Hände immer sehr rein, und dreimal täglich wusch er sie in seinem Becken und trocknete sie an einem Rollenhandtuch, das an der Innenseite der Schranktür befestigt war. Er hatte einen Bügel für seine Jacke und eine Bürste, um die Kreide abzubürsten, die sich im Laufe des Tages auf seinem Kragen ansammelte.

Im kalten, feuchten Novembermonat wurden drei Eimer auf die Pulte gestellt, um die Tropfen aufzufangen, die hier und da von der Decke tröpfelten. Die Tropfen machten eine immer wieder andere Musik, je nach der Windrichtung. Wenn die Eimer voll waren, rief mich der Lehrer, damit ich sie ausschüttete,

und ich nahm jeweils einen und goß ihn hoch im Bogen in den Rinnstein und starrte noch ein Weilchen auf die nassen Dächer des Städtchens, oder ich lauschte auf den Regen, der am Frühstückspapier herumpickte, das im Schulhof verstreut lag.

«Wie sieht's draußen aus?» fragte er stets, wenn ich mit den leeren Eimern zurückkam.

«Sehr schlimm, Sir!»

Er schrieb Zahlen an die Wandtafel und befahl mir, die Aufsicht zu übernehmen, ging an die Haustür und starrte in grimmigem Schweigen in den Regen hinaus, der an den Pfützen knabberte. Manchmal kam er sofort zurück, und ich sah, wie er verstohlen seinen Hut aus dem Schrank nahm und für fünf oder zehn Minuten verschwand. Dann veranstalteten wir eine Schlacht mit Linealen und Papierfliegen, bis unser Lärm die Lehrerin nebenan störte und sie hereinkam und mit aufeinandergepreßten Lippen dastand, den Finger im Buch. Wir schwiegen, indes sie uns herunterputzte: «Ihr armseligen, erbärmlichen Taugenichtse! Wartet nur, bis Mr. Craig wieder da ist, dann werd' ich ihm schon sagen, was für Engel ihr seid! Und ganz besonders von *dir* sag' ich's ihm!» drohte sie

and she shakes her book at me: "An altar boy on Sunday and a corner boy for the rest of the week!" We would let her barge away, the buckets plink-plonking as they filled up with rain and her own class beginning to hum, now that she was away from them.

When Mr. Craig came back he would look at us and ask if we disturbed Miss Lagan. Our silence or our tossed hair always gave him the answer. He would correct the sums on the board, flivell the pages of a book with his thumb, and listen to us reading; and occasionally he would glance out of the side-window at the river that flowed through the town and, above it, the bedraggled row of houses whose tumbling yardwalls sheered to the water's edge. "The loveliest county in Ireland is County Down!" he used to say, with a sweep of his arm to the river and the tin cans and the chalked walls of the houses.

During that December he was ill for two weeks and when he came back amongst us he was greatly failed. To keep out the draughts he nailed perforated plywood over the ventilators and stuffed blotting paper between the wide crevices at the jambs of the door. There were muddy marks of a ball on one of the windows and on one pane a long crack with fangs at the end of it: "So someone has drawn the River Ganges while I was away," he said; and whenever he came to the geography of India he would refer to the Ganges delta by pointing to the cracks on the pane.

When our ration of coal for the fire was used up he would send me into the town with a bucket, a coat over my head to keep off the rain, and the money in my fist to buy a stone of coal. He always gave me a penny to buy sweets for myself, and I can always remember that he kept his money in a waistcoat pocket. Back again I would come with the coal and he would give me disused exercise books to light the fire. "Chief stoker!" he called me, and the name has stuck to me to this day.

mir mit ihrem Buch. «Sonntags Meßdiener und werktags ein Taugenichts!» Wir ließen sie weiterschnauzen, und in den Eimern machte es «plinkplonk», während sie sich mit Regen füllten, und in ihrer Klasse drüben wurde das Gesumm stärker, weil sie nicht mehr bei ihnen war.

Wenn Mr. Craig zurückkehrte, sah er uns an und fragte, ob wir Miss Lagan gestört hätten. Unser Schweigen oder unser zerzaustes Haar gaben ihm stets die Antwort. Dann verbesserte er die Additionen auf der Wandtafel, fuhr mit dem Daumen über die Seiten eines Buches und hörte uns zu, wie wir vorlasen; und gelegentlich blickte er durchs Seitenfenster auf den Fluß, der durch unser Städtchen floß, und auf die Reihe schmutziger Hütten, deren zerfallende Hofmauern zum Flußufer hin abbröckelten. «Das schönste Land in Irland ist die Grafschaft Down», sagte er dann wohl und beschrieb mit dem Arm einen umfassenden Bogen über den Fluß und die weggeworfenen Blechbüchsen und die mit Kreide beschmierten Wände.

Im Dezember war er vierzehn Tage krank, und als er wieder zu uns kam, war er sehr geschwächt. Um die Zugluft fernzuhalten, nagelte er Holzplatten über die Lüftungslöcher und stopfte Löschpapier zwischen die breiten Ritzen in der Tür. An einem der Fenster waren schmutzige Abdrucke eines Balles, und eine Scheibe hatte einen langen Sprung mit einer Verzweigung am Ende. «Da hat einer den Ganges hingezeichnet, während ich weg war», sagte er; von da an sprach er immer, wenn er zur Geographie von Indien kam, vom Ganges-Delta, indem er auf die Sprünge in der Fensterscheibe deutete.

Wenn unser Kohlenvorrat für den Ofen verbraucht war, schickte er mich mit einem Eimer in die Stadt, in der Hand etwas Geld, um zehn Pfund Kohle zu holen, und den Rock über dem Kopf, um den Regen abzuwehren. Er schenkte mir immer einen Penny, wofür ich mir Bonbons kaufen sollte, und ich kann mich erinnern, daß er die Pennies stets in seiner Westentasche hatte. Kam ich mit der Kohle zurück, dann gab er mir alte Schreibhefte, mit denen ich Feuer machen mußte. «Oberster Heizer!» nannte er mich, und den Namen trage ich noch bis auf den heutigen Tag.

It was at this time that the first snow had fallen, and someone by using empty potato bags had climbed over the glass-topped wall and stolen the school coal, and for some reason Mr. Craig did not send me with the bucket to buy more. The floor was continually wet from our boots, and our breaths frosted the windows. Whenever the door opened a cold draught would rush in and gulp down the breath-warmed air in the room. We would jig our feet and sit on our hands to warm them. Every half-hour Mr. Craig would make us stand and while he lilted *O'Donnell Abu* we did a series of physical exercises which he had taught us, and in the excitement and the exaltation we forgot about our sponging boots and the snow that pelted against the windows. It was then that he did his lessons on Science; and we were delighted to see the bunsen burner attached to the gas bracket which hung like an inverted T from the middle of the ceiling. The snoring bunsen seemed to heat up the room and we all gathered round it, pressing in on top of it till he scattered us back to our places with the cane: "Sit down!" he would shout. "There's no call to stand. Everybody will be able to see!"

The cold spell remained, and over and over again he repeated one lesson in Science, which he called: *Evaporation and Condensation.*

"I'll show you how to purify the dirtiest of water," he had told us. "Even the filthiest water from the old river could be made fit for drinking purposes." In a glass trough he had a dark brown liquid and when I got his back turned I dipped my finger in it and it tasted like treacle or burnt candy, and then I remembered about packets of brown sugar and tins of treacle I had seen in his press.

He placed some of the brown liquid in a glass retort and held it aloft to the class: "In the retort I have water which I have discoloured and made impure.

Es war um die Zeit des ersten Schneefalls, und jemand war über die mit Glasscherben bespickte Mauer geklettert, indem er leere Kartoffelsäcke darüberlegte, und hatte unsre Schulkohle gestohlen, und Mr. Craig mußte wohl seine Gründe gehabt haben, daß er mich nicht mehr mit dem Eimer wegschickte, um Kohle zu kaufen. Jetzt war der Fußboden von unsern Stiefeln ständig feucht, und von unserm Hauch waren Eisblumen auf den Scheiben. Sobald die Tür aufging, stürzte die kalte Außenluft herein und verschluckte auch noch das bißchen angewärmte Atemluft im Zimmer. Wir zappelten mit den Füßen und saßen auf den Händen, um sie zu wärmen. Alle halbe Stunde ließ Mr. Craig uns aufstehen, und während er *O'Donnell Abu* trällerte, mußten wir Turnübungen machen, die er uns gelehrt hatte, und in der Begeisterung und Erregung vergaßen wir unsre leckenden Stiefel und den Schnee, der gegen die Fenster peitschte. Damals begann er mit seinem naturwissenschaftlichen Unterricht, und wir waren hingerissen, als er einen Bunsenbrenner am Rohr der Gaslampe befestigte, das wie ein umgekehrtes T von der Decke hing. Der schnorchelnde Bunsenbrenner schien das Schulzimmer zu erwärmen, und wir drängten uns so nah heran, daß er uns mit dem Stock in der Hand auf unsre Plätze zurückjagte. «Setzt euch!» schrie er uns an. «Es hat keinen Sinn, daß ihr steht. Jeder kann sehen!»

Da die Kältewelle anhielt, wiederholte er immerzu eine bestimmte Lektion, die er «Verdampfung und Kondensation» nannte.

«Ich zeige euch jetzt, wie man das schmutzigste Wasser klären kann», sagte er. «Selbst Schmutzwasser vom Fluß kann so umgewandelt werden, daß es für Trinkzwecke geeignet ist!» In einem Glasgefäß hatte er eine dunkelbraune Flüssigkeit, und als er einmal den Rücken wandte, steckte ich den Finger hinein und fand, daß es wie Sirup oder brauner Kandiszucker schmeckte, und dann fiel mir ein, daß ich in seiner Presse Pakete mit Rohzucker und Büchsen mit Sirup gesehen hatte.

Er goß etwas von der braunen Flüssigkeit in eine Glasretorte und hielt sie hoch, damit die Klasse es sehen konnte: «In der Retorte hier habe ich verunreinigtes Wasser. Nach ein paar

In a few minutes I'll produce from it the clearest of spring water." And his weary eyes twinkled, and although we could see nothing funny in that, we smiled because he smiled.

The glass retort was set up with the flaming bunsen underneath, and as the liquid was boiling, the steam was trapped in a long-necked flask on which I sponged cold water. With our eyes we followed the bubbling mixture and the steam turning into drops and dripping rapidly into the flask. The air was filled with a biscuity smell, and the only sound was the snore of the bunsen. Outside was the cold air and the falling snow. Presently the master turned out the gas and held up the flask containing the clear water.

"As pure as crystal!" he said, and we watched him pour some of it into a tumbler, hold it in his delicate fingers, and put it to his lips. With wonder we watched him drink it and then our eyes travelled to the dirty, cakey scum that had congealed on the glass sides of the retort. He pointed at this with his ruler: "The impurities are sifted out and the purest of pure water remains." And for some reason he gave his roguish smile. He filled up the retort again with the dirty brown liquid and repeated the experiment until he had a large bottle filled with the purest of pure water.

The following day it was still snowing and very cold. The master filled up the retort with the clear liquid which he had stored in the bottle: "I'll boil this again to show you that there are no impurities left." So once again we watched the water bubbling, turning to steam, and then to shining drops. Mr. Craig filled up his tumbler: "As pure as crystal," he said, and then the door opened and in walked the Inspector. He was muffled to the ears and snow covered his hat and his attaché case. We all stared at him – he was the old, kind man whom we had seen before. He glanced at the bare firegrate

Minuten habe ich es in das reinste Quellwasser umgewandelt!»
Und seine müden Augen zwinkerten uns zu, und obwohl wir
die Sache nicht weiter komisch fanden, lachten wir auch, weil
er lächelte.

Die Retorte wurde so befestigt, daß der Bunsenbrenner dar-
unterstand, und als die Flüssigkeit kochte, wurde der Dampf in
einer langhalsigen Flasche aufgefangen, auf die ich kaltes
Wasser tröpfeln mußte. Gespannt verfolgten wir das Kochen
und beobachteten, wie sich der Dampf zu Tropfen kondensierte,
die sich geschwind in der Flasche ansammelten. Ein Duft wie
nach Backwerk erfüllte die Luft, und es war kein andrer Laut zu
hören als das Schnorcheln des Bunsenbrenners. Draußen war es
kalt, und es schneite. Bald darauf drehte der Lehrer den Gashahn
zu und hielt die Flasche mit dem klaren Wasser hoch.

«So klar wie Kristall!» sagte er, und wir beobachteten, wie er
etwas in ein Becherglas schüttete, das Glas in seine feinen
Finger nahm und an die Lippen setzte. Erstaunt sahen wir ihm
zu, wie er es trank, und dann schweiften unsre Blicke zu dem
schmutzigen, flockigen Schaum, der sich an den Glaswänden
der Retorte abgesetzt hatte. Er deutete mit seinem Zeigestock
darauf: «Die Verunreinigung ist ausgeschieden, und das reinste Wasser ist übriggeblieben.» Und dann lächelte er wieder so
spitzbübisch. Er füllte die Retorte abermals mit der schmutzigen braunen Flüssigkeit und wiederholte das Experiment solange, bis er eine große Flasche mit dem «reinsten Wasser»
angefüllt hatte.

Am folgenden Tag schneite es immer noch, und es war sehr
kalt. Der Lehrer füllte die Retorte mit der klaren Flüssigkeit,
die er in der Flasche gesammelt hatte. «Ich will es nochmals
kochen, damit ihr euch überzeugen könnt, daß keine schmutzigen Rückstände da sind.» Wir sahen also wieder dem sprudeln-
den Wasser zu, das sich in Dampf und dann in funkelnde
Tropfen verwandelte. Mr. Craig füllte sich das Becherglas:
«Rein wie Kristall!» sagte er. Da ging die Tür auf, und der
Schulinspektor trat ein. Er war bis an die Ohren in Schals
gepackt, und sein Hut und seine Mappe waren voll Schnee. Wir
starrten ihn an: es war der gleiche freundliche alte Mann, den
wir von früher kannten. Er warf einen Blick auf den kalten

and at the closed windows with their sashes edged with snow. The water continued to bubble in the retort, giving out its pleasant smell.

The Inspector shook hands with Mr. Craig and they talked and smiled together, the Inspector now and again looking towards the empty grate and shaking his head. He unrolled his scarf and flicked the snow from off his shoulders and from his attaché case. He sniffed the air, rubbed his frozen hands together, and took a black notebook from his case. The snow ploofed against the windows and the wind hummed under the door.

"Now, boys," Mr. Craig continued, holding up the tumbler of water from which a thread of steam wriggled in the air. He talked to us in a strange voice and told us about the experiment as if we were seeing it for the first time. Then the Inspector took the warm tumbler and questioned us on our lesson. "It should be perfectly pure water," he said, and he sipped at it. He tasted its flavour. He sipped at it again. He turned to Mr. Craig. They whispered together, the Inspector looking towards the retort which was still bubbling and sending out its twirls of steam to be condensed to water of purest crystal. He laughed loudly, and we smiled when he again put the tumbler to his lips and this time drank it all. Then he asked us more questions and told us how, if we were shipwrecked, we could make pure water from the salt sea water.

Mr. Craig turned off the bunsen and the Inspector spoke to him. The master filled up the Inspector's tumbler and poured out some for himself in a cup. Then the Inspector made jokes with us, listened to us singing, and told us we were the best class in Ireland. Then he gave us a few sums to do in our books. He put his hands in his pockets and jingled his money, rubbed a little peep-hole in the breath-covered window and peered out at the loveliest sight in Ireland. He spoke to Mr. Craig again and Mr. Craig shook

Ofen und auf die vereisten Fenster, deren Fensterbretter voll Schnee lagen. Das Wasser sprudelte unentwegt weiter in der Retorte und verbreitete seinen angenehmen Duft.

Der Inspektor drückte Mr. Craig die Hand, und sie plauderten und lachten miteinander, und der Inspektor sah von Zeit zu Zeit auf den kalten Ofen und schüttelte den Kopf. Er wickelte seinen Schal ab und wischte sich den Schnee von den Schultern und von der Mappe. Dann rieb er sich die klammen Hände, holte ein schwarzes Notizbuch aus der Mappe und zog schnuppernd die Luft ein. Draußen klatschte der Schnee gegen die Fensterscheiben, und der Wind pfiff durch alle Ritzen.

«Also hört gut zu, Boys!» sagte Mr. Craig und hielt den Glasbecher hoch, aus dem ein kleines Dampfwölkchen in die Luft stieg. Er sprach mit einer fremden Stimme und erzählte uns über das Experiment, als sähen wir es zum erstenmal. Danach nahm der Inspektor den Glasbecher und stellte uns Fragen. «Es sollte vollkommen reines Wasser sein!» sagte er und nippte davon. Er prüfte es mit der Zunge. Er nippte noch einmal. Dann wandte er sich an Mr. Craig. Sie tuschelten zusammen, und der Inspektor warf einen belustigten Blick auf die Retorte, die noch immer den Dampf in kristallklares Wasser verwandelte. Er lachte laut, und wir grinsten alle, als er diesmal den Becher an die Lippen setzte und alles austrank. Dann stellte er uns noch mehr Fragen und erzählte uns, wenn wir Schiffbruch erlitten, könnten wir reines Wasser aus dem salzigen Seewasser herstellen.

Mr. Craig drehte den Bunsenbrenner ab, und der Inspektor sprach mit ihm. Der Lehrer füllte den Becher des Inspektors und schenkte sich selbst eine Tasse voll ein. Danach machte der Inspektor Witze mit uns, ließ uns singen und sagte uns, wir wären die beste Schulklasse von ganz Irland. Nachher mußten wir die Hefte aufschlagen und rechnen. Er steckte die Hände in die Taschen und klimperte mit seinem Kleingeld, rieb ein Guckloch in die Eisblumen und betrachtete sich die schönste Aussicht von ganz Irland. Dann sprach er mit Mr. Craig und schüttelte ihm die Hand, und beide lachten. Der Inspektor

hands with him and they both laughed. The Inspector looked at his watch. Our class was let out early, and while I remained behind to tidy up the Science apparatus the master gave me an empty treacle tin to throw in the bin and told me to carry the Inspector's case up to the station. I remember that day well as I walked behind them through the snow, carrying the attaché case, and how loudly they talked and laughed as the snow whirled cold from the river. I remember how they crouched together to light their cigarettes, how match after match was thrown on the road, and how they walked off with the unlighted cigarettes still in their mouths. At the station Mr. Craig took a penny from his waistcoat pocket and as he handed it to me it dropped on the snow. I lifted it and he told me I was the best boy in Ireland. . . .

When I was coming from his funeral last week – God have mercy on him – I recalled that wintry day and the feel of the cold penny and how much more I know now about Mr. Craig than I did then. On my way out of the town – I don't live there now – I passed the school and saw a patch of new slates on the roof and an ugly iron barrier near the door to keep the home-going children from rushing headlong on to the road. I knew if I had looked at the trees I'd have seen rusty drawing-pins stuck into their rough flesh. But I passed by. I heard there was a young teacher in the school now, with an array of coloured pencils in his breast pocket.

blickte auf seine Uhr. Unsre Klasse durfte früher nach Hause gehen, und ich blieb noch da, um die chemischen Geräte wegzuräumen. Der Lehrer gab mir eine leere Sirupbüchse, ich solle sie in den Müll werfen. Dann mußte ich die Aktentasche des Inspektors an den Bahnhof bringen. Ich erinnere mich noch gut an den Morgen, wie ich hinter den Beiden durch den Schnee stampfte, und wie laut sie lachten und redeten, während der Schnee so kalt vom Fluß hergeweht wurde. Ich erinnere mich, wie sie die Köpfe zusammensteckten, um sich ihre Zigaretten anzuzünden, wie sie ein Streichholz nach dem andern wegwarfen und dann weitergingen, im Mund die Zigaretten, die nicht brannten. Auf dem Bahnhof holte Mr. Craig einen Penny aus der Westentasche, und als er ihn mir geben wollte, fiel er ihm aus der Hand und in den Schnee. Ich hob ihn auf, und er sagte, ich sei der beste Junge von ganz Irland.

Als ich vorige Woche von seiner Beerdigung kam – Gott sei ihm gnädig –, mußte ich an jenen Wintertag denken und an den kalten Penny und wieviel mehr ich jetzt über Mr. Craig weiß als damals. Auf dem Heimweg – ich wohne jetzt nicht mehr in der Stadt – kam ich an der alten Schule vorbei und sah, daß das Dach mit neuen Ziegeln ausgebessert war und daß ein häßliches Eisengeländer vor der Tür stand, das die nach Hause gehenden Kinder davor bewahren soll, Hals über Kopf auf die Straße zu rennen. Ich wußte, daß ich, hätte ich die Bäume betrachtet, rostige Reißzwecken in ihrer Rinde stecken gesehen hätte. Aber ich ging vorbei. Ich hörte, daß jetzt ein junger Lehrer an der Schule unterrichtete, der eine stattliche Reihe von Buntstiften wohlgeordnet in seiner Brusttasche trug.

It was late afternoon, as, gripping my young nephew's hand in mine, I toiled along the track that led upward from the dunes. In my other hand I carried a suitcase containing the boy's clothes. Before me a rabbit dragged a lazy rump into the furze that grew at the landward side of the track.

"Come, Brendan," I said. "This place *will* be different from the city, but you will be happy here just the same."

The boy made no reply. He looked dismally upward to where a huddle of houses crouched under a mountain whose northern flank had been sheered downward to form a cliff face above the sea. Following the boy's gaze, I sought and found the white face of the cottage which had been pointed out to me by the postman in the village

After walking for a while, I stopped and turned to look backward at the view spread below. The boy turned too. Together we saw the tents of the mountain range that all but ringed the bay. To the east, on a ridge above a village, was a red-roofed shed in which the Gaelic language was taught during the summer months. The western ocean was all silver: this silver was shining fiercely on the roof of my car, which was parked at the mouth of the strand. At the ends of the headland the Atlantic swell recurrently bloomed into spray.

"Speak Gaelic only, for here it is still alive," I advised the boy. "That is what I have brought you here for – to learn the language that is your own." Brightly, I added: "Here, too, you will have sheep and a sheepdog. And, of course, cows and hens!"

The boy looked sidelong away from me.

"If the people of this cottage keep you," I went on, "I'll bet you'll cry with loneliness when your

82
83

Eines Nachmittags im Sommer nahm ich meinen kleinen Neffen bei der Hand und stieg mit ihm den schmalen Pfad hinan, der von den Dünen ins Hügelland führte. In meiner andern Hand trug ich einen Koffer, der die Sachen des Jungen enthielt. Etwas voraus hoppelte ein faules Kaninchen gemächlich ins goldene Ginstergebüsch, das den Berghang bekleidete.

«Komm, Brendan!» sagte ich. «Hier ist es zwar ganz anders als in der Großstadt, aber es wird dir trotzdem sehr gut gefallen.»

Der Junge gab keine Antwort. Er blickte trübselig bergauf, wo sich unterhalb eines Gipfels ein Nest kleiner Häuser duckte. Die nördliche Flanke des Berges war in einem Bergrutsch niedergegangen und fiel jetzt als steile Felswand senkrecht ins Meer. Meine Augen folgten den Blicken des Jungen, und ich suchte und fand die weiße Hütte, die mir der Briefträger im Dorf unten beschrieben hatte.

Nachdem wir ein Weilchen gestiegen waren, blieb ich stehen, drehte mich um und betrachtete das Bild, das sich vor uns ausbreitete. Wir sahen die Gipfel der Bergkette, die wie Zelte fast die ganze Bucht einschlossen. Nach Osten, auf einem Hügel über einem Dorf lag ein Haus mit rotem Dach, wo während der Sommermonate die irische Sprache gelehrt wurde. Im Westen gleißte das Meer wie flüssiges Silber, und silbern prallte das Licht vom Dach meines Wagens zurück, den ich am Strand geparkt hatte. Über den Klippen der beiden Vorgebirge erblühte in regelmäßiger Wiederkehr der weiße Gischt aus der Dünung des Atlantik.

«Du mußt immer Irisch sprechen», riet ich dem Jungen, «denn hier ist es noch eine lebendige Sprache. Deshalb habe ich dich hergebracht: damit du die Sprache lernst, die deine eigene ist.» Munter schloß ich: «Und hier gibt's auch Schafe und einen Schäferhund, und natürlich Kühe und Ziegen.»

Der Junge sah stumm an mir vorbei.

«Falls die Leute in der weißen Hütte dich aufnehmen wollen», fuhr ich fort, «wette ich, daß du vor Sehnsucht weinst,

time comes to leave. The people here are so ... so ..."

So what? I asked myself, and failed to find an answer.

Brendan looked silently at the hills, the bay, the dunes. He then eyed the ragwort in brilliant bloom beside the track.

"When you have been settled in the cottage," I said, "I'll go back to the village for a meal. Tonight I'll return to say goodbye. Early in the morning I'll return to the city."

The boy's lower lip began trembling.

"No tears!" I said, taking his hand and resuming our upward journey. "Remember that this place, remote as it is, represents the Ireland of long ago. I want you to live in it, if only for a few months of summer.

Before long the world will break in upon this olden way of life and then it will be ended. Now you are only *ten*, but later, when you are a man, you will look back with pride and say: 'Yes, I saw it before it was no more!' You understand?"

The boy began to say something but, thinking better of it, stopped short and fell silent.

"Up!" I said cheerfully. The boy's hand tightened in mine. We moved upward.

Presently we reached the houses. They faced in different directions and most of them had caps of old thatch held in place by nets weighted down with dangling stones. Cowdung was everywhere underfoot. I crossed over a stream by a crude bridge of flagstones and walked toward the gable of the cottage I sought.

As I did so, I was aware of faces half-seen in the dim interiors of the houses. I realized that these were the faces of the old. I realized, too, that the strange silence that hung above the place was due to the absence of children's cries.

wenn du in die Großstadt zurück mußt. Die Menschen sind so ... so ...»

Ja, was denn eigentlich? fragte ich mich und fand keine Antwort.

Brendan blickte stumm auf die Berge, auf die Bucht und auf die Dünen. Dann starrte er auf die Goldrute, die in üppiger Fülle am Wegrand leuchtete.

«Wenn ich dich in der Hütte untergebracht habe», sagte ich, «gehe ich ins Dorf hinunter und esse etwas. Und heute abend komme ich wieder herauf und sage dir Lebwohl. Früh am Morgen fahre ich dann in die Stadt zurück.»

Die Unterlippe des Jungen begann zu zittern.

«Nicht weinen!» ermahnte ich ihn, griff nach seiner Hand und stieg weiter mit ihm bergan. «Denk immer daran, daß diese Gegend, die so einsam und abgelegen ist, ein Stück irischer Geschichte verkörpert. Deshalb sollst du hier leben, wenn auch nur ein paar kurze Sommermonate. Nicht mehr lange, dann wird auch hier die moderne Welt ihren Einzug halten und alles zerstören. Jetzt bist du erst zehn, aber später, wenn du ein Mann bist, wirst du dich an alles erinnern und voller Stolz sagen: ‹Ja, ich habe es noch gekannt, wie es früher war!› Verstehst du mich?»

Der Junge wollte antworten, besann sich dann aber und schwieg.

«Komm weiter!» rief ich fröhlich. Die Hand des Jungen klammerte sich fester an meine. Wir stiegen bergauf.

Dann hatten wir die Häuser erreicht. Sie sahen in verschiedene Richtungen, und fast alle trugen eine Kappe aus altem Stroh: mit Steinen beschwerte Fischernetze hielten es zusammen. Auf dem Boden lag Kuhmist. Wir überquerten einen Bach auf einer Furt aus Feldsteinen, und ich steuerte auf die Giebelseite der weißen Hütte zu, die ich suchte.

Während ich so einherschritt, gewahrte ich wiederholt Gesichter, die mir aus dem Dunkel der Häuser nachblickten. Ich merkte, daß es nur Gesichter von alten Leuten waren. Ich begriff auch, daß die seltsame Stille, die über allem lag, davon herrühren mußte, daß nirgends lärmende Kinder herumspielten.

Beside the gable, a break in a drywall gave to a shabby enclosure. Here nasturtiums grew in crude beds made of motor tires. The front of the cottage had been freshly whitewashed and there were three dormer windows half-in and half-out of the slated roof.

As we entered the enclosure, a sheepdog came bounding out and rushed past us to do puff-ball battle with hens scuffing at the gable. I felt the sweat ooze through the boy's hand as the dog swept by.

The open doorway was a step above me. Peeping through it, I saw a wide airy kitchen. Directly opposite the doorway was a settle-seat. At first I thought that the place was empty. Then, shifting my stance, I saw a girl seated near the far corner of the kitchen. She had her back turned to us. Her head was bent and her hair was down about her face. In the act of combing her hair she was stilled as in dream.

Out of an eye-corner I saw the boy look sharply up at me. Suddenly I grew conscious of the pounding of the sea.

I stretched out my hand to knock on the doorpost but held my knuckle poised.

As the sheepdog came bounding back, the boy gave an exclamation of alarm. The girl looked up. Her face was flushed and wildly alive. Pegging her hair back over her ears, she sprang to her feet. Until she had betrayed herself by glancing downward, I was not aware that her feet were bare. The girl – she was eighteen at most – blurted in Gaelic; "*Cad é*" – What is it?

Releasing the boy's hand, I came up the step. As I did so I was conscious of an odd access of power.

"*Cad é*" she asked again, as I walked forward.

Quietly, my mind not fully on my words, I began to explain, in bookish Gaelic, that I wanted to find a place where a boy could stay. She did not appear to follow the drift of what I hat to say. Glancing at the

Die Vorderseite der Hütte war frisch geweißelt worden, und aus dem mit Schieferplatten gedeckten Dach blickten drei Mansardenfenster. Eine Lücke in der niedrigen Feldsteinmauer ließ uns in ein einfaches Gärtchen ein. Kapuzinerkresse wuchs aus runden Beeten, die von alten Autoreifen zusammengehalten wurden.

Sowie wir das Gärtchen betraten, stürzte ein Schäferhund aus dem Haus und sprang an uns vorbei, um mit den am Giebel scharrenden Hühnern eine Federballschlacht anzuzetteln. Ich spürte, wie die Hand des Jungen schweißnaß wurde, als der Hund vorbeifegte.

Eine Stufe führte zur offenen Haustür. Ich spähte hinein und sah eine große luftige Küche. Genau gegenüber stand eine Kaminbank. Zuerst glaubte ich, es sei niemand da. Dann wechselte ich meinen Standort und sah in der entferntesten Ecke ein junges Mädchen sitzen. Sie hatte uns den Rücken zugewandt und hielt den Kopf gesenkt. Das Haar hing ihr ins Gesicht, und sie war völlig darin vertieft, es zu bürsten.

Mit einem halben Blick auf den Jungen bemerkte ich, daß er mich unverwandt anstarrte. Plötzlich wurde mir bewußt, wie regelmäßig die Brandung heraufdröhnte.

Ich streckte die Hand aus, um gegen den Türpfosten zu klopfen, ließ aber meinen Knöchel in der Schwebe.

Der Schäferhund kam wieder angesprungen, und der Junge schrie erschrocken auf. Das junge Mädchen blickte hoch. Das Blut war ihr in die Wangen gestiegen, und ihr Ausdruck war voll leidenschaftlichen Lebens. Während sie aufsprang, steckte sie sich das Haar hinter den Ohren fest. Ich hatte nicht gesehen, daß sie barfuß war – erst ihr verschämter Blick verriet es mir. Sie mochte achtzehn Jahre alt sein und stieß auf Irisch hervor: «*Cad é?*» (Was ist?)

Ich ließ die Hand des Jungen fahren und trat auf die Schwelle. Als ich es tat, spürte ich eine seltsame Überlegenheit.

«*Cad é?*» fragte sie wieder, als ich nähertrat.

Ich begann ihr ruhig und in meinem papierenen Irisch zu erklären, daß ich eine Familie suche, bei der ein Junge ein paar Monate bleiben könne. Sie schien nicht zu begreifen, was ich ihr zu erklären versuchte. Mit einem Blick auf den Koffer

suitcase, she answered me in broken guttural sentences. The village, the cart, her grandmother who would be back later – that much of her meaning I caught.

Then the girl looked past me and saw the boy.

"*A Dhia na Glóire!*" she breathed. "God of Glory – a boy!"

She started to rush past me, but checked herself. She raced through the open doorway of a bedroom under the stairs, and came out almost at once wearing a pair of once-fashionable slippers. She then hurried out into the enclosure.

With women who move past me in agitation, I go by smell. It is the bull and the stallion in me, as these male animals are in me and in every man. The smell of her fresh sweat I found wholesome and exciting.

Outside the doorway, the girl – her face ashine with delight – had crouched before the boy. She held his hands in hers. Endearments fell from her lips. "Son of my heart inside," "My share of the world," "O, my only, only treasure," – these appellations I heard and mentally translated from Gaelic into English. The boy seemed to be struggling with the pleasurable turmoil of his inadequate age.

Again I heard the insistent beat of the sea.

After a time the girl seemed to realize that the boy did not understand her fully, so she began to address him in hesitant English:

"White-child, I understand – yes. But here you will stay! A cock with a red comb we have. On the mountain you will see the turf-basket – it slung across the ass's back. Together we will have sport and we milking the cows. When my grandmother will come home, she will put cartloads of welcome before you. At night, too, the old man will come in to tell stories."

"Stories?" I asked.

The girl came to her feet. She glanced at me as if I

antwortete mir ihre dunkle Stimme in ein paar abgerissenen Sätzen. Ich verstand einige Brocken: Das Dorf, der Wagen, die Großmutter würde später wiederkommen.

Dann sah sie an mir vorbei ins Gärtchen und erblickte den Jungen.

«*A Dhia na Gloire!*» rief sie atemlos. «Großer Gott – ein Junge!»

Sie wollte an mir vorbeistürzen, besann sich aber und stürmte durch die offene Schlafkammertür unterhalb der Treppe. Gleich danach tauchte sie wieder auf und trug jetzt ein paar Sandalen. Eilig lief sie ins Gärtchen.

Wenn Frauen in lebhafter Bewegung an mir vorbeigehen, folge ich ihrem Geruch. Es sind der Stier und der Hengst in mir – diese Manns-Tiere stecken in mir wie in jedem Mann. Den Geruch ihres frischen Schweißes fand ich belebend und aufregend.

Ihr Gesicht strahlte vor Freude, als sie außerhalb der Tür vor dem Jungen niederkniete. Sie hielt ihn bei den Händen. Zärtliche Worte purzelten ihr über die Lippen. Ich hatte diese irischen Kosenamen schon gehört und übersetzte sie mir ins Englische: «Herzenssöhnchen! Oh, mein allereinzigstes Schätzchen!» Der Junge hatte mit der reizenden Verwirrung seines Alters zu kämpfen.

Wieder hörte ich den beständig dröhnenden Pulsschlag der See.

Nach einiger Zeit schien das Mädchen zu begreifen, daß der Junge sie nicht verstand, deshalb begann sie ihm stockend auf Englisch zu erklären:

«Stadtkind, ich weiß! Aber du mußt hierbleiben! Wir haben einen Hahn mit rotem Kamm. Auf dem Berg wirst du den Torfkorb sehen, er hängt über dem Eselsrücken. Wir können spielen, und wir melken die Kühe.   Wenn meine Großmutter nach Hause kommt, wird sie dich hunderttausendmal willkommen heißen! Und abends kommt ein alter Mann zu uns und erzählt Geschichten!»

«Geschichten?» fragte ich.

Das Mädchen sprang auf. Sie warf mir einen Blick zu, als

was an eaves-dropper. As she returned to the kitchen, the boy followed her, as a calf follows a cow.

I was suddenly aware that I was superfluous. The child and the girl were engrossed in each other. So, after a time – having first promised to return from the village at nightfall when the girl's grandmother would have come home – I made my excuses and went away. The boy did not seem to mind my leaving him in the cottage.

At dusk, I returned. Thoughtfully I drove through lanes lined with fuchsia blossoms brilliant in the headlights, swung off the narrow road, bounced over a little bridge, hopped on a rutted lane, switchbacked on the hummocks of the sandhills, by-passed the loud mouth of the strand, swished through a stream, accelerated on the rough incline, and at last pulled up at a point where, later, I could turn the vehicle without the risk of pitching into the ravine beside the track.

I locked the car and strode upward. The smell of the sea flowers was powerful in the night air. The wind had freshened. There was no moon.

After a time my eyes sensed rather than saw the sliceddown mountain: guided by its shape I moved upward. At a corner in the track I blundered into muck, and cursed my smeared shoes. Wild iris blades slapped against my trouser-ends as I strode on. I crossed the slab bridge and swung in by the cottage gable. I knocked at the door; the door was opened from within and I entered the kitchen.

Inside I saw a variety of people, middle-aged and old, obviously neighbors, in different attitudes. An erect old woman came forward to greet me. My eyes went over her shoulder to see the girl, now prettied up and brilliant in a red dress. A yellow nasturtium was set naively in her hair.

By the open hearth an old man was seated – obviously my entrance had made a break in his

hätte ich sie belauscht. Sie ging in die Küche, und der Junge folgte ihr, wie ein Kalb der Kuh folgt.

Auf einmal merkte ich, daß ich überflüssig war. Der Junge und das Mädchen hatten vollkommen aneinander genug. Darum wartete ich noch ein wenig, dann versprach ich, gegen Abend wiederzukommen, wenn die Großmutter des Mädchens daheim wäre, verabschiedete mich und ging. Dem Jungen machte es offenbar nichts aus, ohne mich in der Hütte zu bleiben.

In der Dämmerstunde kehrte ich zurück. Nachdenklich fuhr ich auf der schmalen Landstraße dahin, deren mit Fuchsien besäumte Wegränder im Scheinwerferlicht rot aufglühten; ich holperte über die kleine Brücke, ruckelte durch die tiefen Furchen eines Karrenweges, blieb beinah zwischen den Grasbüscheln der Dünen stecken, ließ den lauten Schlund der Brandung links liegen, beschleunigte eine steile Böschung hinauf und hielt schließlich an einer Stelle, wo ich nachher wenden konnte, ohne in die Schlucht abzustürzen.

Ich schloß ab und stieg bergauf. Der Geruch der Strandpflanzen würzte die Abendluft. Der Wind hatte aufgefrischt. Kein Mond war am Himmel zu sehen.

Nach einiger Zeit ahnten meine Augen den Bergrutsch: seine hellere Flanke wies mir den Weg. An einer Biegung geriet ich in Schlamm und betrachtete verärgert meine schmutzigen Schuhe. Wilde Schwertlilien klatschten mir um die Hosenbeine, während ich weiterstapfte. Ich fand die Furt durch den Bach und sah den Giebel der Hütte. Als ich an die Tür klopfte, wurde mir geöffnet, und ich trat ein.

Drinnen in der Küche sah ich eine Menge Leute, ältliche und ganz alte, anscheinend Nachbarn, in verschiedenen Stellungen; eine alte Frau in sehr stolzer Haltung kam mir entgegen, um mich zu begrüßen. Meine Blicke flogen über ihre Schulter, um das junge Mädchen zu suchen, das sich jetzt mit einem leuchtend roten Kleid schön gemacht hatte. In ihrem Haar steckte übermütig eine gelbe Kapuzinerblüte.

Am offenen Kaminfeuer saß ein alter Mann. Mein Eintreten hatte ihn offenbar mitten in seiner Geschichte unterbrochen.

storytelling. Brendan stood beside the storyteller: on his face was an expression of impatience directed, I saw readily, at me.

The grandmother, her hands held out in welcome, came forward and greeted me warmly. Under her thin gray hair her eyes were brown and her face was a crisscross of age-lines that gave her complexion a dark cast. She addressed me in Gaelic that had a faint nasal resonance to it.

"The boy – he will be all right with us," she said. "See! – already he feels at home. We have fallen in love with him. My sorrow that the young people have gone from us across the sea." Then: "Have you eaten?" she asked.

I told her that I had just finished a meal at the little inn in the village.

Brendan was eager. "*An scéal!*" he said. "The story!"

But the old storyteller had become encased in offended dignity. I begged leave to mingle with the people at the end of the kitchen: eventually I took a seat near the foot of the stairs. The girl pleaded with the old man to resume his tale. After a time he relented. The girl smiled at me, and, raising Brendan from his seat, sat in his place and clasped her arms about him.

A gust of wind roared in the chimney. The old storyteller spread his hands before the fire, and began to speak:

"With the fall of night," he said in Gaelic, "there came a storm that'd blow the horns of the cattle. The King's son journeyed on until he reached a cottage by the shore. He knocked at the door but no one opened it. He lifted the latch and went in. By the light of a pine knot set in a crack in the wall, he saw a girl seated by the fire. The girl was combing her hair. Seeing him enter, she stood up, pushed her hair back over her ears and looked at him without speaking . . ."

Mein Neffe Brendan stand neben dem Erzähler. Auf seinem Gesicht lag ein Ausdruck von Ungeduld – ich merkte deutlich: gegenüber mir.

Die Großmutter kam mit ausgestreckten Händen auf mich zu und begrüßte mich herzlich. Die Augen unter dem dünnen grauen Haar waren braun, und ihr Gesicht war ein Gewirr feiner Runzeln, die ihre Hautfarbe dunkler erscheinen ließen. Sie redete mich in einem Irisch an, das einen leicht näselnden Klang hatte.

«Der Junge wird sich bei uns sehr wohl fühlen», sagte sie. «Seht ihn nur an – er ist hier schon ganz zuhause! Wir haben uns alle in ihn verliebt. Zu unserm Kummer ist all unsre Jugend übers Meer gezogen, ausgewandert, nach Amerika!» Dann fragte sie: «Habt Ihr etwas zu essen gehabt?»

Ich erwiderte, daß ich in der kleinen Dorfschenke unten gegessen habe.

Brendan rief eifrig: «*An scéal!* Die Geschichte!»

Doch der alte Geschichtenerzähler war in seiner Würde verletzt und schwieg. Ich bat, mich zu den Leuten hinten in der Küche setzen zu dürfen und fand endlich einen Platz in der Nähe der Treppe. Das Mädchen bat den Alten, mit seiner Geschichte fortzufahren. Nach einigem Zureden ließ er sich dazu herbei. Das Mädchen sah mich lächelnd an, schob Brendan etwas beiseite, stellte sich an seinen Platz und schlang die Arme um ihn.

Ein Windstoß fuhr heulend durch den Kamin. Der alte Mann hielt die Hände, sich wärmend, vor die Flammen. Dann begann er:

«Und bei Anbruch der Nacht», erzählte er auf Irisch, «erhob sich ein Sturmwind, der den Rindern die Hörner vom Kopf blies. Der Königssohn aber wanderte weiter, bis er am Ufer eine Hütte erreichte. Er klopfte an die Tür, doch niemand öffnete ihm. Da drückte er auf die Klinke und trat ein. Beim Licht eines brennenden Kienspans, der in einem Spalt in der Wand steckte, sah er ein Mädchen vor dem Feuer sitzen. Das Mädchen kämmte sich das Haar, und als sie ihn eintreten sah, schob sie die Haare hinter die Ohren und blickte ihn schweigend an...»

(For me there were two fires in the kitchen: the fire of blazing peat to which the storyteller seemed to be addressing his tale, and the fire that was the girl in the red dress, her arms laced about the boy.)

"As the prince looked at the girl," the old man went on, "he found his heart snared with love. Suddenly the girl snatched a cloak from her shoulders and flung it about the prince's head. The cloak went on fire. The prince clawed at the blazing cloak. As he did so, his hand touched the girl. She tried to break away but he gripped her roughly and pressed her to him. The cloak fell to the floor and quenched. The prince felt the air grow cool about his face. The girl smiled up at him and nestled closer to his body . . ."

(The girl I could see out of an eye-corner – her cheek was on Brendan's cheek, her eyes were alight, and her lips were apart as she listened to the tale.)

"Just then an old man came into the cottage. He had a sack slung across his shoulder. In the sack was something wet and heavy. 'A young bull seal,' the man said. 'I clubbed it on the head at the edge of the tide. Now it is dead.' He set the sack down in a corner of the kitchen.

"Later the old man made a bed of rushes beside the fire. The prince lay down on it, drew his cloak over his head, and was soon fast asleep. In the dark morning hour, he awoke. Above the sound of the wind he heard like-as-if-it-was a human voice crying in the distance. 'Ro-o-o-ona!' the voice said. As the prince came to his feet, the sack in the corner stirred. Then the seal in the sack began weakly to answer the voice calling in the faraway . . ."

(The girl – for me, her dress a flame, her body a flame. I was envying the boy where he stood with the girl's arms tight about him.)

"The king's son heard a footstep behind him. He turned. The girl was standing there. 'What is it?' she

(Zwei Feuer flammten für mich durch die Küche: das eine vom lodernden Torf, an das sich der Alte mit seiner Geschichte zu wenden schien; das andere Feuer war das Mädchen im roten Kleid, das den Jungen umschlang.)

«... und der Prinz blickte das Mädchen an», fuhr der Alte fort, «und sein Herz war in Liebe entbrannt. Plötzlich riß sich das Mädchen einen Umhang von den Schultern und warf ihn dem Prinzen über den Kopf. Der Umhang fing Feuer. Der Prinz zerrte an dem Feuermantel, um sich zu befreien. Dabei stieß seine Hand auf das Mädchen. Sie wollte zurückweichen, aber er packte sie und drückte sie an sich. Der Feuermantel fiel zu Boden, und das Feuer erlosch. Der Prinz spürte, wie ihn kühlere Luft umfächelte. Das Mädchen hob lächelnd das Gesicht zu ihm auf und schmiegte sich enger an ihn...»

(Das Mädchen, das ich von der Seite sehen konnte, hatte die Wange an Brendans Wange gepreßt. Ihre Augen strahlten, und ihre Lippen hatten sich geöffnet, so aufmerksam hörte sie zu.)

«... und gerade dann trat ein Mann in die Hütte. Er hatte sich einen Sack über die Schulter geworfen. Im Sack war etwas Feuchtes, Schweres. ‹Ein junger Seehund›, sagte er. ‹Hab' ihn vor der Brandung gefunden und ihm eines über den Kopf gezogen, nun ist er tot.› Er stellte den Sack in die Ecke der Küche.

Dann machte er neben dem Feuer eine Lagerstatt aus Schilf. Der Prinz legte sich nieder, zog sich die Decke über den Kopf und war bald eingeschlafen. Im Dunkel der Morgendämmerung erwachte er. Trotz des Lärms, den der Wind machte, hörte er eine fast menschliche Stimme wie aus weiter Ferne rufen. ‹Ru-u-u-una!› flehte die Stimme. Als der Prinz aufsprang, rührte sich etwas im Sack in der Ecke. Der Seehund versuchte, der Stimme in der Ferne zu antworten...»

(Das Mädchen – ihr Kleid war für mich ein Feuermantel geworden, ihr Körper eine Flamme. Ich beneidete den Jungen, weil er neben ihr stehen durfte und weil sie ihn so fest umschlungen hielt.)

«... der Königssohn hörte Schritte hinter sich. Er drehte sich um. Das Mädchen war da! ‹Was ist?› flüsterte sie. ‹Hör'

whispered. 'Listen!' he said. Together they listened. 'The young cow seal is calling from the shore,' the girl said. 'Together we will take the sack to the tide.' She threw her cloak about her shoulders. The prince lifted the sack and accompanied the girl. They came to where the tide was a white animal rearing in the dark. They saw a black shape in the broken inshore water. Its head was twisting this way and that. 'Ro-o-o-ona!' it cried. The prince and the girl caught the sack by the toes and spilled the young bull seal out on the sand. The seal hobbled toward the tide. The prince and the girl stood and watched while the seals caressed and made off into the sea. Then they went back to the cottage ..."

As the story went on I found that passion was like a stairway mounting before me. Is it inevitable? I asked myself, my head fixed in one attitude, yet my eyes straying to the red dress.

Is there no power strong enough to keep me out of the arms of this girl? Is it ordained that her fingers should falter up along my face, her fresh young sweat be perfume in my nostrils, her body come congruent to my body? Must I, of compulsion, answer her call?

I resolved to test what appeared to be the inevitability of my fate. I was determined to prove that I was stronger than a clubbed seal thrust into a sack and slung into a corner.

The storyteller ended his tale. The boy, loaded with sleep, almost fell out of the girl's arms. With a cry, the girl raised him up and carried him up the stairs. The storyteller and the neighbors stood up, bade their guttural goodbyes, and headed off into the night. The old woman and myself were left alone in the kitchen.

I sat on a rope chair, looking down at the dying fire. Upstairs the girl's humming was a caress set to

doch!› sagte er leise. Sie lauschten beide. ‹Das junge Seehund-
weibchen am Ufer ruft ihn›, sagte das Mädchen. ‹Wir wollen
den Sack in die Brandung hinuntertragen.› Sie warf sich ein
Tuch um die Schultern. Der Prinz hob den Sack auf und folgte
dem Mädchen. Sie gingen dorthin, wo die Flut sich wie ein
weißes Tier in der Finsternis aufrichtete. In der Brandungswelle sahen sie eine dunkle Gestalt, die beugte den Kopf hierhin
und dorthin. ‹Ru-u-u-una!› rief sie. Der Prinz und das Mädchen hoben den Sack am Zipfel auf und schüttelten ihn, so daß
das Seehundmännchen auf den Sand fiel. Der Seehund wat-
schelte zur Brandungswelle, und der Prinz und das Mädchen
standen da und sahen zu, wie die beiden Seehunde sich liebko-
sten und im Wasser verschwanden. Dann kehrte der Königssohn mit dem Mädchen in die Hütte zurück...»

Während die Geschichte ihren Fortgang nahm, spürte ich, wie
die Leidenschaft sich gleich einer steilen Treppe vor mir aufrichtete. Ist es unvermeidlich? fragte ich mich. Ich wandte den
Kopf starr geradeaus, aber die Augen schweiften ab – zu dem
roten Kleid! Ist denn keine Kraft der Welt stark genug, um
mich vor den Armen des jungen Mädchens zu bewahren? Ist es
vorherbestimmt, daß ihre Finger über mein Gesicht tasten, daß
ich gierig ihren frischen Körperduft einatme, daß ihr Körper
sich untrennbar an den meinen schmiegt? Werde ich gezwun-
gen, dem Ruf Folge zu leisten?

Ich beschloß, mein scheinbar unvermeidliches Geschick
einer Probe zu unterwerfen. Ich wollte beweisen, daß ich
stärker war als ein betäubter, in die Ecke geschleuderter Seehund, der in einem Sack steckte.

Der Geschichtenerzähler hatte seine Geschichte beendet.
Der Junge war so vom Schlaf überwältigt, daß er dem Mädchen
fast aus den Armen glitt. Erschrocken richtete sie ihn auf und
trug ihn die Treppe hinauf. Der alte Mann und die Nachbarn
erhoben sich, sagten ihr kehliges Auf Wiedersehn und traten in
die Nacht hinaus. Die alte Frau und ich blieben allein in der
Küche.

Ich saß auf einem Binsenstuhl und blickte ins verlöschende
Feuer. Die Stimme des Mädchens in der Dachkammer über uns

music. Once, as the old woman moved to the fire to set a saucepan of milk on crushed embers, I tried to catch her gaze, but it seemed as if her eyes were deliberately avoiding mine. I heard the sound of a door creaking slowly shut and the light footsteps came down the stairs. "He's in his sleep!" the girl said, her face alight with excitement.

Sitting at the table-head, I drank a mug of hot milk with a blob of butter in it and ate a buttered sector of bread made from Indian meal. Serving me, the girl moved swiftly about. As the old woman passed the delft on the dresser, her face seemed to grow darker still. The meal ended, I thanked them both, murmured something about paying for the boy's keep and prepared to go. The girl looked sharply at her grandmother.

The old woman said wanly: "*Ná fanfair?*" – "Will you not stay?"

I gestured vaguely in reply.

"Here we have an empty room," the girl broke in, indicating a doorway to the left of the hearth.

"The bed is aired," the old woman added. "You need not trouble about your car – no one ever comes that road." After a glance at the girl: "If you have a case in the car, Shivaun will get it for you. Give her the key."

I stood in indecision.

The girl saw my pause. "Yes – yes!" she said. "In the morning the boy may be lonely for you. For tonight – you will stay?"

I felt my lips murmur the thanks of acceptance: "The lock of the car is hard to manage," I said lamely, looking at the car keys in my hand.

"The girl will go with you, and show you the way." The old woman was standing in the doorway of the bedroom at the foot of the stairs. I noticed that there was something of sadness to her tone as she addressed me.

drang wie ein liedgewordenes Schmeicheln an unser Ohr. Als die alte Frau einmal aufstand, um eine Schüssel mit Milch an die Glut zu stellen, versuchte ich ihren Blick zu erhaschen, aber es schien mir, als wolle sie mir absichtlich ausweichen. Ich hörte eine Tür, die leise knarrend geschlossen wurde, und leichte Schritte, die treppab kamen. «Jetzt schläft er!» sagte das Mädchen. Ihr Gesicht glühte vor Freude.

Ich saß am Kopfende des Tisches, trank einen Becher heiße Milch, auf dem ein Bröckchen Butter schwamm, und aß einen Kanten Brot, aus Maismehl gebacken. Das Mädchen bediente mich und lief flink hin und her. Wenn die alte Frau vor den weißen Tellern auf dem Küchenspind vorbeiging, schien mir ihr Gesicht noch dunkler. Als ich meine Mahlzeit beendet hatte, dankte ich beiden, murmelte ein paar Worte wegen der Bezahlung für den Aufenthalt des Jungen und schickte mich zum Gehen an. Das Mädchen warf der Großmutter einen Blick zu.

Die alte Frau fragte müde: «Wollt Ihr nicht bleiben?»

Als Antwort machte ich eine schwache Bewegung.

«Hier unten ist ein Zimmer frei», sagte das Mädchen und deutete auf eine Tür linkerhand vom Kamin.

«Das Bett ist bezogen», fuhr die alte Frau fort. «Und wegen des Wagens braucht Ihr Euch nicht zu sorgen – kein Mensch kommt je den Weg hier herauf.» Nach einem Blick auf das Mädchen sagte sie: «Wenn Ihr einen Koffer im Wagen habt, kann ihn Shivaun holen. Gebt ihr den Schlüssel!»

Ich stand unschlüssig da.

Das Mädchen sah mein Zaudern. «Doch! Bitte!» rief sie. «Morgen früh verlangt der Junge vielleicht nach Euch! Bleibt diese Nacht!»

Verwirrt merkte ich, wie ich ihr mit einer Zusage dankte. «Aber das Schloß ist widerspenstig», wandte ich ein und blickte auf den Wagenschlüssel in meiner Hand.

«Das Mädchen kann Euch begleiten und Euch den Weg zeigen!» Die alte Frau stand auf der Schwelle des anderen Schlafzimmers am Fuß der Treppe.

Mir fiel auf, daß etwas von Traurigkeit in ihrer Stimme lag, als sie mit mir sprach.

"Yes!" the girl said in such a controlled tone that I could only guess at the forces it held in check.

Together we went out into the night. The mountain towered above us. She did not go by the track – she went by a series of low stiles across the fields. At last we came to a gap in the low cliff where, below us, the sea was an animal rearing in the dark. As on an impulse the girl went down to the beach. On the dry sand she took of her shoes and then stood on tiptoe looking about her. She glanced at me where I stood, a little distance away.

Night, sand, sea, stars, cloaks of fire, headlands, hills, dune smells mingling with the smell of fresh sweat on a body grown lately into womanhood, the memory of the caressing seals – all began to attack me fiercely. I moved. The girl moved. The pretext of a gust of wind flung her against me. I caught her and swung her around to face me. As I had anticipated, her body was firm and warm.

For a moment she was close to me, then she broke away. I followed her as she raced across the strand, making for the corner where the dark cliffs were. "Shivaun!" I called, but my cry served only to make her race the faster.

As I ran, I was taken with the terror that I had touched a spring of ungovernable emotion in the girl and that she now intended throwing herself into the sea. This fear made me race the faster. I was at her heels, when, like a hare dodging from a hound, she swerved to the right and raced into a cave. I followed her, sensed her in the dark and, in a lull of wave thunder, pounced on her, again gripped her, and swung her to face me. Using all my strength I bore her backward until I had her pinned against the cave wall.

"*Cad é?*" it was my turn to ask – "What is it?"

Of her tears, her broken phrases in Gaelic and English, her odd gestures, I could make no sense. She

Das junge Mädchen sagte: «Ja!», und dem beherrschten Ton war anzumerken, was für Kräfte da unterdrückt wurden.

Zusammen traten wir in die Nacht hinaus. Über uns türmte sich das Bergmassiv. Sie folgte nicht dem Pfad, sondern ging querfeldein und über einige Mäuerchen mit einem Zaunübertritt. Schließlich kamen wir zu einer Lücke in den Klippen, wo tief unter uns das Meer sich im Dunkeln wie ein schlafendes Tier regte. Einem plötzlichen Einfall nachgebend, lief das Mädchen an den Strand hinunter. Auf dem trockenen Sand zog sie die Schuhe aus; barfuß stand sie da und sah sich suchend um. Ich stand in einiger Entfernung von ihr, und sie blickte zu mir hin.

Nacht, Sand, Meer, Sterne, Feuermäntel, Hügel, Vorgebirge, Dünengerüche, die sich mit dem frischen Dunst eines eben herangereiften Frauenkörpers mischten, der Gedanke an die liebkosenden Seehunde – alles begann auf mich einzustürmen. Ich machte einen Schritt auf sie zu. Sie kam näher. Ein Windstoß trieb sie mir entgegen: ich fing sie auf und sah ihr ins Gesicht. Wie ich geahnt hatte: ihr Körper war fest und warm.

Eine Sekunde lang hielt ich sie, dann riß sie sich los. Ich lief ihr nach. Sie stürmte den Strand entlang zu den schwarzen Klippen. «Shivaun!» rief ich, doch daraufhin rannte sie nur noch schneller.

Mich packte plötzlich die Angst, daß ich irgendein mir unbekanntes Gefühl in ihr geweckt haben könnte und daß sie jetzt vorhatte, sich ins Meer zu werfen. Vor lauter Sorge lief ich schneller. Ich war ihr dicht auf den Fersen, als sie wie ein Hase, der von einem Hund verfolgt wird, einen Haken schlug und in eine Höhle einbog.

Ich folgte ihr, tastete im Dunkeln nach ihr, und im fernen Geräusch der Brandung stürzte ich mich auf sie, packte sie und drehte ihr Gesicht mir zu. Ich brauchte alle Kraft, um sie nach hinten zu tragen und fest gegen die Wand der Höhle zu drücken.

«*Cad é?*» fragte ich nun meinerseits. «Was ist?»

Ich wurde nicht klug aus ihren Gesten und den abgerissenen irischen und englischen Sätzen, die sie unter Tränen hervor-

kept twisting her head this way and that. Nothing that I could do or say would comfort her. Caress was out of the question. She was like a wild-born kitten that had been brought into a house for the first time.

After a time, I cast her from me. Then I strolled to the comparative brightness of the cave mouth, lighted a cigarette and, setting my shoulder against the rock, looked upon the powerful world outside. Presently I knew that she was behind my shoulder. Even when I found her hand faltering, first on my shoulder blade, then on my shoulder, I didn't turn.

Her voice was sane and level, as she said in English: "Please! You do not understand!"

I drew deeply on my cigarette.

"How hard it is for you to see how life is in places such as here," she said. "Here it is all dream and story. The gull with the broken wing, the rabbit wounded by the snare – these sorrows I can suffer. But the coming of the boy – that is made terrible because so soon he will go away. The same it is with you – only deeper. So real you are, that I will be wounded. If you were always to stay, it would be different. But like as it is now, knowing that I must lose you, it could not be suffered at all."

In the silence of pounding things, we had that sense of intimacy as if we had known one another since childhood.

After a time I set an arm around her shoulder and locked my cool hand in her armpit. Side by side we stood in silence, looking at the sea. The waves came gathering, rearing, thinning, toppling, falling, thudding, hissing up and in and away, until at last they died in silence. A sea-bird flew over us: it was so low that we could hear the rustle of its wings. I found my eyes searching the inshore water, as if I were seeking the questing head of a seal.

"Kiss me once," I heard her say, "but only as if it is a holy thing to do."

stieß. Sie drehte ständig den Kopf von mir weg, einerlei, was ich sagen mochte, um sie zu beruhigen. Daß ich sie streichelte, kam gar nicht in Frage. Sie benahm sich wie eine junge, verwilderte Katze, die zum erstenmal ins Haus getragen wird.

Nach einer Weile ließ ich sie los. Ich trat in die Öffnung der Höhle, zündete mir eine Zigarette an und blickte, die Schulter an den Felsen gelehnt, in die Wildheit hinaus. Plötzlich wußte ich, daß sie hinter mir war. Ich drehte mich nicht um, auch nicht, als ich ihre zaghafte Hand zuerst auf meinem Schulterblatt und dann auf meiner Schulter spürte. Ich wandte mich nicht um.

Ihre Stimme klang ruhig und vernünftig, als sie auf Englisch zu mir sagte: «Sie müssen mich verstehen – bitte!»

Ich zog heftig an meiner Zigarette.

«Es ist schwer für Sie, das Leben hier bei uns zu verstehen», fuhr sie fort. «Hier ist alles Traum und Erlebnis zu gleicher Zeit. Die Möwe mit dem gebrochenen Flügel – das im Fangeisen verwundete Kaninchen – das sind Leiden, mit denen ich fertigwerden kann. Aber daß der Junge kam – das wird dadurch schrecklich, weil er wieder weggehen muß. Dasselbe gilt für Sie – nur sitzt es noch tiefer. Sie sind eine Wirklichkeit, die mich verwunden wird. Wenn Sie hierbleiben könnten, wäre es anders. Doch so wie es jetzt ist, wo ich weiß, daß ich Sie wieder verliere, kann ich's einfach nicht zulassen.»

Im Schweigen der Brandung spürten wir eine Vertrautheit, als hätten wir uns von klein auf gekannt.

Nach einiger Zeit legte ich ihr meinen Arm um die Schulter und barg meine kalte Hand in ihrer Achselhöhle. Seite an Seite standen wir schweigend da und blickten aufs Meer. Die Wellen schwollen an, bäumten sich auf, wurden dünner, kippten, fielen, schlugen dumpf auf und zischten strandwärts, dann einwärts und zurück, bis sie in Stille erstarben. Ein Meeresvogel flog über uns hinweg, flog so niedrig, daß wir das Rauschen seiner Schwingen hören konnten. Meine Augen streiften das Wasser am Strand ab, als forschten sie nach dem suchenden Kopf eines Seehunds.

«Gib mir einen Kuß», hörte ich sie sagen, «aber nur, wenn dir dabei fromm zumute ist!»

I kissed her as she had asked. Then, laughing, she twisted apart and flung me an invitation to follow her in a game of racing across the sand. I took her at her word. This time I was rough with her. Tripping her, as if she were a boy, I caught her ankle as she fell and threw her down sideways. With a cry of joy, she rolled over, and, finding her feet like a cat, was off again to renew the game. I began to yell at the wind, at the waves, at the sea, at the girl dodging swiftly before me. At last, tiring of the sport, she took my arm and tightening her nails deep into my upper arm, shuddered fully. Then she directed me to the point where she had left her shoes. There, shaking her shoes free of sand, she leaned calmly against me as she donned them. Together we moved upward to the car.

That night, hour after hour, I tossed without sleep. I dropped off once but awoke with the feeling that a cloak of fire was about my face. It must have been three o'clock when I swung out of bed and told myself that what I needed was a drink of water. I recalled seeing a white enameled pail of water on the ledge of the dresser, and, after spending a short time looking out of the bedroom window at the ragged sky, I slipped on my shower-proof coat over my pajamas, opened the room door, and quietly entered the kitchen. As I did so, I heard the sheepdog pad on the gravel outside the window.

Tiptoeing forward, I took a cup from a brass hook on the dresser, dipped it into the pail and, leaning against the dresser, began to sip the water.

My eyes kept straying to the doorway of the room beneath the stairs.

The kitchen was quiet and strange. As I continued to sip, the house seemed to draw a common breath of expectation. Once I glanced at the corner by the fire,

Ich küßte sie so, wie sie es wünschte. Dann riß sie sich lachend los und rief mir über ihre Schulter hinweg zu, sie bei einem Wettrennen über den Strand einzuholen. Ich nahm sie beim Wort. Diesmal ging ich derb mit ihr um. Ich stellte ihr ein Bein, als wäre sie ein Junge, und als sie hinfiel, packte ich sie beim Knöchel und warf sie auf die Seite. Mit einem Jubelschrei rollte sie sich weiter herum, kam wie eine Katze auf die Füße und entwischte mir, um das Spiel zu wiederholen. Ich begann zu rufen: in den Wind hinein, in die Wellen hinein, aufs Meer hinaus, dem Mädchen nach, das mir schnell entwischte. Endlich hatte sie genug vom Spiel, nahm meinen Arm, grub mir die Nägel tief ins Fleisch und zitterte heftig. Dann deutete sie dorthin, wo sie ihre Schuhe zurückgelassen hatte. Dort lehnte sie sich ruhig gegen mich, während sie den Sand aus den Schuhen schüttelte und sie wieder anzog. Wir gingen zusammen zum Wagen hinauf.

In der Nacht wälzte ich mich schlaflos hin und her, Stunde um Stunde. Einmal sank ich in Schlaf, erwachte aber mit einem Gefühl, als läge ein Feuermantel über meinem Gesicht. Es muß gegen drei Uhr gewesen sein, als ich die Beine aus dem Bett schwang und mir sagte, daß ich einen Schluck Wasser brauche. Ich erinnerte mich an den weißen Emaille-Eimer, der mit Wasser gefüllt auf dem Küchenspind stand,

und nachdem ich ein Weilchen aus dem Kammerfenster in den zerrissenen Wolkenhimmel geschaut hatte, zog ich mir den Regenmantel über die Pyjamahose und trat leise in die Küche. Unter dem Fenster draußen hörte ich den Schäferhund auf dem Kies ums Haus tappsen.

Ich ging auf Zehenspitzen zum Küchenspind, nahm einen Becher vom Messinghaken, tauchte ihn in den Eimer und begann, ans Spind gelehnt, in kleinen Schlucken zu trinken.

Meine Blicke flogen immer wieder auf die Kammertür neben der Treppe.

Die Küche war fremd und still. Das Haus schien erwartungsvoll Atem zu schöpfen, während ich trank. Einmal warf ich auch einen Blick in die Zimmerecke, als erwartete ich dort

as if half-expecting to find there a sack containing something wet, heavy, and alive.

For a long time I stayed there. I kept asking myself if it had all been pretense on the girl's part; if she had been playing a game designed to bring me to the climax of this hour. Again I glanced at the room door, then drained the cup and replaced it on its hook. I began to retrace my steps to my own room, but, coming to a sudden decision, I turned and moved forward to the doorway of the girl's room.

I was almost there when I heard a door creak. I glanced at the doorway of the companion room at the foot of the stairs. Behind the newel post I saw the face of the old woman. I stood still. As my eyes found hers, she came forward to meet me. She had a small shawl thrown about her shoulders.

"You are there?" she said softly.

"Yes!"

She padded forward until she was quite close to me. "Can you not sleep?"

"No!"

"Sit on the chair, son!"

After a pause, I sat on the rope chair beside the fire. The old woman took the tongs and raked out the fine seed of fire from its hiding-place in the ashes. As she did so, her face was colored by the glow from the embers. I saw the tongs drag to a halt on the flag of the hearth.

"It is the strange bed that prevents you from sleeping," she said. "That – and the youth that's in your blood. You and me," she added, with a lilting sigh, as if what she was saying was part of an old song. She glanced at the store of fireseed she had heaped together, then set the tongs against the wall, and stood before me.

"Give me your hands, son," she said.

I offered her my hands. She kissed each of my

einen Sack zu finden, der etwas Nasses, Schweres und Lebendiges enthielt.

Lange Zeit stand ich da und fragte mich immer wieder, ob das alles ein Vorwand gewesen sei: ob das Mädchen sein Spiel mit mir getrieben hatte, um meine Gefühle auf diesen Höhepunkt zu bringen.

Wieder blickte ich auf die Kammertür, leerte dann den Becher endgültig und hängte ihn an seinen Haken. Ich wandte mich schon meiner Schlafkammer zu, faßte dann plötzlich einen Entschluß und ging dorthin, wo die Kammer des Mädchens lag.

Ich war beinah dort, als ich eine Tür knarren hörte. Ich sah zur Tür der anderen Kammer unten an der Treppe. Hinter dem Treppenpfosten sah ich das Gesicht der alten Frau. Ich blieb stehen. Als unsre Blicke sich trafen, kam sie näher. Sie hatte sich einen Schal um die Schultern gelegt.

«Ihr seid's?» sagte sie leise.

«Ja.»

Sie kam langsam heran, bis sie ganz nahe bei mir war. «Ihr könnt wohl nicht schlafen?»

«Nein.»

«Setzt Euch auf einen Schemel, Söhnchen!»

Nach kurzem Zaudern setzte ich mich auf den Binsenstuhl vor dem Kamin. Die alte Frau nahm die Zange und scharrte die feine Glut aus ihrem Versteck unter der Asche hervor. Dabei wurde ihr Gesicht von den feurigen Brocken rötlich überhaucht. Ich sah, wie die Zange auf dem Herdstein plötzlich zur Ruhe kam.

«Das fremde Bett hindert Euch am Einschlafen», sagte sie. «Das – und die Jugend, die Euch im Blute brennt.» Ihre Worte klangen fast rhythmisch, wie ein altes Lied. «Ihr und wir», fügte sie mit einem rhythmischen Seufzen hinzu, als spräche sie ein Stück aus einem alten Lied. Sie betrachtete das Häufchen Glut, das sie zusammengescharrt hatte, lehnte dann die Zange gegen die Mauersteine und stellte sich vor mich.

«Gebt mir die Hände, Söhnchen!» forderte sie mich auf.

Ich reichte ihr meine Hände. Sie küßte mir die Handmu-

palms in turn, then pressed the backs of my hands against her face.

"She with her arms about the boy," the old woman said. "Me with your young hands to my old lips."

I did not reply.

"What am I to say to you, son?" she went on. "Go now, and take her in your arms? And then, after the wrong, would there not be a taste of ashes in the mouth?" Again she kissed my hands. "I do not know," she said wearily. "Between man and woman, God has made a long war, to which there are many truces but no peace."

With a deep sigh, the old woman released my hands. She moved a few paces away from me. As she did so, I noticed the shadow of coquetry to her carriage. She stopped. Her hands grew uneasy.

"The fire that's in ye both is no stranger to me at all," she said in a strained tone. "When I was twenty-one, by my manner of walking alone, I could draw men to my side. Once, in Chicopee Falls in America, there was a young Greek with a head of curls and eyes of lightning who . . . who . . .

Your hands!" she cried in a broken voice.

The old woman pressed the backs of my hands fiercely against her face. There again, as in the grand-daughter, was the shudder and the nails digging into my palms, only this time they were weakened by the span of years.

"O Almighty Shining God," the old woman said, "I, too, have known the cloak of fire about my face.

"I came home to marry an old fisherman," she went on, "and bear one daughter, whose one daughter this is." Dropping my hands: "I tell you, son, that everything in me bids me encourage you in what you are tempted to do. But, then, she is too lovely to break. And again, after the rattle has stilled in my

scheln, eine nach der andern, und drückte dann die Handrücken gegen ihr Gesicht.

«Sie mit den Armen um den kleinen Knaben», summte die Alte. «Ich mit Euren jungen Händen auf meinen kalten Wangen.»

Ich wartete.

«Was soll ich Euch raten, Söhnchen? Geht hin und nehmt sie in die Arme? Und dann, nach geschehenem Unrecht – bliebe dann nicht ein Nachgeschmack wie von Asche in Eurem Mund?» Wieder küßte sie mir die Hände. «Ich weiß es nicht», sagte sie müde. «Zwischen Mann und Frau hat Gott einen langen Krieg gesetzt, der oft mit einem Waffenstillstand endet, aber nie mit Frieden.»

Mit einem tiefen Seufzer ließ sie meine Hände sinken. Sie trat ein paar Schritte zurück. Als sie es tat, fiel mir eine gewisse Koketterie in ihrer Haltung auf. Sie blieb stehen. Ihre Hände wurden unruhig.

«Das Feuer, das in euch beiden brennt, ist mir nicht fremd», flüsterte sie. «Als ich einundzwanzig war, habe ich allein durch meinen Gang die Männer angezogen. Einmal in Chicopee Falls in Amerika habe ich einen jungen Griechen gekannt, den Kopf voller Locken, und die Augen wie Blitze, der . . . der . . .

Eure Hände», schrie sie mit gebrochener Stimme –

Die alte Frau drückte meine Handrücken heftig an ihr Gesicht. Da war wieder, wie bei der Enkelin, das Zittern und die Fingernägel, die sich in meine Handflächen gruben, nur bei ihr abgeschwächt durch das Alter.

«O du allmächtiger, herrlicher Gott», sagte die alte Frau, «den Feuermantel habe ich auch über meinem Gesicht gespürt.

Ich bin nach Hause gekommen und habe einen alten Fischer geheiratet», fuhr sie fort, «und habe ihm eine einzige Tochter geboren, deren einzige Tochter dies Mädchen ist.» Sie ließ meine Hände los. «Ich sage Euch: alles in mir drängt mich, Euch zuzureden bei dem, was Ihr vorhattet. Aber andrerseits – ist sie nicht zu schön, um gebrochen zu werden? Und nochmals: wenn mir eines Tages der Atem stehenbleibt, muß ich

throat, will I not have to answer to God for my guardianship?" She sat on a chair before the fire. "Stay with me, son," she pleaded: "the stress on both of us will soon pass."

I stayed with her in the kitchen until morning was gray in the window.

"Now!" the old woman said, rising to her feet.

I went back to bed, slept soundly, and rose late. Breakfast was a prosaic meal of porridge, tea, and eggs. The boy took little notice of my goodbyes. As I was going away, Shivaun set him on the donkey's back and led the animal up the mountain. Walking down the track, I turned one. The old woman was just inside the doorway, watching me go. Shivaun and Brendan did not turn at all; they moved steadily upward to where the mountain bulked hugely against the sky.

mich da nicht wegen meines Wächteramtes vor Gott verantworten?» Sie setzte sich auf einen Schemel vor dem Feuer. «Bleibt ein wenig bei mir, Söhnchen!» bat sie. «Bald werden wir beide ruhig sein.»

Ich blieb bei ihr in der Küche, bis der Morgen grau hinter den Fensterscheiben lag.

«Genug!» sagte die alte Frau und stand auf.

Ich ging wieder in mein Bett, schlief fest und erwachte spät. Das Frühstück war ein prosaisches Mahl aus Haferbrei, Tee und Eiern. Der Junge achtete nicht mehr auf meine Abschiedsworte. Als ich aus dem Haus trat, hob Shivaun ihn gerade auf den Esel und führte das Tier den Pfad bergauf. Ich folgte der Karrenspur bergab und drehte mich nur einmal um. Die alte Frau stand auf der Schwelle und sah mir nach. Shivaun und Brendan sahen sich überhaupt nicht um; sie zogen gleichmäßigen Schrittes bergauf, dorthin, wo sich die Gipfel gegen den Himmel türmten.

"Young lad," said he, as if we had known each other for years, "young lad, two pairs of eyes are better than one!"

It must have been about ten o'clock on that November morning when we met. He stood on the edge of the flagged footpath with no heed for the crowd of farmers and drovers gathered around a dray horse that had slipped and collapsed on the frosted surface of the street.

"It depends on the eyes," I answered guardedly. He stared past me down the street. "There's a venomous bite in the weather," I added. "It's hard going for the beasts on the fair."

I thought he had not heard me. He had not looked at me as I spoke, nor at the excited men who busied themselves with grunts and shouts around the prostrate animal. A fog of breath hung over them. His head was swivelling from side to side as he glanced up and down the street, and narrowed his eyes to pierce the chill grey mist that descended on steaming cattle and muffled, heavy-shod, red-faced men.

He shrugged. "Aye, it's cold, man," he muttered, with tardy politeness. Suddenly he faced me, saying, "This town of Kilkenny is a cold place anyway, cold and empty."

Then, as he confronted me, I remarked his eyes. They were cold, almost colourless, but alive with white fire.

"You're looking for something," I suggested. "Is a beast gone straying on you?"

He seemed to be struggling with a puzzle, for he delayed his reply. It can't be senility, I decided, for he's not more than fifty or fifty-five; and it can't be that he's stupid, for his thin, aquiline features, sharp as a happy old monk's, are cast intelligently. He was

«Freundchen», rief er mir zu, als hätten wir einander schon seit Jahren gekannt, «komm doch her: zwei Paar Augen sind schärfer als eins!»

Es muß etwa um zehn Uhr gewesen sein, an einem Vormittag im November, als wir uns trafen. Er stand an der Kante des gepflasterten Bürgersteigs, ohne die Gruppe der Bauern und Viehtreiber zu beachten, die sich um einen Karrengaul drängten, der auf der vereisten Straße ausgeglitten und gestürzt war.

«Kommt drauf an, was für Augen», gab ich vorsichtig zur Antwort. Er starrte an mir vorbei die Straße entlang. «Beißende Kälte heute!» fuhr ich fort. «Da haben's die Tiere schwer, die auf den Viehmarkt getrieben werden!»

Er schien mich nicht zu hören, und er schien auch die aufgeregten Männer nicht zu sehen, die sich scheltend und rufend um das auf dem Pflaster liegende Tier bemühten. Ihr Atemhauch hing wie Nebelwölkchen über ihnen. Er wandte den Kopf straßauf und straßab und kniff die Augen zusammen, um durch den kalten grauen Nebel zu spähen, der sich auf die dampfenden Rinder und die Männer mit ihren dicken Halstüchern und schweren Stiefeln niedersenkte.

Dann zuckte er gleichgültig die Achseln. «Ja, 's scheint kalt zu sein», murmelte er mit schleppender Höflichkeit. Plötzlich blickte er mich an. «Die Stadt Kilkenny ist immer kalt, kalt und leer!» sagte er.

Und als er mir so gegenüberstand, bemerkte ich, was für Augen er hatte. Sie waren kalt, fast ohne Farbe, und doch belebt von einem weißglühenden Feuer.

«Sie suchen wohl etwas?» fragte ich. «Ist Ihnen ein Kälbchen ausgerissen?»

Er schien sich mit einem Rätsel herumzuschlagen, denn er zögerte mit der Antwort. Das kann nicht Altersschwäche sein, dachte ich bei mir, denn er ist höchstens fünfzig oder fünfundfünfzig. Und dumm ist er bestimmt auch nicht, denn sein mageres Adlergesicht, scharf wie bei einem lustigen alten

dressed a bit better than most of the well-off farmers in town that day; indeed, his clothes appeared to be his Sunday best, except for the overcoat which was mired around the hem and crumpled at the upturned collar.

"What have you lost?" I insisted.

"You look honest," he retorted, measuring me.

"Don't mind looks."

"Well, it's this way, young lad. I'm to get married the day after to-morrow." Both of us smiled. He smiled warmly, touching that miserable morning with the warmth of a deep, well-laid fire. "And," he went on, "herself was to meet me this day in the town, and I was to buy her any present she set her heart on, whether it cost one pound or a hundred. That's my word to her. Aye, one pound or a hundred."

"Good for you, man. Good luck to you both. And what's your trouble? You should be as gay as a lark."

"And so I am, young lad, so I am," said he, drawing himself up out of a stoop. "I'm as gay as a field of singing larks in the spring. But, you see, I missed her in the crowd, and I can't find her." He frowned, nodding. "I can't find her."

"It's early yet."

"It's never too early. Two pairs of eyes are better than one, yound lad."

"You want me to help, isn't that it? Right, man. I'll help. What's she like?"

He clapped my shoulders and laughed deeply from the heart, a laugh that would put you in mind of a great feast or a festival like Christmas.

As we turned to go up the town, a man called from the crowd around the fallen horse. "Hey, Jim, Jim," he called, raising his hands anxiously. His face was deep-lined, sunken, like land worn down to gnarled rock. "Don't go far away on me now, Jim," he cried. "Don't now, Jim."

Mönch, deutet auf Intelligenz. Er war etwas besser als die Mehrzahl der recht wohlhabenden Bauern gekleidet, die heute in der Stadt waren; vielleicht trug er seinen Sonntagsanzug – nur der offene Mantel war am Saum beschmutzt, und der aufgestellte Kragen war etwas zerdrückt.

«Was haben Sie verloren?» fragte ich etwas lauter.

Er musterte mich. «Du siehst ehrlich aus», sagte er.

«Aufs Äußere kommt's nicht an!»

«Also hör' zu, Freundchen! Ich werde mich übermorgen verheiraten!» Wir lächelten beide. Sein Lächeln war warm und überhauchte den häßlichen Morgen wie mit einer verborgenen Glut. «Und heute», fuhr er fort, «wollte sie mich in der Stadt treffen, und ich sollte ihr ein Geschenk kaufen, das sie sich schon lange gewünscht hatte, einerlei, ob's ein Pfund oder hundert kostet. Ja, so hab' ich's ihr versprochen: ob's ein Pfund oder hundert kostet!»

«Großartig», sagte ich. «Und herzlichen Glückwunsch! Aber was bekümmert Sie denn jetzt? Sie müßten doch so vergnügt wie eine Lerche sein?»

«Das bin ich auch, Freundchen», sagte er und richtete sich aus seiner geknickten Haltung auf. «Ich bin so froh wie ein Feld voll singender Lerchen im Frühling. Aber ich hab' sie im Gedränge verloren und kann sie nicht finden.» Er zog die Brauen zusammen und nickte. «Kann sie nicht finden.»

«Es ist noch früh.»

«Es ist nie früh genug. Vier Augen sind besser als zwei, junger Mann.»

«Ich soll Ihnen also suchen helfen, ja? Gerne! Wie sieht sie aus?»

Er schlug mir auf die Schulter und lachte aus vollem Herzen – ein Lachen war's, bei dem man an einen herrlichen Festschmaus oder an Weihnachten denken mußte.

Als wir uns umdrehten, um bergauf zur Stadt zu gehen, rief ihm aus der Menschenmenge, die sich um das gestürzte Pferd drängte, ein Mann etwas nach: «Heda, Jim!» Besorgt winkte er ihm. Sein Gesicht war tief zerklüftet und eingefallen, wie verwitterter Felsen. «Geh nicht so weit weg, Jim!» rief er. «Lauf' mir nicht weg!»

"No," my companion replied solemnly. "No, Matt, I will not." To me he said, "That's my brother, Matt. My name is Jim Burke, Burke of Dunbell."

"That's next door to my mother's country," I exclaimed. "But I'm living in the town now."

He shook me by the hand when I told him my own name, and in a minute he was calling me "Mac" as we began the search for the girl he was to marry the day after the morrow.

He told me the girl's name, but it does not matter now. He told me, too, what she was like in appearance, but the information was hard to find in his earnest rhapsody. Yes, she was young, only twenty-two; she was small, with light brown hair, dainty in her walk, dainty in her gestures, bird-like in the way she turned her head. She was the finest girl a man ever laid his eyes on, and the makings of a great wife. The proof of it all was that half the young fellows of the country were after her, but she only laughed at them to break their hearts. He would be marrying her the day after the morrow. Wasn't he the lucky man!

As if he read my thoughts about his apparent age and hers, he snapped, "Aye, it's me she's choosing, and it's no made match. It's me she's marrying the day after the morrow. A field of singing larks, did you say? Ho! Ho! young lad."

He laughed again, rich and deep, and I laughed with him. His rejoicing was like that.

"But look," I protested, "we must find her. There's the present to be bought. Now, I'd recognise a handsome girl in ten thousand. . . ."

"Faith you would. Faith you would, Mac. You'd pick herself out of a million."

"But how is she dressed?"

"I'll tell you. She has no hat." He gestured round his head. "She has a sort of scarf tied around her hair, and she's wearing a light blue dress."

«Nein», erwiderte mein Begleiter ernst. «Nein, Matt!» Und zu mir sagte er: «Das ist mein Bruder Matt. Ich bin Jim Burke aus Dunbell.»

«Dort stammt meine Mutter her», rief ich. «Aber wir wohnen in der Stadt.»

Er schüttelte mir die Hand, als ich ihm meinen Namen nannte, und von nun an nannte er mich «Mac». Alsbald begannen wir die Suche nach dem Mädchen, das er übermorgen heiraten wollte.

Er verriet mir den Namen des jungen Mädchens, aber der tut hier nichts zur Sache; er erzählte mir, wie sie aussah, aber ich konnte in seinen ernsten Lobreden nicht gleich ihr Bild erkennen. Doch, sie sei jung, erst zweiundzwanzig. Sie sei klein und habe nußbraunes Haar und einen zierlichen Gang und zierliche Bewegungen, wie ein Vögelchen, auch in der Art, wie sie den Kopf drehte. Sie sei das schönste Mädchen, das man sich vorstellen könne, und sie würde eine wunderbare Ehefrau sein. Alle jungen Burschen seien hinter ihr her, aber sie lache sie bloß aus, auch wenn's ihnen das Herz bräche. Und übermorgen würde er sie heiraten! War er nicht ein Glückspilz?

Als hätte er meine Gedanken wegen des offensichtlichen großen Altersunterschiedes erraten, sagte er heftig: «Jawohl, mich hat sie genommen, und es steckt kein Vermittler dahinter! Mich will sie heiraten – übermorgen! Ein Himmel voller Lerchen, wie! Ho! Ho! junger Mann!»

Er lachte tief und herzlich, und ich lachte mit ihm. Seine Freude war dazu angetan.

«Aber jetzt müssen wir sie suchen!» drängte ich. «Das Geschenk muß gekauft werden. Ich kann zwar ein hübsches Mädchen aus Zehntausend herausfinden . . .»

«Natürlich kannst du das, Mac. Du würdest sie unter Millionen erkennen.»

«Aber wie ist sie angezogen?»

«Das kann ich dir sagen! Sie trägt keinen Hut. Sie hat sich ein hellblaues Band ums Haar gebunden, und sie trägt ein hellblaues Kleid.»

"And her coat?"

"She's not wearing one."

"But it's a perishing day!"

If he heard me he didn't heed me. He was striding along, laughing, and saying over and over, "You'll come to the wedding. You'll come to the wedding, Mac?"

It must have been, I say, about ten in the morning, when we began the search. We walked briskly at the start, for the ground was cold underfoot, and the greyness hung damp like massed cobweb along the length of the narrow street. In all the shops the lights glowed yellow, in spite of the early hour, as farmers' wives, daughters and men-folk turned over rolls of tweed and cloth, scrutinised pair after pair of boots, tapped and tested new delph, and talked about the neighbours who were on the fair and all their genealogies.

Burke used to halt outside likely shops and peer in and wait for a few moments. "Hold on a minute, Mac. Maybe she's in here." We'd wait, then return to the search at a pace that gradually decreased. Occasionally he would take my arm, point across the street, and say, "Is that herself over there? Look! It is." It never was herself.

Small herds of cattle passed along the streets, clattered and slithered along the asphalt, and brought with them a din of hulloing men and barking dogs; then, after them, the carts with creels: people already taking the road home. The Angelus boomed and jangled from all the muffled towers and spires of the town.

"Jim," said I, "maybe she isn't on the main streets at all!"

He reflected. "You're right. That's so. Come on."

Once more he began to describe her, and I let him go on without interruption. He thrived on it. The talk lifted his shoulders like a song, filled his mouth with

«Und wie sieht ihr Mantel aus?»

«Sie hat keinen.»

«Aber es ist ja bitterkalt?»

Falls er es hörte, beachtete er es nicht. Er ging jetzt mit weit ausholenden Schritten, lachte und sagte wieder und immer wieder: «Du mußt zur Hochzeit kommen! Du kommst doch zur Hochzeit, Mac?»

Es muß, wie gesagt, ungefähr zehn Uhr vormittags gewesen sein, als wir anfingen zu suchen. Wir gingen von Anfang an munter drauflos, denn vom Boden her war es kalt, und längs der ganzen engen Straße hing der graue Nebel wie nasses Spinnweb. Die Lampen in den Läden glommen gelb, obwohl es doch Vormittag war; die Frauen und Töchter der Bauern und auch das Mannsvolk waren dabei, Tuch- und Stoffballen zu wälzen und Stiefel zu untersuchen, Geschirr zu beklopfen und unentwegt über die Nachbarn und deren Herkommen zu schwatzen, die auch zum Viehmarkt gekommen waren.

Jim Burke blieb vor den Läden stehen, in denen sie vielleicht hätte sein können, spähte hinein und wartete ein paar Minuten. «Momentchen, Mac!» sagte er stets. «Kann sein, daß sie drin ist!» Dann nahmen wir die Suche wieder auf, doch unser Tempo verlangsamte sich allmählich. Manchmal packte er mich beim Arm, deutete auf die andre Straßenseite und rief: «Ist sie das nicht? Doch! Das muß sie sein!» Aber sie war es nie.

Kleine Rinderherden wurden durch die Straßen getrieben, trappelten und schlitterten über den Asphalt, von bellenden Hunden und brüllenden Männern begleitet; dann, hinter ihnen, die Karren mit Körben: Die Leute begannen allmählich heimzukehren. Das Angelus-Läuten dröhnte und bimmelte aus allen Turmgehäusen und Dachreitern der Stadt.

«Jim», sagte ich, «vielleicht ist sie gar nicht in den Hauptstraßen!»

Er dachte nach. «Du hast recht. Komm weiter!»

Wieder beschrieb er sie, und ich unterbrach ihn nicht. Er wurde immer lebhafter. Sein Sprechen hob ihm die Schultern wie einem Sänger, ließ seinen Mund breit lachen, seine Augen

huge laughs, lit his eyes, and drew youth across his
lean face like a shaft of sunlight. This was living
poetry. His joy was communicable, and very envi-
able. You could envy him the source of that joy, for it
enabled him to throw off his years, such as they were,
like his old crumpled coat. I wanted to meet this girl,
to talk with her, and to be glad.

Yet, the envy wouldn't be simple and free. It was
mingled with doubts about the wisdom of bringing
youth and age together, and with ironic regard for the
oldish man who played the young bridegroom-to-be.
Irony didn't trouble him, though. There was no
stopping his talk. He described the house, the place
into which he would be bringing the girl. I tried to
visualise it and to set it among the houses of my
mothers's country: slated, pebble-dashed, long
houses, with beds of wall-flowers and scented stock in
the front yards, small stretches of lawn, orchards at
the rear, slated stone stables and byres: good, solid,
respectable buildings.

We were passing, heavy-footed, by the mouth of
an alley-way of steps that cuts down from one street
to another, when I saw again the man who had
stepped out from the crowd with anxiously raised,
pleading hands. It was the same troubled face,
exhausted and anxious, a subject for carving in knotted, obstinate wood.

"There's your brother," said I.

"Where?" Burke asked, sharply. Then, wheeling
down the alley-steps, he explained: "He has business
to do. We'll leave him alone. Come on, man."

I had to hurry to keep up with his long strides.

"Does your brother know you're to meet her this
morning, Jim?"

Burke shrugged.

What could a man think of that shrug? Were these
two men, I surmised, living alone in the same house,
in daily fear that one would be married before the

strahlen, brachte Jugend in sein hageres Gesicht wie einen Sonnenstrahl. Das war lebendige Dichtkunst. Seine Freude war ansteckend, beneidenswert. Man konnte ihn um die Quelle dieser Freude beneiden, weil sie ihn dazu vermochte, sein Alter wie eine verschrumpelte Hülle abzuwerfen. Ich wollte das junge Mädchen kennenlernen, mit ihr sprechen und mich ebenso freuen.

Doch der Neid war nicht arglos und unbefangen. Er war untermischt mit Zweifeln, ob es richtig war, Jugend und Alter zusammenzuketten, noch dazu mit einer ironischen Herablassung gegenüber dem ältlichen Mann, der als jugendlicher Bräutigam auftrat. Aber ihn traf keine Ironie. Er sprach jetzt unaufhörlich und beschrieb mir das Haus und Gehöft, alles, was er seiner Braut zu bieten hatte.

Ich versuchte es mir vorzustellen und versetzte es in das Dorf meiner Mutter. Lange, niedrige, schiefergedeckte Häuser, in den Vorgärten Beete mit Goldlack und duftenden Levkojen, ein bißchen Rasen, auf der Rückseite die Obstgärten, solide Stallungen aus Feldstein.

Als wir mit müden Füßen am Anfang einer Gasse mit vielen Stufen standen, die eine Straße mit der nächsten verbindet, entdeckte ich den Mann, der aus der Menge herausgetreten war mit ängstlich, flehentlich erhobenen Händen. Es war das gleiche besorgte Gesicht, erschöpft und furchtsam, wie geschaffen, um in knorrigem, widerspenstigem Holz nach-geschnitzt zu werden.

«Da ist Ihr Bruder!» sagte ich.

«Wo?» fragte Jim Burke hastig. Dann sprang er schnell die steinernen Stufen hinunter und rief im Laufen: «Wir wollen ihn nicht stören, er hat noch zu tun. Komm weiter!»

Ich mußte mir Mühe geben, um Schritt mit ihm zu halten.

«Weiß Ihr Bruder, daß Sie sie heute treffen wollten, Jim?»

Er zuckte die Achseln.

Was mochte dieses Achselzucken bedeuten? Hatten die Brüder vielleicht, so überlegte ich, bisher beide allein im Haus gewohnt und tagtäglich befürchtet, der eine könne vor dem

other so that a stranger, a woman, would change all their set lives?

We continued the search. It was like the pursuit of a ghost who just vanishes around a corner when you reach it. We both became colder, hungrier; and Burke's talk dwindled, ebbed, finally drained away. We stood side by side at the foot of the bridge across which people must pass to reach Burke's homeward road, while the greyness thickened with the oncoming early night. A singer, swathed in ragged coats and bearded like an Apostle, took his stand outside the Bridge Bar, where the ill-lit windows dripped with condensed interior moisture, and, covering one ear with his hand, began to totter up and down the notes of an old ballad:

> *Come all ye gentle Muses,*
> *combine and lend an ear*
> *While I set forth the praises*
> *of a charming maiden fair ...*

The singing was out of tune, and many of the words, cruelly apt, were almost spoken. I eyed Burke to see if he was listening to the *Maid of Sweet Gurteen*, but he wasn't. He was in another world. He was not with me at all; he did not see the bridge, nor hear the bearded, mouthing singer. His hands were deep in his overcoat pockets, his chin was down against the collar, and his eyes were closed as if he slept gently where he stood. The life was gone from his face. The mouth sagged. He was old.

The singer snatched his breath for the next lines:

> *It's the curls of her yellow locks*
> *that stole away my heart,*
> *And death, I'm sure, must be the cure,*
> *when she and I do part.*

"Burke," I said. "Jim Burke."

andern heiraten und seine Frau, eine Fremde, würde ihr geregeltes Leben umstoßen?

Wir setzten die Suche fort. Es war, als verfolgten wir einen Geist, der stets um die Ecke entwischt, wenn man ihn zu fassen glaubt. Wir wurden allmählich hungrig und froren; Burkes Redefluß nahm ab und versickerte endlich. Wir stellten uns Seite an Seite vor der Brücke auf, über die man mußte, um auf Burkes Heimweg zu gelangen, während die Dämmerung sich mit dem heraufziehenden frühen Abend verband. Ein in Lumpen gekleideter Sänger mit Apostel-Bart postierte sich vor der Brücken-Wirtschaft, deren matt erleuchtete Fenster feucht beschlagen waren, und sang, während er mit der Hand sein eines Ohr zuhielt, rauf und runter zitternd eine alte Ballade.

> *Kommt her und hört, ihr Musen,*
> *um mich herum gereiht:*
> *Aufs neue will ich singen*
> *das Lob einer süßen Maid.*

Der Gesang war ohne rechten Klang, und die meisten Worte, schrecklich simpel, waren fast nur gesprochen. Ich warf einen Seitenblick auf Burke, um festzustellen, ob er auf die «Maid von Hold Gurteen» achtete, aber er tat es nicht. Er war in einer anderen Welt. Er war nicht bei mir; er sah weder die Brücke noch hörte er den bärtigen mümmelnden Sänger. Seine Hände staken tief in den Manteltaschen, sein Kinn tief im Kragen, und seine Augen waren geschlossen, als ob er im Stehen sanft schlafe. Alles Leben war aus seinem Gesicht gewichen. Der Mund stand offen. Er war ein alter Mann.

Der Sänger holte Atem für die nächste Strophe:

> *Von ihren goldnen Locken*
> *ist mir das Herz betört.*
> *Ich muß wahrhaftig sterben,*
> *wenn sie mir nicht gehört.*

«Burke!» rief ich. «Jim Burke!»

He did not respond. He was sunken fathoms in regions where there is neither light or sound, nothing but the dark and the stillness of agony. *And death, I'm sure, must be the cure, when she and I do part.*

It's his age, I thought, that is making him feel fear like a paralysing pain. I shook his arm vigorously. "Burke," I repeated, "Burke!" He opened his eyes and puzzled over my face.

"Look," I said, "here's your brother crossing the bridge. He must be searching for you. Well!"

"I don't", he murmured nervously, "I don't want to see him this minute. Here, we'll go into the Bridge Bar and have a drink."

There was nothing a man could say to him. Pity has no words. He stood in the public-house and held a whiskey-glass till the spirits must have grown lukewarm from the heat of his fist. The singer entered, begging with hat in hand. Burke never noticed the pleading bearded face and the fingers plucking at the sleeve.

"You must be starved with the hunger, Burke," I said.

"What's that? Ah! no! no!"

"She must be hungry, too."

"She! That's right," he nodded dully.

"Come on, then. We'll make one more search."

He swallowed his drink.

"We'll find her, Burke," I said, trying to laugh. "Don't worry, we'll find her."

It was no good. Light never returned to his face.

Darkness was filtering down into the streets like turgid sediment. The late travellers were already on their way in creeled carts, traps and cars, so that they might be well on their road before the night could numb them. As we turned into the main street, all the more desolate for the lights glowing behind fogged shop-windows, a gust of wind assaulted us. Burke

Er antwortete nicht. Er war klaftertief in Abgründe versunken, in denen es weder Licht noch Töne gibt, nur das Dunkel und die Stille der Bewußtlosigkeit. *Ich muß wahrhaftig sterben, wenn sie mir nicht gehört.*

Es ist das Alter, dachte ich. Das Alter läßt ihn die Angst wie einen lähmenden Schmerz empfinden. Ich schüttelte ihn kräftig am Arm. «Burke!» und nochmals «Burke!» Er schlug die Augen auf und sah mich unsicher fragend an.

«Sehen Sie», rief ich. «Da kommt eben Ihr Bruder über die Brücke. Sicher ist er auf der Suche nach Ihnen. Klar.»

«Ich will nicht», murmelte er nervös, «ich will ihn jetzt nicht sehen. Kommen Sie, wir wollen in die Brückenkneipe gehen und was trinken.»

Da war nichts zu machen. Mitleid hat keine Worte. Er stand in der Wirtschaft und hielt ein Glas Whisky in der Hand, bis der Geist von der Wärme seiner Faust lauwarm geworden sein mußte.

Der Sänger trat ein, mit gezogenem Hut, und bestellte. Burke bemerkte weder das heischende bärtige Gesicht noch die Finger, die ihn am Ärmel zupften.

«Sie müssen doch halb tot sein vor Hunger, Burke», sagte ich.

«Was? Ich? Nein, nein.»

«Und *sie* muß auch hungrig sein!»

«Sie? Ja, richtig! Er nickte trübsinnig.»

«Dann kommen Sie! Wir wollen es nochmal versuchen.»
Er leerte sein Glas.

«Wir werden sie finden, Burke», sagte ich und versuchte zu lachen. «Keine Sorge: wir finden sie.»

Es nützte nichts. Das Licht kam nicht mehr in sein Gesicht.

Dunkelheit sank von oben her in die Straßen wie ein feuchter schwerer Bodensatz. Die letzten Leute begaben sich in ihre korbbepackten Karren oder Kutschen oder Wagen, damit sie noch auf die richtigen Wege kämen, bevor die Nacht sie blind machte. Als wir in die Hauptstraße einbogen, die von dem schwachen Lichtschimmer hinter verdunkelten Schaufenstern besonders trostlos war, fegte uns ein Windstoß entgegen.

cowered into his coat. He was trudging heavily. It will be all right for him to-morrow, I assured myself, when they'll meet and tell, with laughter, how they walked the town; and he'll buy her the present on another day.

Then, beneath the arches of the Town Hall, he stopped, lifted his head, and said: "Mother of God, she's lost!"

"Don't be daft, Burke."

"She's lost."

"Listen, man, what are you wailing . . .?"

He walked on again, crossed the street, and turned up a lane to a yard behind a hardware shop where country folk leave their carts and traps on fair days.

Our feet rustled over the straw spread on the floor of the yard. We felt along the walls towards a small, lighted back window. A voice halted us.

"Is that you, Jim?"

"It is, Matt."

"Won't you be coming along home with me now, like a good man? I was waiting for you these hours."

"I will, Matt."

"Have you a match on you till I light the lamp and yoke the trap?"

"I'll do it, Matt. I'll yoke it. We'll go home."

I stood beside the brother while Jim Burke crossed the yard towards a pillared shed to fumble with a lamp that, presently, he lit with cupped hands. His face was like white, carved bone.

"I'm sorry," said the brother in a murmur, "I'm sorry for the trouble he gave you all this day. I made several attempts to catch the pair of you, but he knew I was after him."

"No trouble at all, Mr. Burke. I'm sorry for his disappointment. He was dead set on meeting her to buy a present."

Matt Burke sighed, "Ah! God!"

Burke verkroch sich in seinen Mantel. Er kam nur schwer voran. Morgen ist alles besser für ihn, redete ich mir ein; sie werden sich treffen und lachend erzählen, wie sie durch die Stadt geirrt sind; und das Geschenk für sie kauft er ein andermal.

An den Arkaden des Rathauses blieb er plötzlich stehen, hob den Kopf und sagte: «Heilige Mutter Gottes, ich habe sie verloren!»

«Unsinn, Burke!»

«Ich hab sie verloren.»

«Hör mal, Mensch, was jammerst du ...?»

Er ging wieder weiter, überquerte die Straße, bog in eine Gasse und ging dort in einen Hof hinter einer Eisenhandlung, wo die Bauern an Markttagen ihre Karren und Wagen parken.

Unsere Füße raschelten im Stroh, das auf dem ganzen Platz am Boden lag. Wir tasteten uns die Mauer entlang zu einem kleinen hellen Hinterhof-Fenster. Eine Stimme rief uns an.

«Bist du's, Jim?»

«Ja, Matt.»

«Willst du nicht jetzt mit mir nach Hause fahren, wie sich's gehört? Ich habe stundenlang auf dich gewartet.»

«Ja, ich komme, Matt.»

«Hast du Streichhölzer, damit ich die Lampe anmachen und den Karren anspannen kann?»

«Ich mach das, Matt. Ich spann an. Wir wollen nach Hause.»

Ich stand neben dem Bruder, während Jim Burke über den Hof zu einem Holzschuppen ging, wo er sich an einer Lampe zu schaffen machte, die er im Schutz seiner Hände entzündete. Sein Gesicht sah aus wie bleiche, kahle Knochen.

«Es tut mir leid», flüsterte der Bruder. «Es tut mir leid, daß er Ihnen den ganzen Tag so viel Mühe gemacht hat. Ich habe ein paarmal versucht, Sie beide zu erwischen, aber er wußte, daß ich hinter ihm her war.»

«Ach, es war keine Mühe, Mr. Burke. Mir tut seine Enttäuschung leid. Er wollte auf Teufel-komm-raus das Mädchen treffen und ihr ein Geschenk kaufen.»

Matt Burke seufzte. «O Gott!»

"Well, in any case, he'll be happy the day after to-morrow."

Over in the shed, the lamp swung and threw pale barred beams of light across the straw.

"Won't we all be happy on the day after to-morrow, son?" Matt Burke asked in a dry, hard monotone. He kicked at the straw. "Faith, he'll never find her now. It was himself she'd have married – himself – but there was a match made. Her father and mother made it. She obeyed. He," Matt Burke continued, jerking his head towards the forlorn swinging lamp, "he never knew. When he heard, he didn't believe. He couldn't believe. That was twenty-three years ago, and there he is for you now!"

"Wait now, what are you telling me?"

"There he is, as if twenty-three years were no more than that wind! Oh! it's cold this night."

He pressed back against the wall out of reach of the wind that hissed up the narrow lane into the enclosed yard. An unlatched door creaked and clapped. The lamp swung on its hook.

"Good night, son," said Matt Burke.

I hastened out into the street. Patiently, he remained leaning against the wall, watching the moving, erratic shadow of his brother who waited for the day after to-morrow.

«Also gut; aber auf jeden Fall wird er übermorgen glücklich sein.»

Oben im Schuppen schwang die Lampe hin und her und warf blasse Strahlenbündel über das Stroh.

«Werden wir nicht alle übermorgen glücklich sein, mein Junge?» Matt Burke fragte das in einem trockenen, harten Ton. Er stieß mit der Stiefelspitze gegen das Stroh. «Er wird sie nie mehr wiederfinden, mein Junge! Sie hat ihn heiraten wollen, ja, das hat sie gewollt, aber ihr Vater und ihre Mutter waren dagegen. Da hat sie gehorcht. Er hat's nicht gewußt», erzählte Matt Burke und deutete mit dem Kopf dorthin, wo die einsame Laterne flackerte. «Als er es dann hörte, hat er's nicht geglaubt. Er konnte es nicht glauben. Das war vor dreiundzwanzig Jahren – und so ist er all die Jahre gewesen.»

«Was? Was sagen Sie da?»

«Ja, ja – als wären die dreiundzwanzig Jahre nur ein einziger Tag! Brrr, was für ein kalter Abend!»

Er schmiegte sich an die Wand, wo ihn der Wind nicht erreichen konnte, der jetzt durch die enge Gasse blies. Eine Tür, die nicht eingeklinkt war, kreischte und klapperte. Die Laterne schaukelte hin und her.

«Gute Nacht, mein Junge», sagte Matt Burke.

Ich eilte hinaus auf die Straße; er hatte sich wieder an die Mauer gelehnt und beobachtete geduldig den hin- und herzuckenden Schatten seines Bruders, der auf Übermorgen wartete.

One morning the priest's housekeeper mentioned, as she gathered up the breakfast things, that Mike Mulhare had refused to let his daughter Catherine marry James Murdoch until he had earned the price of a pig.

"This is bad news," said the priest, and he laid down the newspaper.

"And he waiting for her all the summer! Wasn't it in February last that he came out of the poorhouse? And the fine cabin he has built for her! He'll be so lonesome in it that he'll be going –"

"To America!" said the priest.

"Maybe it will be going back to the poorhouse he'll be, for he'll never earn the price of his passage at the relief works."

The priest looked at her for a moment as if he did not catch her meaning. A knock came at the door, and he said:

"The inspector is here, and there are people waiting for me."

And while he was distributing the clothes he had received from Manchester, he argued with the inspector as to the direction the new road should take; and when he came back from the relief works, his dinner was waiting. He was busy writing letters all the afternoon; and it was not until he had handed them to the postmistress that he was free to go to poor James Murdoch, who had built a cabin at the end of one of the famine roads in a hollow out of the way of the wind.

From a long way off the priest could see him digging his patch of bog.

And when he caught sight of the priest he stuck his spade in the ground and came to meet him, almost as naked as an animal, bare feet protruding from ragged

Eines Morgens, als die Haushälterin das Frühstücksgeschirr abräumte, erzählte sie dem Priester, Mike Mulhare erlaube nicht, daß seine Tochter Catherine sich mit James Murdoch verheirate, ehe er so viel Geld verdient habe, daß er sich ein Schwein anschaffen konnte.

«Das ist eine schlimme Nachricht», sagte der Priester und legte die Zeitung hin.

«Und dabei hat er den ganzen Sommer auf Catherine gewartet! Erst im Februar ist er aus dem Armenhaus gekommen, und dann hat er ihr eine so schöne Hütte gebaut! Er wird sich furchtbar grämen – sicher wandert er nach Amerika aus!»

«Nach Amerika?» rief der Priester.

«Vielleicht geht er auch bloß wieder ins Armenhaus zurück, denn bei den Notstandarbeiten kann er sich das Geld für die Überfahrt auch nicht verdienen!»

Der Priester sah sie einen Augenblick an, als habe er den Sinn ihrer Worte nicht verstanden, und dann klopfte es an die Tür, und er sagte:

«Das wird der Inspektor sein, und ein paar Leute warten auch noch!»

Und während er die Kleider verteilte, die er aus Manchester erhalten hatte, verhandelte er mit dem Inspektor über die Richtung, in der die neue Straße verlaufen sollte; und als er von der Besichtigung der Notstandsarbeiten zurückkehrte, stand sein Mittagessen auf dem Tisch. Den ganzen Nachmittag war er emsig mit dem Beantworten von Briefen beschäftigt; erst als er sie alle dem Postfräulein übergeben hatte, konnten seine Gedanken zu dem armen James Murdoch zurückkehren, der in einer windgeschützten Mulde am Ende einer alten «Hungerstraße» eine Hütte gebaut hatte.

Schon von weitem konnte der Priester ihn sehen, wie er sein Stück Sumpfland umgrub.

Als James den Priester gewahrte, stieß er den Spaten in die Erde und kam ihm entgegen, fast nackt wie ein Tier, die bloßen Füße traten aus einer zerrissenen Hose hervor; ein Hemd

trousers; there was a shirt, but it was buttonless, and the breast-hair trembled in the wind – a likely creature to come out of the hovel behind him.

"It has been dry enough," he said, "all the summer; and I had a thought to make a drain. But 'tis hard luck, your Reverence, and after building this house for her. There's a bit of smoke in the house now, but if I got Catherine I wouldn't be long making a chimney. I told Mike he should give Catherine a pig for her fortune, but he said he would give her a calf when I bought the pig, and I said, 'Haven't I built a fine house, and wouldn't it be a fine one to rear him in?'"

And together they walked through the bog, James talking to the priest all the way, for it was seldom he had anyone to talk to.

"Now I mustn't take you any further from your digging."

"Sure there's time enough," said James. "Amn't I there all day?"

"I'll go and see Mike Mulhare myself," said the priest.

"Long life to your Reverence."

"And I will try to get you the price of the pig."

"Ah, 'tis your Reverence that's good to us."

The priest stood looking after him, wondering if he would give up life as a bad job and go back to the poorhouse; and while thinking of James Murdoch he became conscious that the time was coming for the priests to save Ireland. Catholic Ireland was passing away; in five-and-twenty years Ireland would be a Protestant country if – (he hardly dared to formulate the thought) – if the priests did not marry. The Greek priests had been allowed to retain their wives in order to avert a schism. Rome had always known how to adapt herself to circumstances; there was no doubt that if Rome knew Ireland's need of children she would consider the revocation of the decree of celi-

hatte er an, doch es hatte keine Knöpfe, und die Brust-Haare flatterten im Wind – ja, wie ein Tier war er, das eben aus seinem Bau hervor kroch.

«Es war gewaltig trocken diesen Sommer», sagte er. «Ich wollte einen Abzugsgraben machen. Aber Pech, Hochwürden! Und ich hatte doch das Haus hier für sie gebaut! Jetzt ist ein bißchen Rauch in der Hütte, aber wenn ich Catherine bekäme, hätte ich im Nu einen Kamin aufgesetzt.

Ich habe Mike gesagt, er soll ihr ein Kalb als Mitgift geben, aber er sagt, er würde ihr das Kalb erst geben, wenn ich ein Schwein gekauft hätte, und da hab' ich gesagt: ‹Hab' ich nicht ein schönes Haus gebaut? Ist es nicht schön genug, um Vieh großzuziehen?›»

Und sie gingen durch das Sumpfland, und James redete die ganze Zeit auf den Priester ein, denn es kam selten vor, daß er mit einem Menschen sprechen konnte.

«Aber jetzt will ich dich nicht länger von der Arbeit abhalten!»

«Ach, das hat Zeit», entgegnete James, «ich hab' ja noch den ganzen Tag!»

«Ich will selber zu Mike Mulhare gehen und mit ihm sprechen», sagte der Priester.

«Gott vergelt' es Euch, Hochwürden!»

«Und ich will versuchen, dir ein Schwein zu beschaffen!»

«Ach, Hochwürden sind immer so gut zu uns!»

Der Priester sah ihm nach und fragte sich, ob James wirklich im Lebenskampf klein beigeben und wieder ins Armenhaus zurückkehren würde. Und während er über James Murdoch nachdachte, wurde ihm bewußt, daß für die Priester die Zeit gekommen war, Irland zu retten. Das katholische Irland war im Schwinden; in fünfundzwanzig Jahren würde Irland protestantisch sein, wenn – er wagte kaum den Gedanken zu Ende zu denken – wenn nicht die Priester heirateten. Die griechischen Priester waren verheiratet. Es war ihnen seinerzeit gestattet worden, ihre Frauen zu behalten, damit ein Schisma vermieden würde. Rom hatte immer verstanden, sich den Umständen anzupassen, und wenn Rom nur wüßte, wie sehr es in Irland an Kindern fehlte, dann würde es die Aufhebung des Zölibat-

bacy, and he returned home remembering that celibacy had only been made obligatory in Ireland in the twelfth century.

Ireland was becoming a Protestant country! He drank his tea mechanically, and it was a long time before he took up his knitting. But he could not knit, and laid the stocking aside. Of what good would his letter be? A letter from a poor parish priest asking that one of the most ancient decrees should be revoked! It would be thrown into the waste-paper basket. The cardinals are men whose thoughts move up and down certain narrow ways, clever men no doubt, but clever men are often the dupes of conventions. All men who live in the world accept the conventions as truths. It is only in the wilderness that the truth is revealed to man. "I must write the letter! Instinct," he said, "is a surer guide than logic, and my letter to Rome was a sudden revelation."

As he sat knitting by his own fireside his idea seemed to come out of the corners of the room. "When you were at Rathowen," his idea said, "you heard the clergy lament that the people were leaving the country. You heard the bishop and many eloquent men speak on the subject. Words, words, but on the bog road the remedy was revealed to you."

"That if each priest were to take a wife about four thousand children would be born within the year, forty thousand children would be added to the birthrate in ten years. Ireland can be saved by her priesthood!"

The truth of this estimate seemed beyond question, and yet, Father MacTurnan found it difficult to reconcile himself to the idea of a married clergy. "One is always the dupe of prejudice," he said to himself and went on thinking. "The priests live in the best houses, eat the best food, wear the best clothes; they are indeed the flower of the nation, and would produce magnificent sons and daughters. And who could

Erlasses in Erwägung ziehen. Er kam nach Hause mit der Erkenntnis, daß ja die Ehelosigkeit der Priester in Irland erst seit dem zwölften Jahrhundert vorgeschrieben war.

Irland würde ein protestantisches Land werden! Er trank achtlos seinen Tee, und es dauerte lange, bis er sein Strickzeug aufnahm. Aber er konnte nicht stricken und legte den Strumpf zur Seite. Was würde sein Brief nützen? Der Brief eines armen Gemeindepfarrers, der darum bat, eines der ältesten Gebote zu widerrufen! Er würde in den Papierkorb wandern.

Die Kardinäle sind Männer, deren Gedanken in bestimmten engen Bahnen hin und her gehen, kluge Männer, gewiß, aber kluge Männer sind oft mit Überlieferungen vernagelt. Alle Menschen auf der Welt halten Überlieferungen für Wahrheiten. Nur in der rauhesten Wirklichkeit gibt sich die Wahrheit dem Menschen zu erkennen. «Ich muß den Brief schreiben», sagte er, «Instinkt ist ein besserer Ratgeber als Vernunft; mein Brief nach Rom war eine plötzliche Eingebung.»

Als er strickend am Kamin saß, schien dieser Gedanke aus allen Ecken des Zimmers hervorzukommen. «Als du in Rathowen warst», flüsterte seine Idee, «hast du gehört, wie die Geistlichen darüber klagten, daß die Leute auswandern. Du hörtest den Bischof und viele beredte Leute über das Thema sprechen, und ihre Worte waren keine Lösung, doch dir wurde draußen auf der Heidestraße eine Lösung offenbart.»

«Das Heilmittel liegt in den Händen der Priesterschaft. Wenn jeder Priester sich eine Frau nähme, würden jährlich viertausend Kinder geboren; in zehn Jahren wäre die Geburtenziffer um vierzigtausend gestiegen, und die Priester hätten Irland gerettet!»

Die Wahrheit dieses Überschlags schien unantastbar, trotzdem fand Vater MacTurnan es schwierig, sich mit der Vorstellung einer verheirateten Geistlichkeit zu befreunden. Man ist immer das Opfer seiner Vorurteile. Das wußte er – und fuhr fort zu grübeln. Die Priester wohnen in den besten Häusern, sie haben die beste Ernährung und tragen die beste Kleidung; sie sind wahrhaftig die Blüte der Nation und würden deshalb prächtige Söhne und Töchter bekommen. Und diese Kinder

bring up their children according to the teaching of our holy church as well as priests?"

So did his idea unfold itself, and very soon he realized that other advantages would accrue, beyond the addition of forty thousand children to the birth-rate, and one advantage that seemed to him to exceed the original advantage would be the nationalization of religion, the formation of an Irish Catholicism suited to the ideas and needs of the Irish people.

In the beginning of the century the Irish lost their language, in the middle of the century the characteristic aspects of their religion. It was Cardinal Cullen who had denationalized religion in Ireland. But everyone recognized his mistake. How could a church be nationalized better then by the rescission of the decree of celibacy? The begetting of children would attach the priests to the soil of Ireland; and it could not be said that anyone loved his country who did not contribute to its maintenance. The priests leave Ireland on foreign missions, and every Catholic who leaves Ireland, he said, helps to bring about the very thing that Ireland has been struggling against for centuries – Protestantism.

His idea talked to him every evening, and, one evening, it said, "Religion, like everything else, must be national," and it led him to contrast cosmopolitanism with parochialism. "Religion, like art, came out of parishes," he said. He felt a great force to be behind him. He must write! He must write . . .

He dropped the ink over the table and over the paper, he jotted down his ideas in the first words that came to him until midnight; and when he slept his letter floated through his sleep.

"I must have a clear copy of it before I begin the Latin translation."

He had written the English text thinking of the Latin that would come after, very conscious of the fact that he had written no Latin since he had left

dann gemäß den Lehren unsrer heiligen Kirche erziehen – das konnte niemand besser als die Priester.

So flüsterte seine Idee, und mit jedem Abend entfaltete sie sich mehr und mehr. Sehr bald sah er ein, daß sich außer dem Geburtenzuwachs von viertausend Kindern noch andere Vorteile ergeben würden, und ein Vorteil, der ihm der allerwichtigste schien, war die Nationalisierung der Religion, die Bildung eines irischen Katholizismus, der den Vorstellungen und Bedürfnissen des irischen Volkes angepaßt war.

Zu Beginn des neunzehnten Jahrhunderts hatten die Iren ihre Landessprache eingebüßt und um die Jahrhundertmitte auch die charakteristischen Merkmale ihrer Religion. Er dachte daran, daß es Kardinal Cullen gewesen war, der die Religion in Irland entnationalisiert hatte. Doch jedermann erkannte den Fehler, den er begangen hatte – und wie konnte eine Kirche leichter nationalisiert werden als durch die Aufhebung des Zölibats? Eigene Kinder würden die Priester an den irischen Heimatboden fesseln. Es stimmt doch wohl, daß jeder, der sein Vaterland liebte, zu dessen Fortbestand beitragen will? Die Priester verließen Irland, um im Ausland in der Mission zu arbeiten, und er sagte: «Jeder Katholik, der Irland verläßt, trägt dazu bei, das herbeizuführen, wogegen sich Irland seit Jahrhunderten gewehrt hat: den Protestantismus.»

Die Idee flüsterte ständig, und eines Abends meinte sie: «Religion muß national sein, wie alles andre auch», und das brachte ihn dazu, den Kosmopolitismus mit dem Parochialismus zu vergleichen. «Die Religion kam – genau wie die Kunst – aus der Gemeinde», dachte er. Er spürte eine starke Kraft hinter sich. Er mußte schreiben. Er mußte schreiben . . .

Er verspritzte Tinte über den Tisch und über das Papier, und bis Mitternacht hatte er die ersten Worte hingeworfen, wie sie ihm gerade in den Sinn gekommen waren, und als er schlief, zog der Brief durch seinen Schlaf.

«Ich muß einen reinlichen Entwurf haben, ehe ich mit der Übersetzung ins Lateinische beginne!»

Er hatte den englischen Text niedergeschrieben und dabei an das Latein gedacht, das später an die Reihe kam: er war sich bewußt, daß er seit dem Verlassen des Priesterseminars

Maynooth, and that a bad translation would discredit his ideas in the eyes of the Pope's secretary, who was doubtless a great Latin scholar.

"The Irish priests have always been good Latinists," he murmured, as he hunted through the dictionary.

The table was littered with books, for he had found it necessary to create a Latin atmosphere, and one morning he finished his translation and walked to the whitening window to rest his eyes before reading it over. But he was too tired to do any more, and he laid his manuscript on the table by his bedside.

"This is very poor Latin," he said to himself some hours later, and the manuscript lay on the floor while he dressed. It was his servant who brought it to him when he had finished his breakfast, and, taking it from her, he looked at it again.

"It is as tasteless," he said, "as the gruel that poor James Murdoch is eating." He picked up *St. Augustine's Confessions*. "Here is idiom," he muttered, and he continued reading till he was interrupted by the wheels of a car stopping at his door. It was Meehan! None had written such good Latin at Maynooth as Meehan.

"My dear Meehan, this is indeed a pleasant surprise."

"I thought I'd like to see you. I drove over. But – I am not disturbing you. ... You've taken to reading again. St. Augustine! And you're writing in Latin!"

Father James's face grew red, and he took the manuscript out of his friend's hand.

"No, you mustn't look at that."

And then the temptation to ask him to overlook certain passages made him change his mind.

"I was never much of a Latin scholar."

"And you want me to overlook your Latin for you. But why are you writing Latin?"

Maynooth nie mehr Latein geschrieben hatte und daß eine schlechte Übersetzung seinen Ideen in den Augen des päpstlichen Sekretärs schadete, der gewiß ein großer Lateiner war.

«Die irischen Priester sind doch immer gute Lateiner gewesen», murmelte er, während er im Wörterbuch herumstöberte.

Der Tisch war mit Büchern bedeckt, denn er hatte es für notwendig erachtet, eine klassische Atmosphäre zu schaffen. Eines Morgens hatte er seine Übersetzung beendet und trat an das hell werdende Fenster, um seinen Augen eine Pause zu gönnen, bevor er sie überlas. Doch er war zu müde und legte die Blätter auf den Tisch neben seinem Bett.

«Es ist arg schlechtes Latein», sagte er zu sich selber, ein paar Stunden später, und das Schreiben lag auf dem Boden, während er sich anzog. Seine Haushälterin brachte es ihm, als er fertig gefrühstückt hatte; er nahm es ihr aus der Hand und sah es sich nochmals an.

«Es ist», sagte er, «so fade wie die Grütze, die der arme James Murdoch tagtäglich ißt.» Er griff nach den «Confessiones» des heiligen Augustin. «Das ist ein Stil!» murmelte er und las sich fest, bis ihn das Geräusch von Wagenrädern unterbrach; der Wagen hielt vor seiner Tür. Es war Meehan! In Maynooth hatte keiner ein so gutes Latein geschrieben wie Meehan!

«Mein lieber Meehan, was für eine wunderbare Überraschung!»

«Ich bekam Lust, dich einmal wiederzusehen, und deshalb fuhr ich her. Aber ich störe dich ... Du bist mitten in der Lektüre. Der heilige Augustinus! Und du schreibst Lateinisch?»

Vater James' Gesicht wurde rot, und er nahm dem Freund das Manuskript aus der Hand.

«Ach, das mußt du nicht anschauen!»

Doch dann wurde die Verlockung zu groß, und er bat ihn, einige Stellen zu überprüfen.

«Ich war nie ein besonders guter Lateiner!»

«Und nun möchtest du, daß ich dein Latein prüfen soll? Aber warum schreibst du überhaupt Latein?»

"Because I am writing to the Pope. I was at first a little doubtful, but the more I thought of this letter the more necessary it seemed to me."

"And what are you writing to the Pope about?"

"You see Ireland is going to become a Protestant country."

"Is it?" said Father Meehan, and he listened a little while. Then, interrupting his friend, he said:

"I've heard enough. Now, I strongly advise you not to send this letter. We have known each other all our lives. Now, my dear MacTurnan –"

Father Michael talked eagerly, and Father MacTurnan sat listening. At last Father Meehan saw that his arguments were producing no effect, and he said:

"You don't agree with me."

"It isn't that I don't agree with you. You have spoken admirably from your point of view, but our points of view are different."

"Take your papers away, burn them!"

Then, thinking his words were harsh, he laid his hand on his friend's shoulder and said:

"My dear MacTurnan, I beg of you not to send this letter."

Father James did not answer; the silence grew painful, and Father Michael asked Father James to show him the relief works that the Government had ordered.

But important as these works were, the letter to Rome seemed more important to Father Michael, and he said:

"My good friend, there isn't a girl that would marry us; now is there? There isn't a girl in Ireland who would touch us with a fortyfoot pole. Would you have the Pope release the nuns from their vows?"

"I think exceptions should be made in favour of those in Orders. But I think it would be for the good of Ireland if the secular clergy were married."

«Weil ich an den Papst schreibe! Zuerst hatte ich noch Zweifel, aber je mehr ich über den Brief nachdachte, um so notwendiger schien es mir.»

«Und worüber schreibst du an den Papst?»

«Du weißt doch, daß Irland allmählich protestantisch wird?»

«Ja?» sagte Vater Meehan und hörte ein Weilchen zu. Dann unterbrach er seinen Freund:

«Ich habe genug gehört, und ich gebe dir den guten Rat, deinen Brief nicht abzuschicken. Wir kennen uns ein ganzes Leben lang. Aber, mein lieber MacTurnan...»

Vater Meehan sprach eifrig, und Vater MacTurnan saß da und hörte ihm zu. Als Vater Meehan endlich merkte, daß seine Worte ohne Wirkung blieben, fragte er:

«Gibst du mir nicht recht?»

«Es geht nicht darum, ob ich dir recht gebe. Von deinem Standpunkt aus hast du großartig gesprochen, aber unsre Standpunkte sind zu verschieden.»

«Leg dein Manuskript weg! Verbrenn es!»

Dann schienen ihm seine Worte zu schroff, und er legte dem Freund die Hand auf die Schulter und sagte:

«Mein lieber MacTurnan, ich bitte dich herzlich, den Brief nicht abzuschicken!»

Vater James MacTurnan gab keine Antwort; das Schweigen wurde peinlich, und Vater Meehan bat Vater MacTurnan, ihm die Notstandsarbeiten zu zeigen, die von der Regierung angeordnet waren.

Sie gingen dorthin, wo die armen Leute arbeiteten, doch so wichtig die Arbeiten waren, Vater Meehan fand, der Brief an den Papst sei noch wichtiger, und er sagte:

«Mein lieber MacTurnan, es ließen sich überhaupt keine Mädchen finden, die uns heiraten würden! In ganz Irland gibt's kein Mädchen, das uns anrühren würde, selbst mit einer zehn Meter langen Stange nicht. Oder möchtest du etwa, daß der Papst die Nonnen von ihrem Gelübde entbindet?»

«Ich glaube, es müßten Ausnahmen zugunsten der in Orden Lebenden gemacht werden, aber es wäre nur zu Irlands Bestem, finde ich, wenn die Weltgeistlichen verheiratet wären!»

"That's not my point. My point is that even if the decree were rescinded we shouldn't be able to get wives. You've been living too long in the waste, my dear friend. You've lost yourself in dreams. We shouldn't get a penny. 'Why should we support that fellow and his family?' is what they'd be saying."

"We should be poor, no doubt," said Father James. "But not so poor as our parishioners. My parishioners eat yellow meal, and I eat eggs and live in a good house."

"We are educated men, and should live in better houses than our parishioners."

"The greatest saints lived in deserts."

And so the argument went on until the time came to say goodbye, and then Father James said:

"I shall be glad if you will give me a lift on your car. I want to go to the post-office."

"To post your letter?"

"The idea came to me – it came swiftly like a lightning-flash, and I can't believe that it was an accident. If it had fallen into your mind with the suddenness that it fell into mine, you would believe that it was an inspiration."

"It would take a good deal to make me believe I was inspired," said Father Michael, and he watched Father James go into the post-office to register his letter.

At that hour a long string of peasants returning from their work went by. The last was Norah Flynn, and the priest blushed deeply for it was the first time he had looked on one of his parishioners in the light of a possible spouse; and he entered his house frightened; and when he looked round his parlour he asked himself if the day would come when he should see Norah Flynn sitting opposite to him in his armchair. His face flushed deeper when he looked towards the bedroom door, and he fell on his knees and prayed that God's will might be made known to him.

«Darum geht es nicht. Selbst wenn der Erlaß aufgehoben würde, wäre es uns nicht möglich, Frauen zu finden. Du hast zu lange in der Einöde gelebt, mein lieber Freund! Du hast dich an einen Traum verloren. Und von unsern Pfarrkindern würden wir keinen Penny erhalten. Sie würden sagen: ‹Warum sollen wir den Burschen mitsamt seiner Familie unterstützten?› Das würden sie sagen!»

«Wir wären arm, gewiß», entgegnete Vater MacTurnan, «aber nicht so arm wie unsre Pfarrkinder. Meine Pfarrkinder essen schlechtes Mehl, ich aber esse Eier und lebe in einem gut gebauten Haus.»

«Wir sind gebildete Menschen und müssen deshalb in besseren Häusern leben.»

«Die größten Heiligen lebten in der Wüste...»

Und so ging die Diskussion weiter, bis es Zeit zum Abschiednehmen war; und Vater MacTurnan sagte:

«Ich wäre dir dankbar, wenn du mich in deinem Wagen ein Stückchen mitnehmen könntest! Ich möchte zur Post.»

«Um den Brief aufzugeben?»

Unterwegs sagte Vater MacTurnan: «Die Idee kam mir so überraschend wie ein Blitz, und ich kann nicht glauben, daß es ein Zufall war. Wenn dir die Idee ebenso plötzlich wie mir gekommen wäre, dann würdest du überzeugt sein, daß es eine Inspiration war.»

«Es würde allerhand dazugehören, bis ich glaubte, ich sei inspiriert», erwiderte Vater Meehan, und er sah, wie Vater MacTurnan in die Post ging und den Brief aufgab.

Vater MacTurnan begegnete einer langen Reihe von Landarbeitern, die von der Arbeit nach Hause gingen. Ganz hinten ging Norah Flynn, und das Gesicht des Priesters wurde dunkelrot. Es war zum erstenmal, daß er eins seiner Pfarrkinder im Gedanken an eine mögliche eheliche Verbindung angesehen hatte: erschrocken betrat er sein Haus, und als er sich in seinem Wohnzimmer umblickte, fragte er sich, ob wohl der Tag käme, wenn er Norah Flynn in seinem Lehnstuhl sitzen sähe. Und die Röte in seinem Gesicht wurde noch dunkler, als er auf die Schlafkammertür blickte, und er fiel auf die Knie und betete zu Gott, Er möge ihm Seinen Willen kundtun.

During the night he awoke many times, and the dream that had awakened him continued when he had left his bed, and he wandered round and round the room in the darkness, seeking a way. At last he reached the window and drew the curtain, and saw the dim dawn opening out over the bog.

"Thank God," he said, "it was only a dream – only a dream."

And lying down he fell asleep, but immediately another dream as horrible as the first appeared, and his housekeeper heard him beating on the walls.

"Only a dream, only a dream," he said.

He lay awake, not daring to sleep lest he might dream. And it was about seven o'clock when he heard his housekeeper telling him that the inspector had come to tell him they must decide what direction the new road should take. In the inspector's opinion it should run parallel with the old road. To continue the old road two miles further would involve extra labour; the people would have to go further to their work, and the stones would have to be drawn further. The priest held that the extra labour was of secondary importance. He said that to make two roads running parallel with each other would be a wanton humiliation to the people.

But the inspector could not appreciate the priest's arguments. He held that the people were thinking only how they might earn enough money to fill their bellies.

"I don't agree with you, I don't agree with you," said the priest. "Better go in the opposite direction and make a road to the sea."

"You see, your Reverence, the Government don't wish to engage upon any work that will benefit any special class. These are my instructions."

"A road to the sea will benefit no one. . . . I see you are thinking of the landlord. But there isn't a harbour; no boat ever comes into that flat, waste sea."

In der Nacht wachte er mehrmals auf, und der Traum, der ihn geweckt hatte, verflog auch nicht, als er aus dem Bett stieg und in der Finsternis in seinem Zimmer rundherum, rundherum tastete und nach einem Ausweg suchte. Endlich hatte er das Fenster gefunden und zog den Vorhang auf und sah, wie über dem Heidemoor ein blasses Morgengrauen anbrach.

«Gottseidank», sagte er, «es war nur ein Traum, nur ein Traum.»

Und als er sich niederlegte, schlief er fest ein, doch sofort kam ein Traum, der war ebenso schrecklich wie der erste, und seine Haushälterin hörte, wie er gegen die Wand schlug.

«Nur ein Traum, nur ein Traum», flüsterte er.

Er lag wach und wagte nicht einzuschlafen, damit er nicht träumte. Und gegen sieben Uhr hörte er, wie die Haushälterin ihm zurief, der Inspektor sei gekommen, um ihm zu zeigen, in welcher Richtung die neue Landstraße verlaufen solle. Nach der Ansicht des Inspektors sollte sie parallel zur alten verlaufen. Wollte man die alte Landstraße zwei Meilen länger machen, dann würde es Extra-Arbeit bedeuten: die Leute hätten einen weiteren Weg, und die Steine müßten ein weiteres Stück herzugeschleppt werden. Der Priester war der Meinung, daß die Extra-Arbeit nicht das Entscheidende wäre. Er sagte, wenn man zwei Landstraßen parallel nebeneinander verlaufen ließe, bedeutete das eine unnötige Demütigung für die armen Leute.

Doch der Inspektor konnte sich dem Gedanken des Priesters nicht anschließen. Er meinte, die Leute dächten einzig daran, wie sie genug Geld verdienen könnten, um sich den Bauch zu füllen.

«Ich bin nicht Ihrer Ansicht, ich bin durchaus nicht Ihrer Ansicht!» erwiderte der Priester. «Ganz im Gegenteil, man sollte die alte Landstraße bis ans Meer verlängern...»

«Aber die Regierung, Hochwürden, wünscht kein Arbeitsprogramm, das einer bestimmten Klasse zugute kommt. So lauten meine Anweisungen.»

«Eine Landstraße bis ans Meer kommt keinem zugute – oder dachten Sie an den Gutsbesitzer? Aber es ist ja gar kein Hafen da; kein Boot fährt dort in die öde, flache Bucht ein.»

"Well, your Reverence, one of these days a harbour may be made. An arch would look well in the middle of the bog, and the people wouldn't have to go far to their work."

"No, no. A road to the sea will be quite useless; but its futility will not be apparent – at least, not so apparent – and the people's hearts won't be broken."

The inspector seemed a little doubtful, but the priest assured him that the futility of the road would satisfy English ministers.

"And yet these English ministers," the priest reflected, "are not stupid men; they're merely men blinded by theory and prejudice, as all men are who live in the world. Their folly will be apparent to the next generation, and so on and so on for ever and ever, world without end."

"And the worst of it is," the priest said, "while the people are earning their living on these roads, their fields will be lying idle, and there will be no crops next year."

"We can't help that," the inspector answered, and Father MacTurnan began to think of the cardinals and the transaction of business in the Vatican; cardinals and ministers alike are the dupes of convention. Only those who are estranged from habits and customs can think straightforwardly.

"If, instead of insisting on these absurd roads, the Government would give me the money, I'd be able to feed the people at a cost of about a penny a day, and they'd be able to sow their potatoes. And if only the cardinals would consider the rescission of the decree on its merits, Ireland would be saved from Protestantism."

Some cardinal was preparing an answer – an answer might be even in the post. Rome might not think his letter worthy of an answer.

A few days afterwards the inspector called to show him a letter he had just received from the Board of

«Aber eines Tages, Hochwürden, könnte doch ein Hafen angelegt werden. Eine Brücke mitten im Sumpfland würde gut aussehen, und die Leute hätten es nicht so weit bis zu ihrem Arbeitsplatz!»

«Nein, nein! Eine Landstraße bis ans Meer wäre zwar unnütz, aber ihre Nutzlosigkeit wäre nicht so offensichtlich – wenigstens nicht ganz so offensichtlich –, und den Leuten wäre nicht aller Mut genommen.»

Der Inspektor schien ein wenig schwankend, doch der Priester versicherte ihm, daß sogar die englischen Minister mit der Nutzlosigkeit einer Straße ans Meer zufrieden sein würden.

«Und doch», grübelte der Priester für sich, «sind die englischen Minister keine Dummköpfe; es sind einfach Männer, die sich von Theorien und Vorurteilen blenden lassen – wie alle Männer, die draußen in der Welt leben. Ihre Torheit wird erst der nächsten Generation offenkundig – und immer so weiter, endlos.»

Laut sagte er: «Und das schlimmste ist, daß die armen Leute zwar durch den Straßenbau Geld verdienen, aber ihr Land können sie nicht bearbeiten, und nächstes Jahr haben sie keine Ernte!»

«Wir können es nicht ändern», sagte der Inspektor, und Vater MacTurnan begann an die Kardinäle und die Erledigung des Geschäftlichen im Vatikan zu denken; Kardinäle und Minister sind gleichermaßen Opfer des Herkömmlichen. Klar denken kann nur, wer fern von Gewohnheiten und Bräuchen lebt.

«Wenn die Regierung, statt auf dem Bau dieser sinnwidrigen Straße zu beharren, mir das Geld geben würde, könnte ich den Leuten zu essen geben, und sie wären in der Lage, ihre Kartoffeln anzubauen. Und wenn die Kardinäle die Aufhebung des Erlasses sachlich erwägen würden, könnte Irland vor dem Protestantismus gerettet werden.»

Irgendein Kardinal mochte die Antwort schreiben – vielleicht war sie schon unterwegs. Rom selbst hielt den Brief wohl kaum einer Antwort wert.

Ein paar Tage später sprach der Inspektor wieder vor und zeigte ihm einen Brief des Arbeitsministeriums. Vater James

Works. Father James had to go to Dublin, and in the excitement of these philanthropic activities the emigration question was forgotten.

Six weeks must have gone by when the postman handed him a letter.

"This is a letter from Father Moran," he said to the inspector who was with him at the time. "The Bishop wishes to see me. We will continue the conversation to-morrow. It is eight miles to Rathowen, and how much further is the Palace?"

"A good seven," said the inspector. "You're not going to walk it, your Reverence?"

"Why not? In four hours I shall be there." He looked at his boots first, and hoped they would hold together; and then he looked at the sky, and hoped it would not rain.

There was no likelihood of rain; no rain would fall today out of that soft dove-coloured sky full of sun; ravishing little breezes lifted the long heather, the rose-coloured hair of the knolls, and over the cutaway bog wild white cotton was blowing. Now and then a yellow-hammer rose out of the coarse grass and flew in front of the priest, and once a pair of grouse left the sunny hillside where they were nesting with a great whirr; they did not go far, but alighted in a hollow, and the priest could see their heads above the heather watching him.

"The moment I'm gone they'll return to their nest."

He walked on, and when he had walked six miles he sat down and took a piece of bread out of his pocket. As he ate it his eyes wandered over the undulating bog, brown and rose, marked here and there by a black streak where the peasants had been cutting turf. The sky changed very little; it was still a pale, dove colour; now and then a little blue showed through the grey, and sometimes the light lessened; but a few minutes after the sunlight fluttered out of the sky again and dozed among the heather.

sollte nach Dublin reisen, und in seiner Aufregung über diese philanthropische Pflicht dachte er nicht mehr an das Auswanderer-Problem.

Ungefähr sechs Wochen waren vergangen, als ihm der Postbote einen Brief brachte.

«Ein Brief von Vater Moran!» sagte er zum Inspektor, der gerade bei ihm war. «Der Bischof wünscht mich zu sprechen! Wir können unsre Beratung morgen früh fortsetzen. Bis Rathowen sind's acht Meilen, und wieviel Meilen sind es noch bis zum Bischofspalais?»

«Gute sieben Meilen mehr», erwiderte der Inspektor. «Sie werden doch nicht zu Fuß gehen wollen, Hochwürden?»

«Warum denn nicht? In vier Stunden bin ich dort.» Er sah auf seine Stiefel und hoffte, sie würden den Marsch überstehen; dann sah er zum Himmel auf und hoffte, es würde nicht regnen.

Es sah nicht nach Regen aus; aus diesem zarten, matt schimmernden sonnigen Himmel heute würde es nicht regnen; reizende kleine Luftbewegungen spielten mit dem Heidekraut und den rosenfarbigen Hümpelgräsern, und über das kahle Bruchland wehten die Wollgras-Büschel. Hin und wieder schwang sich eine Goldammer aus einem Büschel groben Grases auf und flog vor dem Priester her; einmal schwirrte ein Paar Birkhühner von dem Sonnenhang auf, an dem sie nisteten; sie flogen nicht weit, sondern setzten sich in ein Grübchen, und der Priester konnte ihre Köpfe sehen, die ihn durchs Heidekraut beobachteten.

«Sowie ich vorüber bin, kehren sie zu ihrem Nest zurück.»

Er ging weiter, und als er sechs Meilen gegangen war, setzte er sich hin und zog ein Stück Brot aus der Tasche. Während er aß, gingen seine Augen über das wogende Bruchland, braun und rosa, hier und da von einem schwarzen Strich unterbrochen, wo die Bauern Torf gestochen hatten. Der Himmel veränderte sich nur wenig; er hatte noch die blasse matte Farbe; hin und wieder schaute etwas Blau durchs Grau, manchmal wurde das Licht schwächer; doch gleich darauf brach das Sonnenlicht wieder durch und lag schläfrig auf der Heide.

"I must be getting on," he said, and he looked into the brown water, fearing he would find none other to slake his thirst. But just as he stooped he caught sight of a woman driving an ass who had come to the bog for turf, and she told him where he would find a spring, and he thought he had never drunk anything so sweet as this water.

"I've got a good long way to get yet," he said, and he walked studying the lines of the mountains, thinking he could distinguish one hill from the other; and that in another mile or two he would be out of the bog. The road ascended, and on the other side there were a few pines. Some hundred yards further on there was a green sod. But the heather appeared again, and he had walked ten miles before he was clear of whins and heather.

As he walked he thought of his interview with the Bishop, and was nearly at the end of his journey when he stopped at a cabin to mend his shoe. And while the woman was looking for a needle and thread, he mopped his face with a great red handkerchief that he kept in the pocket of his threadbare coat – a coat that had once been black, but had grown green with age and weather. He had outwalked himself, and would not be able to answer the points that the Bishop would raise. The woman found him a scrap of leather, and it took him an hour to patch his shoe under the hawthorn tree.

He was still two miles from the Palace, and arrived footsore, covered with dust, and so tired that he could hardly rise from the chair to receive Father Moran when he came into the parlour.

"You seem to have walked a long way, Father MacTurnan."

"I shall be all right presently. I suppose his Grace doesn't want to see me at once."

"Well, that's just it. His Grace sent me to say he would see you at once. He expected you earlier."

«Ich muß weiter», sagte er und sah in das braune Wasser; er fürchtete, er würde kein anderes finden, um seinen Durst zu löschen. Aber gerade als er sich bückte, gewahrte er eine Frau, die einen Esel führte; sie kam ins Moor, um Torf zu holen. Sie beschrieb ihm, wo er eine Quelle finden konnte. Er meinte, daß er noch nie etwas so Köstliches getrunken habe wie dieses Wasser.

«Einen ganz schön langen Weg habe ich mir da vorgenommen», sagte er. Im Gehen betrachtete er die Umrisse der Berge und meinte, er könne eine Kuppe von der anderen unterscheiden; nach einer oder zwei Meilen wäre er wohl aus dem Moor heraus. Der Weg stieg an, drüben standen einige Kiefern. Ein paar hundert Schritte weiter war grünes Grasland. Aber die Heide begann von neuem, und mußte noch zehn Meilen gehen, bis er Heidekraut und Ginster hinter sich hatte.

Er ging weiter und dachte an die Unterredung mit dem Bischof. Kurz vor dem Ende seiner Wanderung blieb er bei einer Hütte stehen, um seinen Schuh zu flicken. Während die Frau Flickzeug holen ging, wischte er sich das Gesicht mit einem großen roten Taschentuch ab, das er aus der Tasche seiner abgewetzten Jacke gezogen hatte – einer Jacke, die einst schwarz gewesen war, aber vom Alter und von der Witterung eine grünliche Farbe angenommen hatte. Er war überanstrengt und fürchtete, vor Müdigkeit würde er dem Bischof nicht die richtigen Antworten geben können. Die Frau hatte ein Stück Leder gefunden, und er blieb eine halbe Stunde unter einem Weißdorn neben der Hütte sitzen und flickte seinen Schuh.

Er war noch immer zwei Meilen vom Palais entfernt; staubbedeckt und mit wunden Füßen langte er an und war so ermattet, daß er sich kaum vom Stuhl erheben konnte, als Vater Moran ins Sprechzimmer trat.

«Sie haben anscheinend einen langen Weg hinter sich, Vater MacTurnan.»

«Es geht mir aber bald besser. Wahrscheinlich will mich Seine Gnaden nicht sofort sprechen?»

«Doch, das ist es ja. Seine Gnaden läßt Ihnen sagen, er wünsche Sie sofort zu sprechen. Er hatte Sie eher erwartet.»

"I started the moment I received his Grace's letter. I suppose his Grace wishes to see me regarding my letter to Rome."

The secretary hesitated, coughed, and went out, and Father MacTurnan wondered why Father Moran looked at him so intently. He returned in a few minutes, saying that his Grace was sorry that Father MacTurnan had had so long a walk, and he hoped he would rest awhile and partake of some refreshment. ... The servant brought in some wine and sandwiches, and the secretary returned in half an hour. His Grace was now ready to receive him. ...

Father Moran opened the library door, and Father MacTurnan saw the Bishop – a short, alert man, about fifty-five, with a sharp nose and grey eyes and bushy eyebrows. He popped about the room giving his secretary many orders, and Father MacTurnan wondered if the Bishop would ever finish talking to his secretary. He seemed to have finished, but a thought suddenly struck him, and he followed his secretary to the door, and Father MacTurnan began to fear that the Pope had not decided to place the Irish clergy on the same footing as the Greek. If he had, the Bishop's interest in these many various matters would have subsided: his mind would be engrossed by the larger issue.

As he returned from the door his Grace passed Father MacTurnan without speaking to him, and going to his writing-table he began to search amid his papers. At last Father MacTurnan said:

"Maybe your Grace is looking for my letter to Rome?"

"Yes," said his Grace, "do you see it?"

"It's under your Grace's hand, those blue papers."

"Ah, yes," and his Grace leaned back in his armchair, leaving Father MacTurnan standing.

"Won't you sit down, Father MacTurnan?" he said casually. "You've been writing to Rome, I see,

«Ich brach auf, sowie ich den Brief Seiner Gnaden erhielt. Seine Gnaden wünschen mich vermutlich wegen meines Briefes an den Papst zu sprechen?»

Der Sekretär zauderte und räusperte sich, und der Priester wunderte sich, weshalb Vater Moran ihm einen so forschenden Blick zuwarf. Dann kehrte er zurück und sagte, Seine Gnaden bedauerten, daß Vater MacTurnan einen so weiten Weg hinter sich hätte. Er hoffte, er würde sich etwas ausruhen und eine Erfrischung zu sich nehmen. Ein Diener brachte Wein und belegte Brote, und nach einer halben Stunde kam der Sekretär und sagte, Seine Gnaden seien jetzt bereit, ihn zu empfangen.

Vater Moran öffnete die Tür zur Bibliothek, und Vater MacTurnan sah den Bischof – einen beweglichen kleinen Mann von etwa fünfundfünfzig Jahren mit einer scharfen Nase und grauen Augen und buschigen Brauen. Er lief im Zimmer umher und gab dem Sekretär mancherlei Anweisungen. Vater MacTurnan fragte sich, ob der Bischof jemals aufhören würde, mit seinem Sekretär zu sprechen. Dann schien er fertig zu sein, doch da kam ihm plötzlich noch ein Einfall, und er folgte dem Sekretär bis zur Tür, und Vater MacTurnan befürchtete, daß der Papst sich nicht dafür entschieden habe, die irischen Geistlichen auf den gleichen Fuß mit den griechischen zu stellen. Wenn er es nämlich getan hätte, dann hätte sich das Interesse des Bischofs nicht so vielen kleinen Problemen zugewandt: seine Gedanken wären von dem größeren Problem in Anspruch genommen.

Als Seine Gnaden von der Tür zurückkehrte, ging er an Vater MacTurnan vorbei, ohne ein Wort zu sagen: er trat an seinen Schreibtisch und begann in seinen Papieren zu kramen. Schließlich sagte Vater MacTurnan:

«Vielleicht suchen Euer Gnaden meinen Brief an den Papst?»

«Ja – sehen Sie ihn?»

«Er liegt unter Euer Gnaden Hand – das blaue Papier!»

«Ach ja», und Seine Gnaden lehnte sich in seinen Sessel zurück und ließ Vater MacTurnan stehen.

«Möchten Sie nicht Platz nehmen, Vater MacTurnan», fragte er dann obenhin. «Sie haben, wie ich sehe, nach Rom

advocating the revocation of the decree of celibacy. There's no doubt the emigration of Catholics is a very serious question. So far you have got the sympathy of Rome, and I may say of myself; but am I to understand that it was your fear for the religious safety of Ireland that prompted you to write this letter?"

"What other reason could there be?"

Nothing was said for a long while, and then the Bishop's meaning began to break in on his mind; his face flushed, and he grew confused.

"I hope your Grace doesn't think for a moment that –"

"I only want to know if there is anyone – if your eyes ever went in a certain direction, if your thoughts ever said, 'Well, if the decree were re-voked –'"

"No, your Grace, no, Celibacy has been no burden to me – far from it. Sometimes I feared that it was celibacy that attracted me to the priesthood. Celibacy was a gratification rather than a sacrifice."

"I am glad," said the Bishop, and he spoke slowly and emphatically, "that this letter was prompted by such impersonal motives."

"Surely, your Grace, His Holiness didn't suspect –"

The Bishop murmured an euphonious Italian name, and Father MacTurnan understood that he was speaking of one of the Pope's secretaries.

"More than once," said Father MacTurnan, "I feared if the decree were revoked, I shouldn't have had sufficient courage to comply with it."

And then he told the Bishop how he had met Norah Flynn on the road. An amused expression stole into the Bishop's face, and his voice changed.

"I presume you do not contemplate making marriage obligatory; you do not contemplate the suspension of the faculties of those who do not take wives?"

geschrieben, um die Aufhebung des Zölibats zu befürworten. Zweifellos ist die Auswanderung der Katholiken ein sehr ernstes Problem. Darin ist Ihnen die Anteilnahme Roms und, wie ich wohl sagen darf, auch die meine gewiß. Aber soll ich wirklich glauben, daß es Ihre Sorge um den Katholizismus in Irland war, die Sie bewogen hat, diesen Brief zu schreiben?»

«Was könnte ich sonst für Gründe haben?»

Lange Zeit fiel kein Wort; dann begann ihm der Sinn der bischöflichen Frage aufzugehen; sein Gesicht rötete sich, und er war verwirrt.

«Hoffentlich haben Euer Gnaden keine Sekunde geglaubt...»

«Ich möchte nur wissen, ob jemand ... ob Ihre Augen einer bestimmten Richtung folgten, ob Ihre Gedanken je flüsterten: ‹Wenn der Erlaß widerrufen wird, dann...›»

«O nein, Euer Gnaden, nein! Das Zölibat hat mich nie belastet, keineswegs! Manchmal habe ich befürchtet, daß es gerade das Zölibat war, was mir das Priesteramt so anziehend machte. Das Zölibat war mir eher eine Annehmlichkeit als ein Opfer.»

«Dann freut es mich», sagte der Bischof, und er sprach langsam und betont, «daß der Brief so unpersönlichen Beweggründen entsprang.»

«Ganz gewiß, Euer Gnaden. Seine Heiligkeit mußte nicht argwöhnen...»

Der Bischof murmelte einen wohllautenden italienischen Namen, und Vater Mac Turnan verstand, daß er einen der päpstlichen Sekretäre meinte.

«Mehr als einmal», sagte Vater MacTurnan, «habe ich schon befürchtet, daß ich, wenn der Erlaß widerrufen würde, nicht den Mut aufbrächte, mich zu fügen.»

Und er erzählte dem Bischof von seiner Begegnung mit Norah Flynn. Ein belustigtes Lächeln stahl sich in das Gesicht des Bischofs, und sein Ton wurde anders.

«Ich vermute, daß Sie nicht ins Auge faßten, die Ehe obligatorisch zu machen? Oder haben Sie die Amtsenthebung jener Priester in Betracht gezogen, die keine Frau nehmen wollen?»

"It seems to me that exception should be made in favour of those in orders, and of course in favour of those who have reached a certain age like your Grace."

The Bishop coughed, and pretended to look for some paper which he had mislaid.

"This was one of the many points that I discussed with Father Michael Meehan."

"Oh, so you consulted Father Meehan," the Bishop said, looking up.

"He came in the day I was reading over my Latin translation before posting it. I'm afraid the ideas that I submitted to the consideration of His Holiness have been degraded by my very poor Latin. I should have wished Father Meehan to overlook my Latin, but he refused. He begged of me not to send the letter."

"Father Meehan," said his Grace, "is a great friend of yours. Yet nothing he could say could shake your resolution to write to Rome?"

"Nothing," said Father MacTurnan. "The call I received was too distinct and too clear for me to hesitate."

"Tell me about this call."

Father Mac Turnan told the Bishop that the poor man had come out of the workhouse because he wanted to be married, and that Mike Mulhare would not give him his daughter until he had earned the price of a pig. "And as I was talking to him I heard my conscience say, 'No one can afford to marry in Ireland but the clergy.' We all live better than our parishioners."

And then, forgetting the Bishop, and talking as if he were alone with his God, he described how the conviction had taken possession of him – that Ireland would become a Protestant country if the Catholic emigration did not cease. And he told how this conviction had left him little peace until he had written his letter.

«Ich finde, es sollten Ausnahmen zugunsten derer gemacht werden, die in einem Orden leben, und natürlich auch zugunsten aller Geistlichen, die ein gewisses Alter erreicht haben, wie etwa Euer Gnaden!»

Der Bischof hustete und gab vor, ein Dokument zu suchen, das er verlegt hatte.

«Es war einer der vielen Punkte, über die ich mit Vater Meehan sprach.»

«Oh – Sie konsultierten also Vater Meehan?» fragte der Bischof und blickte auf.

«Er besuchte mich gerade an dem Tage, als ich die lateinische Fassung des Briefes las – ehe ich ihn auf die Post brachte. Ich fürchtete, daß die Gedanken, die ich Seiner Heiligkeit zur Erwägung unterbreitet habe, durch mein sehr schwaches Latein beeinträchtigt wurden. Ich wünschte, Vater Meehan möchte mein Latein verbessern, aber er weigerte sich. Er bat mich, den Brief nicht abzuschicken.»

«Vater Meehan ist ja ein sehr naher Freund von Ihnen – und doch konnte nichts, was er einwandte, Ihren Entschluß erschüttern?»

«Nein, nichts!» beteuerte Vater MacTurnan. «Die Aufforderung, die an mich erging, war zu deutlich, als daß ich hätte zaudern dürfen.»

«Erzählen Sie mir von dieser Aufforderung!»

Vater MacTurnan erzählte dem Bischof, daß der arme James Murdoch das Armenhaus verlassen hätte, weil er heiraten wollte, und daß Mike Mulhare ihm nicht eher seine Tochter zur Frau geben würde, bis er das Geld für ein Schwein beisammen hätte. «Und als ich mit ihm sprach, hörte ich mein Gewissen sagen: ‹Keiner in Irland kann es sich leisten, zu heiraten, ausgenommen die Geistlichen.› Wir leben alle besser als unsre Pfarrkinder.»

Und nun vergaß er die Anwesenheit des Bischofs und sprach, als wäre er allein mit Gott, und beschrieb, wie die Überzeugung von ihm Besitz ergriffen hatte, daß Irland ein protestantisches Land würde, wenn die Auswanderung der Katholiken nicht aufhörte. Und diese Überzeugung habe ihm keine Ruhe gelassen, bis er den Brief geschrieben hatte.

The priest talked on until he was interrupted by Father Moran.

"I have some business to transact with Father Moran now," the Bishop said, "but you must stay to dinner. You've walked a long way, and you are tired and hungry."

"But, your Grace, if I don't start now, I shan't get home until nightfall."

"A car will take you back, Father MacTurnan. I will see to that. I must have some exact information about your poor people. We must do something for them."

Father MacTurnan and the Bishop were talking together when the car came to take Father MacTurnan home, and the Bishop said:

"Father MacTurnan, you have borne the loneliness of your parish a long while."

"Loneliness is only a matter of habit. I think, your Grace, I'm better suited to the place than I am for any other. I don't wish any change of your Grace is satisfied with me."

"No one will look after the poor people better than yourself, Father MacTurnan. But,' he said, 'it seems to me there is one thing we have forgotten. You haven't told me if you have succeeded in getting the money to buy the pig."

Father MacTurnan grew very red. . . . "I had forgotten it. The relief works –"

"It's not too late. Here's five pounds, and this will buy him a pig."

"It will indeed," said the priest, "it will buy him two!"

He had left the Palace without having asked the Bishop how his letter had been received at Rome, and he stopped the car, and was about to tell the driver to go back. But no matter, he would hear about his letter some other time. He was bringing happiness to two poor people, and he could not persuade himself to delay their happiness by one minute. He was not

Der Priester sprach weiter, und dann wurde er durch Vater Moran unterbrochen.

«Ich habe jetzt Geschäftliches mit Vater Moran zu erledigen», sagte der Bischof, «aber Sie müssen zum Abendessen bleiben! Sie sind einen weiten Weg gekommen, und Sie sind müde und hungrig.»

«Aber wenn ich jetzt nicht aufbreche, Euer Gnaden, komme ich nicht vor Anbruch der Nacht nach Hause.»

«Ein Wagen wird Sie zurückbringen, Vater MacTurnan, dafür werde ich sorgen. Ich muß mich genau über Ihre armen Leute informieren. Wir müssen etwas für sie tun.»

Vater MacTurnan und der Bischof unterhielten sich noch, als der Wagen kam, der den Priester heimbringen sollte, und der Bischof sagte:

«Vater MacTurnan, Sie haben die Einsamkeit Ihrer Pfarrei lange ertragen!»

«Einsamkeit ist nur eine Sache der Gewohnheit, Euer Gnaden. Ich glaube, ich bin für diese Gemeinde besser geeignet als für jede andre. Ich möchte keine Versetzung – falls Euer Gnaden mit mir zufrieden sind.»

«Niemand kann sich besser um die armen Leute kümmern als Sie, Vater MacTurnan. Aber», sagte er, «es kommt mir so vor, als hätten wir etwas vergessen! Sie haben mir nicht erzählt, ob es Ihnen glückte, das Geld für das Schwein zu beschaffen.»

Vater MacTurnan wurde sehr rot. «Ich konnte nicht . . . die Notstandsarbeiten . . .», stammelte er.

«Es ist nicht zu spät! Hier sind fünf Pfund, damit kann er sich das Schwein kaufen.»

«Oh, sicher, Euer Gnaden – damit kann er sich zwei kaufen!» rief der Priester.

Als er das Palais verlassen hatte, fiel ihm ein, daß er den Bischof nicht gefragt hatte, wie sein Brief in Rom aufgenommen worden sei; er ließ anhalten und wollte den Kutscher bitten, umzukehren. Aber einerlei, von dem Brief würde er ein andermal hören. Er brachte zwei armen Menschen Glück, und er ließ sich nicht verleiten, ihr Glück auch nur um eine Minute hinauszuzögern. Er brachte ihnen nicht bloß ein Schwein,

bringing one pig, but two pigs, and now Mike Mulhare would have to give him Norah and a calf; and the priest remembered that James Murdoch had said – "What a fine house this will be to rear them in." There were many who thought that human beings and animals should not live together; but after all, what did it matter if they were happy? And the priest forgot his letter to Rome in the thought of the happiness he was bringing to two poor people. He could not see Norah Mulhare that night; but he drove down to the famine road, and he and the driver called till they awoke James Murdoch. The poor man came stumbling across the bog, and the priest told him the news.

sondern zwei, und nun mußte Mike Mulhare seinem Schwiegersohn das Kalb und seine Tochter Catherine geben, und dem Priester fiel ein, wie James Murdoch gesagt hatte: «Was für ein schönes Haus, in dem man das Vieh gut aufziehen kann!» Es gab viele Leute, die fanden, Menschen und Tiere sollten nicht im gleichen Raum hausen – aber schließlich, was machte das schon, solange sie glücklich waren? Der Priester vergaß sein Schreiben nach Rom im Gedanken an das Glück, das er zwei armen Menschen bringen durfte. Diesen Abend konnte er Norah Mulhare nicht treffen; sondern er fuhr zur Notstraße hinunter, und er und der Fahrer riefen so lange, bis sie James Murdoch geweckt hatten. Der arme Mann kam durch den Morast herbeigestolpert, und der Priester erzählte ihm die Neuigkeit.

We were living at the top of Blarney Lane at the time, in one of the little whitewashed cottages on the edge of the open country. There were only the four of us; my father and mother, Sonny and myself. I suppose at the time I'm speaking of Sonny was seven and I a couple of years older. I never really liked that kid. He was the mother's pet, always chasing after her to tell her what mischief I was up to now. I really believe it was to spite me that he was so smart at his books. He seemed to know that that was what she had set her heart on, and you might almost say he spelt himself into her favour.

"Mummy," he'd say, "will I call Larry in to his t-e-a?" or "Mummy, the k-e-t-e-l is boiling," and, of course, when he was wrong the mother would correct him, and next time he'd have it right and there would be no standing him. "Mummy," he'd say, "aren't I a good speller?"

Cripes, we could all be good spellers if we went on like that.

Mind you, it wasn't that I was stupid or anything of the sort. Far from it. I was just restless and not able to fix my mind for long on the one thing. I'd do the lessons for the year before or the lessons for the year after; what I couldn't stand was the lessons we were supposed to be doing. In the evenings I used to go out and play with the Doherty gang. Not, again, that I was a rough child either, but I liked the excitement, and I couldn't for the life of me see what attracted the mother in education.

"Can't you do your lessons first and play after?" she'd say, getting white with indignation. "You ought to be ashamed of yourself and your baby brother able to read better than you."

"Ah," I'd say, "I'll do them when I come back."

Wir wohnten damals am oberen Ende der Blarney-Gasse, in einem der weißgetünchten Häuschen, die ans freie Feld grenzen. Wir waren nur zu viert: mein Vater, meine Mutter, «Sonny» und ich. Ich glaube, zu der Zeit, von der ich spreche, war «Sonny» sieben und ich ein paar Jahre älter. Ich konnte den Kleinen nie recht leiden. Er war Mutters Liebling, und immer rannte er gleich zu ihr und klatschte, was für Unheil ich wieder angerichtet hatte. Ich glaube wahrhaftig, er saß nur um mich zu ärgern so eifrig hinter seinen Schulbüchern. Er wußte anscheinend, daß ihr das am allermeisten bedeutete. Man könnte fast sagen, er buchstabierte sich ihr ins Herz.

«Mami», rief er zum Beispiel, «soll ich Larry zum T-e-e rufen?» oder: «Mami, das W-a-s-e-r kocht», – und natürlich verbesserte sie ihn, wenn er's falsch machte, und das nächste Mal wußte er's, und das war erst recht nicht zum Aushalten. «Mami», rief er dann, «kann ich nicht fein buchstabieren?»

Herrjeh, wir würden alle fein buchstabieren, wenn wir's so anstellten!

Wohlgemerkt, ich war nicht etwa dumm oder so – bewahre! Ich war bloß unruhig und konnte mich nicht lange auf eine Sache konzentrieren. Ich machte die Aufgaben aus dem Buch vom vorigen Jahr oder aus dem Buch vom nächsten Jahr – aber ich konnte es nicht ausstehen, das zu lernen, was wir gerade aufhatten. Abends ging ich nach draußen und spielte mit der Doherty-Bande – nicht etwa, weil ich ein wildes Kind war, sondern ich wollte etwas erleben und konnte einfach durchaus nicht begreifen, was Mutter immer mit dem Lernen hatte.

«Kannst du nicht erst deine Aufgaben machen und nachher spielen?» sagte sie meistens und wurde blaß vor Entrüstung. «Du solltest dich schämen, daß dein kleiner Bruder besser lesen kann als du!»

«Ach», rief ich, «ich mach sie, wenn ich wiederkomme!»

"The dear knows what will become of you," she'd say. "If you'd only mind your books you might be something good like a clerk or an engineer."

"I'll be a clerk, Mummy," Sonny would say.

"Who wants to be an old clerk?" I'd say, just to annoy him. "I'm going to be a soldier."

"The dear knows, I'm afraid that's all you'll ever be fit for," the mother would say with a sigh.

At times I couldn't help feeling that the woman was a bit simple. As if there was anything better a fellow could be!

Coming on to Christmas, with the days getting shorter and the crowds getting bigger, I began to think of all the things I might get from Santa Claus. The Dohertys said there was no Santa Claus, only what your father and mother gave you, but the Dohertys were a rough class of children you wouldn't expect Santa Claus to come to anyway. I was rooting round for whatever information I could pick up about him, but there didn't seem to be much. I was no hand with a pen, but, if a letter would do any good, I was ready to have a shot at it.

"Ah, I don't know will he come at all this year," said my mother with a distressed air. "He has enough to do looking after good little boys that mind their lessons without bothering about the rest."

"He only comes to good spellers, Mummy," said Sonny. "Isn't that right?"

"He comes to any little boy who does his best," said my mother, "whether he's a good speller or not."

Well, I did my best. God knows I did! It wasn't my fault if, four days before the holidays, Flogger Dawley gave us sums we couldn't do, and Peter Doherty and myself had to go on the lang.

It wasn't for love of it, for, take it from me, December is no month for mitching, and most of our time we spent sheltering from the rain in a store on the quays. The only

«Weiß der Himmel, was aus dir werden soll», sagte sie. «Wenn du dich mehr um deine Bücher kümmern würdest, könntest du was Feines werden – Buchhalter oder Ingenieur.»

«Ich will Buchhalter werden, Mami», rief «Sonny» dann.

«Wer will schon ein langweiliger Buchhalter werden!» sagte ich, bloß um ihn zu ärgern. «Ich, ich werd' Soldat!»

«Weiß der Himmel, zu etwas anderem wird's bei dir auch wohl nie reichen», seufzte meine Mutter.

Manchmal kam's mir fast vor, als als ob die gute Frau ein bißchen einfältig sei: was konnte es denn für einen Mann Besseres geben, als Soldat zu werden?

Weihnachten kam näher, die Tage wurden kürzer, und auf den Straßen drängten sich immer mehr Leute. Ich dachte an all die Sachen, die ich vom Weihnachtsmann bekommen würde. Die Dohertys sagten, es gäbe keinen Weihnachtsmann, nur die Eltern schenkten einem was. Aber die Dohertys waren eine wilde Bande; zu denen würde der Weihnachtsmann sowieso nicht kommen. Ich schnüffelte herum, wo ich nur etwas über ihn aufschnappen konnte, aber es war nicht viel. Mit der Schreibfeder war ich kein großer Held – doch wenn ein Brief nützen würde, würde ich mich schon dahintersetzen.

«Ach», sagte meine Mutter mit kummervoller Miene, «ich weiß nicht, ob er dies Jahr überhaupt kommen wird. Er hat genug Arbeit, für all die ordentlichen kleinen Jungen zu sorgen, die ihre Aufgaben gut lernen – er kann sich nicht auch um die andern bekümmern.»

«Er kommt nur zu Kindern, die gut buchstabieren können, nicht wahr, Mami?» fragte «Sonny».

«Er kommt zu allen Kindern, die ihr Bestes geben», sagte meine Mutter, «auch wenn sie nicht so gut buchstabieren können.»

Wahrhaftiger Gott – ich habe mein Bestes gegeben. Und es war nicht meine Schuld, daß uns der «Prügler» Dawley vier Tage vor den Ferien Rechenaufgaben stellte, die wir nicht lösen konnten, und Peter Doherty und ich mußten uns drücken. Wir taten's nicht mit Begeisterung, das kannst du mir glauben, denn Dezember ist kein Monat zum Schuleschwänzen, und die meiste Zeit verbrachten wir in einem Schuppen am Quai, wo wir uns vor dem Regen verkrochen. Unser Fehler bestand

mistake we made was in imagining that we could keep it up until the holidays without being spotted. That showed real lack of foresight.

Of course, Flogger Dawley noticed and sent home word to know what was keeping us. When I came in the third day the mother gave me a look I'll never forget and said: "Your dinner is there." She was too full to talk. When I tried to explain to her about Flogger Dawley and the sums she brushed it away as you'd brush a fly and said:

"You have no word." I saw then that it wasn't the langing she minded but the lies. She didn't speak to me after for several days. And even then I couldn't see what attraction education had for her, or why she wouldn't let me grow up natural like anyone else.

To make it worse, it stuffed Sonny up worse than ever. He had the air of a fellow saying: "I don't know what they'd do without me in this blooming house." He went to the front door and leaned against the jamb with his hands in his trousers pockets, trying to make himself look like my da, and shouted to the other kids so that he could be heard all over the street.

"Larry isn't left go out. He went on the lang with Peter Doherty and my mother isn't talking to him."

And at night when we were in bed, he kept it up.

"Santa Claus isn't bringing you anything this year, aha!"

"Of course he is," I said.

"How do you know?"

"Why wouldn't he?"

"Because you went on the lang with Doherty. I wouldn't play with them Doherty fellows."

"You wouldn't be left."

"I wouldn't play with them. They're no class. They had the bobbies up to the house."

"And how would Santa Claus know I was on the

einzig darin, daß wir uns einbildeten, wir könnten es bis zu den Ferien durchhalten, ohne entdeckt zu werden. Da zeigte sich ein wirklicher Mangel an Voraussicht.

Der «Prügler» merkte es natürlich und fragte zu Hause an, warum wir nicht in die Schule kämen. Als ich am dritten Tag heimkam, warf mir meine Mutter einen Blick zu, den ich nie vergessen werde, und sagte bloß: «Da steht dein Essen!» Sie war zu aufgebracht, um zu sprechen. Als ich es ihr mit den Rechenaufgaben vom «Prügler» erklären wollte, ging sie darüber weg, wie man eine Fliege wegscheucht, und sagte: «Von dir will ich kein Wort hören!» Da merkte ich, daß sie nicht wegen des Schwänzens böse war, sondern wegen der Lügen. Mehrere Tage sprach sie nicht mit mir. Und selbst da konnte ich immer noch nicht begreifen, warum sie so viel vom Lernen hielt und mich nicht so einfach und natürlich wie die andern aufwachsen ließ.

Doch was das Schlimmste war: «Sonny» schwoll der Kamm mehr denn je. Er stelzte mit einer Miene umher wie einer, der denkt: «Möcht' mal wissen, was sie ohne mich in diesem verflixten Haus machen würden!» Er ging an die Haustür, lehnte sich mit den Händen in den Hosentaschen gegen den Pfosten, versuchte wie mein Papa auszusehen und schrie den anderen Kindern zu, daß man's in der ganzen Straße hören konnte:

«Larry darf nicht kommen. Er hat mit Peter Doherty die Schule geschwänzt, und meine Mutter spricht nicht mit ihm!»

Und abends, wenn wir im Bett waren, machte er so weiter:

«Der Weihnachtsmann bringt dir dies Jahr nichts, – ha, nein!»

«Natürlich bringt er mir was», sagte ich.

«Woher weißt du's denn?»

«Warum denn nicht?»

«Weil du mit Doherty geschwänzt hast. Ich würde nicht mit den Doherty-Bengeln spielen.»

«Sie würden dich auch nicht lassen.»

«Ich würde nicht mit ihnen spielen. Was das für Leute sind! Hatten die Polizei im Haus!»

«Und woher soll der Weihnachtsmann wissen, daß ich mit

lang with Peter Doherty?" I growled, losing patience with the little prig.

"Of course he'd know. Mummy would tell him."

"And how could Mummy tell him and he up at the North Pole? Poor Ireland! She's rearing them yet. 'Tis easy seen you're only an old baby."

"I'm not a baby, and I can spell better than you, and Santa Claus won't bring you anything."

"We'll see soon enough whether he will or not," I said, doing the old man on him.

But to tell the God's truth, the old man was only bluff. You could never tell what powers these superhuman chaps would have of knowing what you were up to while their backs were turned. And I had a bad conscience about the langing because I had never before seen the mother as upset as that.

That was the night I decided that the only thing for me to do was to see Santa Claus and explain it to him myself. Being a man, he'd probably understand. In those days I was a good-looking kid, and I had a way with me when I liked. I had only to smile nicely at one old gent on the North Mall to get a penny from him, and I felt sure if only I could get Santa Claus by himself I could do the same with him and maybe get something worth while from him like a model railway. I was sick of Ludo and Snakes and Ladders.

I started to practise staying awake, counting five hundred and then a thousand, and trying to hear first eleven, then midnight, from Shandon. I felt sure Santa would be round by twelve, seeing that he'd be coming from the north and have the whole of the south side to do by morning. In some ways I was a very far-sighted kid. The only trouble was the things I was far-sighted about.

I was so wrapt up in my own schemes that I scarcely noticed the mother's struggles. Sonny and I used to go to town with her, and while she was

Peter Doherty die Schule geschwänzt habe?» brummte ich böse – ich verlor die Geduld mit dem kleinen Musterknaben.

«Natürlich weiß er's. Mami sagt's ihm.»

«Wie kann's Mami ihm sagen, wenn er am Nordpol ist? Armes Irland! Sie ist immer noch mit der Kindererziehung beschäftigt. Man sieht, du bist einfach noch ein altes Baby.»

«Ich bin kein Baby – ich kann besser als du buchstabieren, und der Weihnachtsmann wird dir nichts bringen.»

«Wir werden ja früh genug sehen, ob er mir was bringt», sagte ich und tat sehr weise.

Aber ganz ehrlich gesagt: ich tat nur so. Denn wer kann sagen, was für geheime Kräfte diesen himmlischen Burschen zur Verfügung stehen, so daß sie wissen, was man im Schilde führt, selbst wenn sie einem den Rücken kehren? Und ich hatte wegen des Schuleschwänzens ein schlechtes Gewissen, weil ich meine Muter noch nie so aufgebracht gesehen hatte.

In jener Nacht überlegte ich mir, daß es für mich nur einen Ausweg gab: den Weihnachtsmann zu sprechen und ihm alles zu erklären. Da er ein Mann war, würde er mich wohl verstehen. Ich war damals ein hübscher Junge, und wenn ich wollte, konnte ich sehr nett sein. Alte Herren auf der Nordpromenade brauchte ich nur freundlich anzulächeln, und schon gaben sie mir einen Penny. Ich war sicher, daß ich's ebenso mit dem Weihnachtsmann machen könnte, wenn ich ihn nur allein erwischte. Vielleicht würde ich etwas Feines von ihm bekommen – Modelleisenbahn oder so –, denn Ludo und Schnippschnapp und ähnliche Spiele hingen mir zum Halse heraus.

Ich fing nun an, mich im Wachbleiben zu üben, zählte bis fünfhundert, dann bis tausend, und lauschte, ob ich's von Shandon elf Uhr und Mitternacht schlagen hörte. Ich glaubte fest, daß der Weihnachtsmann gegen zwölf Uhr erscheinen würde, da er ja vom Norden her kam und bis zum Morgen die ganze südliche Hälfte erledigen mußte. In mancher Hinsicht war ich ein sehr weitblickender Junge. Den einzigen Kummer machten die Dinge, in denen ich Weitblick bewies.

Ich war so in meine eigenen Pläne versunken, daß ich kaum merkte, was für Sorgen meine Mutter hatte. «Sonny» und ich gingen meistens mit ihr in die Stadt, und während sie ein-

shopping we stood outside a toyshop in the North Main Street, arguing about what we'd like for Christmas.

On Christmas Eve when my father came home from work and gave her the housekeeping money, she stood looking at it doubtfully while her face began to go white.

"Well?" he snapped, getting angry. "What's wrong with that?"

"What's wrong with it?" she whispered in a low voice. "On Christmas Eve?"

"Well," he asked, sticking his hands in his trouser-pockets as though to guard what he had left, "do you think I get more because 'tis Christmas Eve?"

"Lord God!" she muttered distractedly. "And not a bit of cake in the house, nor a candle, not anything!"

"All right," he shouted, beginning to stamp. "How much will the candle be?"

"Ah, for pity's sake," she cried, "will you give me the money and not argue like that before the children? Do you think I'll leave them with nothing on the one day of the year?"

"Bad luck to you and your children!" he snarled. "Am I to be slaving from one year's end to another for you to be throwing it away on toys? Here," he said, tossing two half-crowns on the table. "That's all you're going to get; so make the most of it."

"I suppose the publicans will get the rest," she said bitterly.

Later, she went into town, but did not bring us with her, and returned with a lot of parcels, including the Christmas candle. We waited for my father to come home for his tea, but he didn't, so we had our own and a slice of the Christmas cake each, and then the mother put Sonny on the kitchen chair with the holy-water stoup to sprinkle the candle, and when he lit it said: "The light of Heaven to our souls." I could see she was very upset because my father wasn't in. It

kaufte, standen wir so lange vor einem Spielzeugladen in der Hauptstraße und besprachen, was wir gern zu Weihnachten haben wollten.

Als mein Vater am Heiligen Abend von der Arbeit heimkam und meiner Mutter das Haushaltsgeld gab, sah sie es zweifelnd an und stand da und wurde ganz blaß.

«He?» fuhr er sie ärgerlich an, «was stimmt denn nicht?»

«Was nicht stimmt?» flüsterte sie kaum hörbar. «Am Heiligen Abend?»

«Ja, denkst du etwa, ich bekomme mehr, weil's Heiliger Abend ist?» fragte er und steckte die Hände in die Hosentaschen, als wollte er beschützen, was er zurückbehalten hatte.

«Gott im Himmel!» stammelte sie bestürzt. «Und kein bißchen Kuchen im Haus, keine Kerze und gar nichts!»

«Meinetwegen!» schrie er und stampfte auf. «Wieviel kostet die Kerze?»

«Ach, um Himmelswillen», rief sie, «gib mir doch bitte das Geld und rede nicht so vor den Kindern! Glaubst du denn, ich will ihnen überhaupt nichts geben an diesem einen Tag im Jahr?»

«Zum Kuckuck mit dir und deinen Kindern!» knurrte er. «Soll ich mich jahraus, jahrein abschuften, damit du Geld für Spielzeug aus dem Fenster wirfst? Da!» sagte er und schleuderte zwei Geldstücke auf den Tisch. «Richte dich damit ein! Das ist alles, was du kriegst.»

Verbittert entgegnete sie: «Den Rest werden wohl die Wirte kriegen.»

Später ging sie in die Stadt, nahm uns aber nicht mit, und kehrte mit einer Menge Paketen zurück; auch eine Weihnachtskerze hatte sie. Wir warteten mit dem Tee auf Vater, aber er kam nicht. So tranken wir ohne ihn und aßen jeder eine Scheibe von dem Weihnachtskuchen. Dann stellte Mutter «Sonny» mit dem Weihwasserbecken auf den Küchenstuhl, damit er die Kerze besprengte. Als er sie anzündete, sagte sie: «Himmlisch' Licht, erhelle unsre Herzen!» Ich merkte wohl, daß meine Mutter sich arg grämte, weil Vater nicht da war. Der Älteste und der Jüngste hätten es tun sollen.

should be the oldest and youngest. When we hung up our stockings at bedtime he was still out.

Then began the hardest couple of hours I ever put in. I was mad with sleep but I was afraid of losing the model railway, so I lay for a while making up things to say to Santa when he came. They were of different kinds, according to the sort he turned out to be. Some old gents like kids to be modest and well-spoken; others prefer them with plenty of spirit. When I had said them all I tried to wake Sonny to keep me company, but that kid slept like the dead.

Eleven struck from Shandon and soon after I heard the latch, but it was only my father coming home.

"Hullo, little girl," he said, letting on to be surprised to find my mother waiting up, and then breaking into a self-conscious giggle. "What have you up so late?"

"Do you want your supper?" she asked shortly.

"Ah, no, no," he said. "I had a bit of pig's cheek at Daneen's on my way home." (Daneen was my uncle.) "I'm very fond of a bit of pig's cheek. . . . My goodness!" he said, letting on to be very surprised, "is it that late? If I knew that I'd have gone to the North Chapel for Midnight Mass. I'd like to hear the *Adeste* again. That's a hymn I'm very fond of: a most touching hymn."

Then he began to hum it falsetto.

> *Adeste fideles,*
> *Solus domus dagus.*

My father was very fond of Latin hymns, especially when he had a drop in, but as he could never get the words right, he made them up as he went along, and this always drove the mother mad.

"Ah, you disgust me!" she said in a scalded voice, and closed the room door behind her. My father laughed as if he thought it a great joke. Then he struck a match to light his pipe, and for a while he

Als wir vor dem Zubettgehen unsere Strümpfe aufhängten, war er immer noch nicht da.

Und dann begannen für mich die schlimmsten paar Stunden, die ich je verbracht habe. Ich war hundemüde, aber ich hatte Angst, die Modelleisenbahn könnte mir entgehen, darum überlegte ich, was ich dem Weihnachtsmann sagen wollte. Ich mußte mir verschiedenerlei ausdenken – je nachdem, was für einer er war. Manch alte Herren haben gern artige, bescheiden sprechende Jungen; andere sind mehr fürs Geistreiche. Als ich mir alles vorgebetet hatte, wollte ich «Sonny» wecken, um Gesellschaft zu haben, aber der Bursche schlief wie ein Toter.

Von Shandon schlug's elf Uhr. Bald danach hörte ich die Tür gehen, aber es war nur mein Vater, der nach Hause kam.

«Hallo, mein Schätzchen!» sagte er und tat überrascht, weil meine Mutter auf ihn gewartet hatte. Dann wurde er unsicher und fing an zu kichern: «Was is'n noch so spät?»

«Willst du dein Nachtessen?» fragte sie kurz.

«Nein, nicht nötig», sagte er. «Ich habe auf dem Heimweg bei Daneen ein bißchen Schweinebacke bekommen.» (Daneen war mein Onkel). «Schweinebacke eß' ich schrecklich gern. – Mein Güte!» rief er und tat noch überraschter, «ist's denn schon so spät? Wenn ich das gewußt hätte, wär' ich zur Mitternachtsmesse in die Kapelle gegangen. Das *Adeste* würde ich gern wieder hören. Das ist ein Choral, den ich sehr gern habe. Ein höchst ergreifender Choral!»

Und er begann, ihn mit Fistelstimme zu summen:

> «*Adeste fideles,*
> *Solus domus dagus.*»

Lateinische Hymnen liebte mein Vater sehr, besonders, wenn er einen Schluck getrunken hatte, aber da er nie mit den Worten zurechtkam, erfand er sich welche, während er sang, und das machte meine Mutter immer wild.

«Ach, du bist ekelhaft!» rief sie mit erstickter Stimme und zog die Tür hinter sich zu. Mein Vater mußte darüber lachen, als wenn es ein großartiger Witz wäre. Dann zündete er ein Streichholz an, um sich seine Pfeife anzustecken, und eine

puffed at it noisily. The light under the door dimmed and went out, but he still went on singing emotionally.

> *Dixie medearo,*
> *Tutum tonum tantum.*
> *Venite adoremus.*

He had it out loud and all wrong, but the tune was like *Rockabye Baby on the Tree-top* to me. To save my life I couldn't keep awake.

Coming on to dawn I woke with the feeling that something awful had happened. The whole house was quiet and the little bedroom looking out on the foot-and-a-half of backyard was pitch dark. It was only when I gazed at the window that I could see how all the silver had drained out of the sky. I jumped out of bed to feel my stocking, knowing from the first that the worst had happened.

Santa had come while I was asleep and gone away with an entirely false impression of me because all he had left me was some sort of book folded up, a pen and pencil, and a tuppenny bag of sweets. Not even Snakes and Ladders! For a while I was too stunned even to think. A fellow who was able to drive over rooftops and climb down chimneys without getting stuck – God, wouldn't you think he'd know better?

Then I began to wonder what that foxy boy, Sonny, had. I went to his side of the bed and felt his stocking. For all his spelling and sucking-up he hadn't done so much better, because apart from a bag of sweets like mine, all Santa had left him was a popgun, one that fired a cork on a piece of string, and which you could get in any huxter's shop for sixpence.

All the same, the fact remained that it was a gun, and a gun was better than a book any day of the week. The Dohertys had a gang and the gang fought the

Weile paffte er geräuschvoll vor sich hin. Das Licht unter der Tür wurde blasser und erlosch, aber noch immer sang er gefühlvoll weiter:

> «Dixie medearo,
> Tutum tonum tantum,
> Venite adoremus.»

Er sang laut und ganz falsch, aber die Melodie kam mir wie ein Wiegenlied vor. Und hätt's mein Leben gekostet, ich konnte mich nicht länger wachhalten.

Gegen Morgen erwachte ich mit dem Gefühl, daß etwas Schreckliches geschehen war. Alles im Haus war still, und im kleinen Schlafzimmer, das auf den winzigen Hof blickte, war es pechrabenschwarz. Erst als ich aufs Fenster schaute, konnte ich sehen, wie schon das ganze Silber vom Himmel abgezogen war. Ich sprang aus dem Bette und fühlte nach meinem Strumpf, aber ich wußte von vornherein, daß das Schlimmste eingetroffen war. Der Weihnachtsmann war dagewesen, während ich schlief, und er war mit einem vollkommen falschen Eindruck von mir wieder wegegangen, denn alles, was er dagelassen hatte, war eine Art gefaltetes Buch, eine Feder, ein Bleistift und eine Zehnertüte mit Bonbons. – Nicht mal ein Schnipp-schnapp-Spiel! Eine Weile war ich so vor den Kopf geschlagen, daß ich nicht denken konnte. Ein Bursche, der über die Dächer reiten und die Kamine hinunterklettern konnte, ohne stecken-zubleiben – nein, wahrhaftig –, sollte man nicht annehmen, er wäre gescheiter?

Dann dachte ich, was wohl der hinterlistige Kerl, der «Sonny», bekommen hätte. Ich ging an seine Bettstelle hin-über und befühlte den Strumpf. Trotz aller Buchstabiererei und Kriecherei hatte er nicht so viel besser abgeschnitten, denn außer einer gleichen Tüte Bonbons hatte der Weihnachtsmann ihm bloß eine Knallbüchse gegeben – eine, mit der man einen festgebundenen Korken abschießen kann und die in jedem Kramladen für einen halben Schilling zu haben war.

Immerhin, deshalb blieb es doch eine Pistole, und eine Pistole war allemal besser als ein Buch. Die Doherty-Bande kämpfte gegen die Jungen aus der Feldgasse, die immer in

Strawberry Lane gang who tried to play football on our road. That gun, it struck me, would be very useful to me in a lot of ways, while it would be lost on Sonny who wouldn't be let play with the gang even if he wanted to.

Then I got the inspiration, as it seemed to me, straight from Heaven. Suppose I took the gun and gave Sonny the book? Sonny would never be any good in the gang; he was fond of spelling, and a studious child like him could learn a lot of spellings from a big book like mine. As he hadn't seen Santa any more than I had, what he didn't know would never grieve him. I was doing no harm to anyone; in fact, if Sonny only knew it, I was doing him a good turn. That was one thing I was always keen on, doing good turns to other people. Maybe that was Santa's intention the whole time, and he had just got confused between the two of us. So I put the book, the pen, and the pencil into Sonny's stocking and the pop-gun into my own, and away with me back to bed and slept again. As I say, in those days I had plenty of initiative.

It was Sonny who woke me, shaking me to tell me that Santa Claus was after coming and leaving me a gun. I let on to be surprised and a little disappointed with the gun, and to divert his mind from it I made him show me his picture book and told him how much better a present it was than mine.

As I knew, that kid was prepared to believe anything, and nothing would do him but to take the presents in to show Father and Mother. That was a really bad moment for me. After the way she had behaved about the langing I did not like telling her another lie, though at the same time I had the consolation of knowing that the only one who could contradict me was by this time somewhere up by the North Pole. It gave me a certain confidence, and Sonny and myself burst into the other bedroom,

unserer Straße Fußball spielen wollten. Darum kam mir der Gedanke, daß mir die Pistole in vielerlei Hinsicht sehr zustatten käme, während sie «Sonny» überhaupt nichts nützte, denn die Dohertys würden ihn nie mitspielen lassen, selbst wenn er wollte.

Dann hatte ich eine wie mir schien, geradezu göttliche Eingebung: Wenn ich mir die Pistole nähme und «Sonny» das Buch gäbe? Für die Doherty-Bande war «Sonny» absolut unbrauchbar – aber er buchstabierte gern, und ein so fleißiges Kind konnte aus meinem dicken Buch da tüchtig buchstabieren lernen. Den Weihnachtsmann hatte er ebensowenig wie ich gesehen, und was er nicht wußte, tat ihm nicht weh. Ich schädigte niemanden, im Gegenteil – wenn «Sonny» es nur wüßte! –, ich erwies ihm einen Gefallen.

Das war von jeher meine starke Seite gewesen: andern Leuten einen Gefallen zu tun. Vielleicht war es überhaupt ursprünglich die Absicht des Weihnachtsmanns gewesen, und er hatte uns bloß beide verwechselt. Ich steckte also Buch, Bleistift und Feder in «Sonnys» Strumpf und die Knallbüchse in meinen und sprang wieder ins Bett und schlief weiter. Wie gesagt, damals war ich sehr unternehmend.

«Sonny» weckte mich auf, schüttelte mich und sagte, daß der Weihnachtsmann dagewesen sei und mir eine Pistole gebracht habe. Ich tat überrascht und ein bißchen enttäuscht wegen der Pistole, und um ihn auf andere Gedanken zu bringen, ließ ich mir sein Bilderbuch zeigen und sagte ihm, daß es ein viel schöneres Geschenk sei als meines.

Es war, wie ich's mir gedacht hatte: der Junge glaubte einfach alles, und nichts konnte ihn nun abhalten, die Geschenke zu nehmen und Vater und Mutter zu zeigen. Das war ein wirklich böser Augenblick für mich. Weil Mutter wegen des Schwänzens so mit mir gewesen war, getraute ich mich nicht, ihr noch einmal etwas vorzulügen. Immerhin hatte ich den Trost, daß der Einzige, der mich hätte Lügen strafen können, mittlerweile wieder irgendwo am Nordpol war. Das gab mir ein gewisses Selbstvertrauen, und «Sonny» und ich stürzten ins andere Schlafzimmer, schwenkten die Geschenke

waving our presents and shouting at the top of our voices: "Look what Santa Claus brought!"

The mother woke up and smiled, and then as she looked at me her face changed. I knew that look. Too well I knew it. It was the same she had the day I came home from langing, when she said I had no word.

"Larry," she said in a low voice, "where did you get that gun?"

"Santa left it in my stocking, Mummy," I said, trying to look hurt. "He did, honest."

"You stole it from that poor child's stocking while he was asleep," she said, her voice quivering with indignation. "Larry, Larry, how could you be so mean?"

"Now, now," said my father testily. "'Tis Christmas morning."

"Ah," she retorted with real passion, "'tis easy it comes to you. Do you think I want my son to grow up a thief and liar?"

"Ah, what thief, woman!" he snapped. "Have sense!" He was as cross if you interrupted him in his benevolent moods as if they were the other kind, and this one was exacerbated by the feeling of guilt for his behaviour of the night before. "Here, Larry," he said, reaching out for the money on the bed-side table. "Here's sixpence for you and another for Sonny! Mind and don't lose it now."

But I looked at my mother and I saw the despair in her eyes. I burst out crying, threw the pop-gun on the floor and rushed out the front door before anyone on the road was awake. I ran up the lane behind the house to the field and threw myself on the wet grass as the sun was rising.

I understood it all, and it was nearly more than I could bear; that there was no Santa Claus, as the Dohertys said, only my mother trying to scrape together a few coppers from the housekeeping; that

und schrien aus Leibeskräften: «Seht mal, was der Weihnachtsmann gebracht hat!»

Meine Mutter wachte auf und lächelte. Dann erblickte sie mich und sah auf einmal ganz anders aus. Das Gesicht kannte ich. Nur zu gut kannte ich's. So hatte sie ausgesehen, als ich vom Schwänzen nach Hause kam und sie mir sagte, daß sie kein Wort von mir hören wollte.

«Larry», fragte sie leise, «wo hast du die Pistole her?»

«Der Weihnachtsmann hat sie in meinen Strumpf gesteckt, Mami», sagte ich und versuchte, gekränkt auszusehen. «Bestimmt, reine Wahrheit!»

«Du hast sie deinem armen Bruder aus seinem Strumpf gestohlen, während er schlief», sagte sie, und ihre Stimme bebte vor Entrüstung. «Larry, Larry, wie konntest du nur so gemein sein?»

«Aber, aber!» warf mein Vater ärgerlich ein. «Es ist Weihnachtsmorgen».

«Oh», erwiderte sie nun ganz wütend, «dir macht's ja nichts aus. Aber glaubst du, ich will haben, daß mein Sohn ein Dieb und Lügner wird?»

«Ach, was heißt hier Dieb, Frau!» schimpfte er. «Sei doch vernünftig!» Er wurde immer böse, wenn man ihm seine Stimmung verdarb, mochte sie nun gut oder das Gegenteil sein, und diesmal war er erbittert, weil er wegen seines Benehmens am Abend vorher ein schlechtes Gewissen hatte. «Hier, Larry», rief er und nahm Geld vom Nachttisch, «hier habt ihr jeder einen halben Schilling, du und «Sonny». Paßt aber auf und verliert ihn nicht!»

Doch ich sah meine Mutter an und las die Verzweiflung in ihren Augen. Ich brach in Tränen aus, warf die Knallbüchse auf den Boden und stürzte aus der Haustür, ehe jemand auf der Straße zu sehen war. Ich rannte die Gasse hinterm Haus entlang und ins Feld. Als die Sonne aufging, warf ich mich ins nasse Gras.

Jetzt verstand ich alles, und es war fast mehr, als ich ertragen konnte: daß die Dohertys recht hatten, daß es keinen Weihnachtsmann gab, sondern daß meine Mutter ein paar Kreuzer vom Haushaltsgeld zusammenkratzte – daß mein Vater ge-

my father was mean and common and a drunkard, and that she had been relying on me to get on in the world and save her from the misery of the life she was leading. And I knew that the despair in her eyes was the fear that like my father I should turn out to be a liar, a thief, and a drunkard.

mein und schlecht und ein Trunkenbold war und daß meine Mutter darauf gerechnet hatte, ich solle meinen Weg machen und sie aus dem elenden Leben erlösen, das sie jetzt führte. Und ich begriff, daß die Verzweiflung in ihren Augen Angst war – Angst, daß ich wie mein Vater ein Lügner, Dieb und Trunkenbold würde.

My name is Jerry Doyle. J. T. Doyle, B.E. I am the
County Engineer for W—. I have made this town my
home since I first came here as Assistant C.E. twenty-
one years ago. I am a bachelor. Aged forty-six. I live
in this half-comfortable converted flat on the first
story of Jack Jennings's old wreck of a house on
Martin's Quay.

        He lives above me. Our housekeeper
lives above him, although she is beginning to say
that the stairs get longer every year. Below me is
Jack's shop. He is a ship chandler. Or was.

It is such a warm evening that I am sitting in my
shirt-sleeves by the open window, with my pipe, and
a glass of whiskey in my fist — and this old red-
covered notebook of Jill Jennings's on my lap. I have
been playing golf all day, our own course, above the
town, the bay and the sea, my lungs so full of fresh
air that I feel too lazy to do anything but look out
at the seagulls wheeling like ... well, as Jill once
said, wheeling like seagulls. The smoke from Ed
Slator's house half a mile away on Rock Point is as
steady as if it was part of the chimney. Children playing below on the quay. The canon strolling back as
usual to his presbytery, which means that in
about fifteen minutes the bell of Saint Kilian's will
begin to ring for Benediction. Not that I shall attend.
I do turn up to mass every Sunday, but purely *pro
forma*. As the C.E. I have to keep up appearances.
Since what happened to Jill I believe neither in
God nor the Devil. And neither does Jack, whom I
have just heard shuffling about upstairs. The poor
old bastard ...

When I first met Jack Jennings he was about forty-
two or forty-three; the grandson of the *Jennings and*

Mein Name? Jerry Doyle! J. T. Doyle, B. E. [Baccalaureus der Ingenieurwissenschaft]. Ich bin der Bezirksbaumeister für W. Seit ich vor einundzwanzig Jahren als Hilfsbaumeister hierherkam, habe ich mir diese Stadt zur Heimat gemacht. Ich bin Junggeselle. Sechsundvierzig Jahre alt. Ich lebe in dieser halbwegs komfortablen, umgebauten Wohnung im ersten Stock von Jack Jennings' alter Bruchbude von einem Haus am Martins Quay. Er wohnt über mir. Unsre Haushälterin wohnt über ihm, obwohl sie sich allmählich beklagt, die Treppe würde von Jahr zu Jahr steiler. Unter mir ist Jacks Laden. Er ist Schiffslieferant. War's vielmehr.

Der Abend ist so warm, daß ich in Hemdsärmeln mit meiner Pfeife am offenen Fenster sitze, ein Glas Whisky in der Hand – und auf dem Schoß Jill Jennings' altes, rot eingebundenes Notizbuch. Den ganzen Tag habe ich Golf gespielt, auf unserem eigenen Golfplatz hoch über der Stadt, der Bucht und dem Meer, und habe mir die Lunge so mit frischer Luft vollgepumpt, daß ich zu faul bin, um irgend etwas anderes zu tun als den Möwen zuzuschauen, die dahinsegeln wie – na ja, wie Jill mal sagte: die wie Möwen dahinsegeln. Der Rauch aus Ed Slators Haus, eine halbe Meile weit weg auf Rock Point, steht so standhaft still, als wäre er ein Stück vom Schornstein. Unten am Uferdamm spielen Kinder. Der Kanonikus schlendert wie üblich in sein Pfarrhaus zurück, und das bedeutet, daß in etwa einer Viertelstunde die Glocke von Sankt Kilian zum Dankgebet zu läuten beginnt. Nicht etwa, daß ich hingehe! Ich erscheine allerdings jeden Sonntag in der Messe, aber nur *pro forma*. Als Bezirksbaumeister muß ich das Dekorum wahren. Seit dem Unglück, das Jill widerfahren ist, glaube ich weder an Gott noch den Teufel. Und auch Jack tut's nicht, Jack, den ich gerade oben herumschusseln hörte. Der arme alte Knacker...

Als ich Jack Jennings das erstemal zu Gesicht bekam, war er etwa zweiundvierzig oder dreiundvierzig, ein Enkel der Firma

Son spelled out in marbled chinaware lettering on the facia board over his shop window. He never altered the form of name on the board. This was stupid of him, and typically insensitive, because he and Jill had no children. But it was just like him not to change it – an obstinate, cantankerous old cuss if there ever was one. After all, when he married Jill Slator he knew he was marrying into a dynasty famous for long-tailed families. Some of them must often have given that sign a glance that was as good as a process.

I liked Jack from the start, in spite of the seventeen years between us. While he was able to do it we played golf together every weekend. We were never really close to one another, although sometimes we exchanged confidences, mostly about what we chose to call our philosophies. My nickname for him was Zeno because I maintained that he was a born cynic. In revenge he called me Pangloss, the eternal optimist, who "felt best after meals." We got on, give and take, kidding, jabbing now and again, never really quarreling. We got on – the way people always do in small towns. In a big city we might never have bothered about one another. We were an odd pair. We still are. I only gradually realized that Jill was the real bond between us. As she still is.

She was ten years younger than him when she married him. She was about thirty-two when I first met her, and in spite of the fact that she was much older than me I thought her the most attractive woman I had ever met. I must have said so once too often to my secretary May Hennessy because she infuriated me one day by snorting, "Of course you're in love with Jill Jennings." I was so mad with her that I nearly ate her. Then, realizing that nobody would ever call her attractive – the poor thing is no oil painting – I had to explain that all I

Jennings & Sohn, wie es in marmorierten Porzellan-Lettern auf dem Ladenschild über seinem Schaufenster heißt. Er hat die Bezeichnung auf dem Schild nie geändert. Das war dumm von ihm, und typisch taktlos, denn er und Jill hatten keine Kinder. Aber es sah ihm ganz ähnlich, daß er es nicht änderte, der alte Kauz, der so dickschädelig und rechthaberisch ist wie so leicht kein zweiter. Als er Jill Slator heiratete, wußte er ja schließlich, daß er in eine Dynastie einheiratete, die für Kinderreichtum berühmt war. Von den Slators muß manch einer dem Schild einen Blick zugeworfen haben, der einem Prozeß gleichkam.

Ich mochte Jack von Anfang an, trotz der siebzehn Jahre, die zwischen uns waren. Solange er es fertigbrachte, spielten wir jedes Wochenende Golf zusammen. Wir standen uns nie richtig nahe, obwohl wir uns manchmal etwas anvertrauten – meistens über das, was wir gern unsere Anschauungen nannten. Mein Spitzname für ihn war Zeno, weil ich daran festhielt, daß er der geborene Zyniker sei. Aus Rache nannte er mich Pangloss, den ewigen Optimisten, der «sich nach dem Essen am wohlsten fühlte». Wir kamen miteinander aus, foppten und hänselten uns dann und wann, stritten aber nie richtig. Wir kamen miteinander aus, wie's die Leute in einer Kleinstadt immer tun. In einer Großstadt hätten wir uns vielleicht nie miteinander abgegeben. Wir waren ein wunderliches Pärchen, sind's immer noch. Erst allmählich leuchtete es mir ein, daß Jill das eigentliche Bindeglied zwischen uns war. Wie sie's noch immer ist.

Als sie ihn heiratete, war sie zehn Jahre jünger als er. Sie war etwa zweiunddreißig, als ich sie das erstemal sah, und trotz der Tatsache, daß sie viel älter als ich war, hielt ich sie für die anziehendste Frau, der ich je begegnet bin. Ich mußte dergleichen wohl zu häufig vor meiner Sekretärin May Hennessy geäußert haben, denn sie brachte mich eines Tages hoch, als sie mich verspottete: «Sie sind natürlich in Jill Jennings verliebt.» Ich war so wütend auf sie, daß ich sie fast gefressen hätte. Dann sah ich ein, daß kein Mensch *sie* jemals anziehend nennen würde – das arme Ding ist kein Ölgemälde –, und mußte ihr erklären, daß ich mit dem, was ich an Jill «anzie-

meant was that what I found "attractive" about Jill was her personality. At which May snorted again. She is a good secretary but she does speak her mind. Which I like now. In this shut-mouthed town everybody else goes around hinting at things they have not the guts to say straight out the way she does. I used to think that it might be because she traveled abroad every summer, and was always full of talk about France or Portugal or Italy and how free life is there compared to Ireland.

Actually, what first attracted me to Jill Jennings was the way she, too, used to burst out with whatever came into her head. She had wide-open eyes, earnest and challenging. Her profile went with that eagerness, face and figure advanced like a ship's figurehead by the slope of her neck, an effect accentuated by the way her beautifully curved upper lip proruded a shade over her lower lip.

I loved the way she greeted me whenever we met in the street, the eyelids lifted delighted to see me but abusing the hell out of me for not visiting her more often.

At thirty-two she still had the face of a girl just let out of convent-school, looking everywhere for this wonderful thing called Life that she and her pals had been talking about, and whispering about, and making big eyes about ever since they realized that within a matter of months they would be – heaven help the poor kids – free.

How enchanting young girls are at that age, before vanity: unaware of their own looks, their school berets flat as plates on their heads, their pigtails tied with venom, as uninterested in the crowds on the shore as the morning sea. Within a year it is all gone, they have become demons, vulgarians, simpering at every male across the mirrors of their compacts.

Jill never knew vanity. She had glossy hair, the

hend» fände, ihre Persönlichkeit meinte. Woraufhin May wieder hohnlachte. Sie ist eine gute Sekretärin, aber ihre Meinung sagt sie geradeheraus. Was mir jetzt gefällt. In dieser verkniffenen Stadt gehen alle andern voller Andeutungen über Dinge herum, ohne den Mumm zu haben, sich so frisch von der Leber weg zu äußern, wie May das tut. Hab' immer gedacht, es käme vielleicht daher, weil sie jeden Sommer ins Ausland gereist ist und immer viel von Frankreich oder Portugal oder Italien erzählt hat, und wie frei das Leben dort ist im Vergleich zu Irland.

Tatsächlich war das erste, was ich an Jill Jennings anziehend fand, daß auch sie mit allem offen herausplatzte, was ihr durch den Kopf ging. Sie hatte große Augen, die einen ernst und herausfordernd anblickten. Ihr Profil paßte zu dieser Unge-duld; Gesicht und Gestalt waren, bedingt durch die Neigung ihres Nackens, wie die Galionsfigur eines Schiffs vorwärts strebend – ein Merkmal, das noch betont wurde durch die Art, wie ihre schön geschwungene Oberlippe ein wenig über die Unterlippe ragte. Ich liebte ihre Gewohnheit, mich auf der Straße zu begrüßen, wenn wir uns begegneten: wie sie da die Lider entzückt aufschlug, mich aber abkanzelte, weil ich sie nicht öfter besuchte.

Mit zweiunddreißig hatte sie noch immer das Gesicht eines gerade aus der Klosterschule entlassenen Mädchens, das über-all Ausschau hält nach dem Wunder, *Leben* genannt, von dem sie und ihre Kameradinnen immer gesprochen und getuschelt und dabei große Augen gemacht hatten, seit es ihnen klar geworden war, daß sie innerhalb von wenigen Monaten – der Himmel steh den armen Seelchen bei! – frei sein würden. Wie bezaubernd junge Mädchen in dem Alter sind, ehe sie eitel werden: ahnungslos, was ihr eigenes Aussehen betrifft, ihr Schulbarett platt wie ein Teller auf dem Kopf, die Zöpfe voller Wut festgeflochten und gegenüber den Menschen am Strand so gleichgültig wie das Meer am frühen Morgen. Innerhalb eines Jahres ist alles vorbei, und sie sind zu Ungeheuern und Banausen geworden, die jedes männliche Wesen über den Spiegel ihrer Puderdose hinweg geziert anlächeln.

Eitelkeit war Jill stets fremd. Sie hatte seidiges Haar,

finest and lightest, always untidy, loosely pinned at the nape of her neck in tiny, wandering downy curls that delighted and disturbed me. If she had any fault her skin was too white. On hot days when her arms and shoulders were exposed I used to feel excited to think that all her body was just as white. She dressed in soft, fluffy blouses, light as shadows, or smoke, billowing carelessly. Being so good-looking she had no need to bother about dress. Her eyes were as gray-green as that sea out there. There was something of the mermaid about her, so free, so fresh, so restless, landlocked, always hearing sounds or voices beyond the town, outside the harbor, this shallow bay.

I loved this old fabric of a house where she and Jack lived. It is now as rundown as Jack's shop but it must have been a fine house and a good business a hundred years ago before the bay became silted up. Now only a couple of coal-tubs and small cargo vessels occasionally moor at the quays, and even they have to wait on the tide to come in. I see one waiting outside the harbor now. High tide will be around ten o'clock. Then it will have to wind carefully through the buoys marking the channels to the quayside.

I loved to visit them on nights when the east wind rattled their windows or blew white spindrift across the water, nights when the three of us would sit before the fire and drink a jorum, and have long wandering arguments about the craziest things, always started off by her. "What is true happiness?" "Free Will versus Determinism." One night after she had been reading some advanced book about religion she suddenly asked, "Should Faith be based on Life or should Life be based on Faith?" Another night she burst out with "What is Reality, anyway?" We kept at that one until three o'clock in the morning. Last winter I took down one of her books, *Madame Bovary*, by Flaubert, and when I came on

das feinste und hellste, immer zerzaust, im Nacken leicht in winzigen, streunenden, flaumigen Löckchen festgesteckt, die mich entzückten und beunruhigten. Wenn sie überhaupt einen Fehler hatte, dann den, daß ihre Haut zu weiß war. An warmen Tagen, wenn ihre Arme und Schultern entblößt waren, regte mich die Vorstellung auf, daß ihr ganzer Körper ebenso weiß war. Sie kleidete sich in weiche, duftige Blusen, die leicht wie ein Schatten oder Rauch waren und sich achtlos bauschten. Da sie so schön war, brauchte sie sich keine Sorgen wegen ihrer Kleidung zu machen. Ihre Augen waren so graugrün wie das Meer da draußen. Sie hatte etwas von der Meerjungfer an sich, so frei, so frisch, so ruhelos, vom Meer abgeschnitten, immer Geräusche oder Stimmen jenseits der Stadt, hinter dem Hafen und der seichten Bucht hörend.

Dieses alte Gemäuer von Haus, in dem sie und Jack wohnten, liebte ich. Jetzt ist es genauso heruntergekommen wie Jacks Laden, doch vor hundert Jahren, ehe die Bucht versandete, muß es ein schönes Haus, ein gutes Geschäft gewesen sein. Jetzt machen nur gelegentlich ein paar Kohlenpötte und kleine Frachter an den Uferdämmen fest, und sogar die müssen auf die Flut warten, um einlaufen zu können. Ich sehe gerade eines vor dem Hafen liegen. Hochwasser ist gegen zehn. Dann windet es sich vorsichtig zwischen den Bojen hindurch, die die Fahrrinne zum Landungssteg markieren.

Ich besuchte sie gern an Abenden, wenn der Ostwind an ihren Fenstern rüttelte oder weißen Sprühnebel übers Wasser blies, an Abenden, wenn wir drei vor dem Feuer saßen und zechten und lange, hin und herspringende Diskussionen über die ausgefallensten Dinge hatten, zu denen immer sie den Anstoß gab. «Was ist wahres Glück?» oder «Freier Wille gegen Determinismus.» Eines Abends, als sie ein modernes Buch über Religion gelesen hatte, fragte sie plötzlich: «Soll der Glaube auf dem Leben oder soll das Leben auf dem Glauben basieren?» An einem andern Abend platzte sie mit der Frage heraus: «Was ist das überhaupt, die Wirklichkeit?» Die machte uns bis gegen morgens um drei zu schaffen. Im vergangenen Winter nahm ich eins ihrer Bücher hervor, *Madame Bovary* von Flaubert, und als ich auf Emma und ihren Geliebten stieß,

Emma and her lover talking, for hours about Great Art I thought to myself, "That fellow had us cold!" There was no other house in town where I could have arguments like that. All they talk about is golf, and bridge, and business. But I liked best of all to visit her when she was alone. Otherwise, she tended to take possession of me, ignoring Jack – I do not believe he had read a dozen books in his whole life – lounging on the other side of the fire, puffing his pipe, staring glumly into the fire.

Like that wild March night, in my third year in W–. A force-ten gale howling outside, the rain turning to sleet that threatened any minute to become snow. Jill and I were gabbling away about a performance of *The Three Sisters* that I had driven her up to Dublin to see two months before. Jack, who had obstinately refused to come with us, was saying nothing. Just staring into the fire. From that she went on to talk about the Russian ballet – she had been reading Karsavina's memoirs and she had once been to see a ballet in London. I was not saying much. I was lying back in the old armchair before the fire, between the two of them, enjoying her chat, the fire roaring up the chimney at my feet, and the occasional spat of sleet against the windows, pleasantly aware that every street in the town was empty, when, all of a sudden, Jack jumps up, says, "I think I'll drop down to the Club," and walks out on us. We listened to him clumping down the stairs and the front door banging. Then I heard the old Jennings and Son signboard below the window twanging and banging like a drum and I realized that on a night like this there would not be a sinner in the Club – unless it was old Campbell the caretaker sitting by the fire gushing smoke every three minutes into the musty billiard room.

"I'm afraid we've been boring Jack," I said.

For a few moments it was her turn to stare glumly into the fire. Then as if the wind had hit her

wie sie stundenlang über «große Kunst» sprachen, dachte ich bei mir: «Der Bursche hat uns was eingebrockt!» In der ganzen Stadt gab es kein Haus, wo ich solche Gespräche führen konnte. Da sprechen sie bloß über Golf und Bridge und das Geschäft. Am liebsten besuchte ich sie jedoch, wenn sie allein war. Sonst aber pflegte sie sich meiner einfach zu bemächtigen und Jack zu ignorieren, der, glaube ich, in seinem ganzen Leben kein Dutzend Bücher gelesen hat und hingegossen auf der andern Seite des Kamins saß, seine Pfeife paffte und verdrießlich ins Feuer starrte.

Wie an jenem wilden März-Abend in meinem dritten Jahr in W. Draußen heulte ein Sturm mit Windstärke zehn, der Regen verwandelte sich in Schloßen, die jede Minute Schnee zu werden drohten. Jill und ich schwatzten über eine Aufführung der *Drei Schwestern*, zu der ich sie vor zwei Monaten nach Dublin gefahren hatte. Jack, der sich hartnäckig geweigert hatte, mit uns zu kommen, sagte nichts. Er starrte bloß ins Feuer. Danach begann sie, über das russische Ballett zu sprechen – sie hatte Karsavinas Memoiren gelesen und hatte einmal in London ein Ballett sehen können. Ich sagte nicht viel. Ich lag lang hingegossen in dem alten Sessel, der vor dem Kamin zwischen den beiden stand, und genoß ihr Geplauder und das Feuer, das zu meinen Füssen den Kamin hinaufheulte, und das gelegentliche Pritscheln der Schloßen gegen die Fenster – im angenehmen Bewußtsein, daß jede Straße der Stadt menschenleer war –, als Jack ganz plötzlich aufspringt und sagt: «Ich will mal ein bißchen beim Klub hereinschauen», und uns allein läßt. Wir hörten ihn die Treppe hinunterstampfen und die Haustür zuschlagen. Dann hörte ich unterhalb des Fensters das alte *Jennings-&-Sohn*-Schild wie eine Trommel scheppern und klappern und begriff, daß in einer solchen Nacht keine Menschenseele im Klub sein würde, höchstens der alte Campbell, der Hausmeister, der gewiß am Feuer saß und alle drei Minuten Rauchwölkchen ins muffige Billardzimmer blies.

«Ich fürchte, wir haben Jack gelangweilt», sagte ich.

Ein paar Minuten war nun sie an der Reihe, verdrießlich ins Feuer zu starren. Dann, als hätte der Wind ihr einen Schauer

into a shiver, she shook herself all over, looked wildly all around the room, and cried, "Then why does he go on living here? This bloody place is choking the life out of the pair of us. It will choke me like a wood if I don't clear out of it. And clear out of it quick!"

"Aha!" I laughed. "To Moscow? To Moscow?"

She glared, tossed her head, then leaned forward over the arm of my chair and gripped my hand.

"Did it ever cross your mind, Jerry, that if the three sisters in that play had gone to Moscow they might have been just as unhappy there?"

I barely stopped myself from saying that their brother was not all that unhappy – he at least had the comfort of his child. Instead I said hurriedly that, after all, Jack's business was rooted here, and she could not expect him at the drop of a hat to open up another chandler's store in some place where nobody knew him, and she had all her relations here, and after all, this was not such a bad town, it was lovely in the summer, with the bay, and the sea . . .

She threw away my hand and said crossly:

"Jerry! There is no such place as Moscow. If I went to Moscow I would hear nothing there but the same stupid, empty chitter-chatter that I hear day after day in this bloody town – and nothing at all going on inside me. That play about the three sisters is marvelous because it is all chatter outside, and all silence inside. The summer! Don't talk to me about the summer! On summer evenings I sit by that window for hour after hour looking at the seagulls wheeling like seagulls, or a yacht maneuvering in or out, or some little cargo boat with Cardiff or Bristol painted on the stern coming alongside Harry Slator's coal-yard, or edging out past the lighthouse, and I watch it until it rounds Rock Point past the chemical factory, out to sea. And what do I think of? Nothing! Unless it is about somebody like you whom I know and like.

eingejagt, schüttelte sie sich, sah sich wild im Zimmer um und rief: «Warum lebt er dann immer noch hier? Dieser verdammte Ort saugt uns beiden das Mark aus den Knochen! Mich wird er wie ein Stück Holz ausdörren, wenn ich nicht auf und davongehe. Und zwar schnellstens!»

«Aha!» lachte ich. «Nach Moskau? Nach Moskau?»

Sie funkelte mich an und warf den Kopf in den Nacken, beugte sich dann über die Armlehne meines Sessels und ergriff meine Hand.

«Ist dir nie der Gedanke gekommen, Jerry, daß die drei Schwestern in dem Schauspiel, wenn sie nach Moskau gegangen wären, dort genauso unglücklich gewesen wären?»

Ich konnte mich gerade noch davor bewahren, zu entgegnen, daß ihr Bruder keineswegs unglücklich gewesen sei – er hatte wenigstens sein Kind als Trost. Statt dessen erklärte ich hastig, daß schließlich Jacks Geschäft hier verwurzelt sei und daß sie nicht von ihm erwarten könne, im Handumdrehen einen andern Laden mit Schiffsbedarf in einem Ort zu eröffnen, wo niemand ihn kenne, und sie habe all ihre Verwandten hier, und schließlich sei das hier kein so übles Städtchen, im Sommer sei es herrlich mit der Bucht und dem Meer...

Sie stieß meine Hand weg und sagte mürrisch:

«Jerry, so einen Ort wie Moskau gibt es nicht! Wenn ich nach Moskau ginge, würde ich dort nichts andres als dasselbe dumme, leere Geschwätz hören, das ich hier in dieser verdammten Stadt tagein, tagaus höre, und nichts würde sich in mir entfalten. Das Schauspiel von den drei Schwestern ist wunderbar, weil es nach außen hin lauter Geschwätz ist – und innen lauter Schweigen. Der Sommer? Erzähl mir nichts vom Sommer! An den Sommerabenden sitze ich Stunde um Stunde am Fenster und sehe auf die Möwen, die wie Möwen kreisen, oder auf eine Jacht, die in den Hafen ein- oder ausläuft; oder ein kleiner Frachter, dem Cardiff oder Bristol aufs Heck gemalt ist, legt längs Harry Slators Kohlenhof an oder macht sich davon, am Leuchtturm vorbei, und ich schaue ihm nach, bis er nach der chemischen Fabrik bei Rock Point um die Ecke biegt, auf die offene See hinaus. Und woran denke ich? An nichts! Falls ich nicht an jemanden wie dich denke, den ich kenne und gernhabe,

Like you, or May Hennessy who came here a couple of years before you. Another stranger. People who come and who go before this rotten town knocks the truth and the honesty and the guts out of them."

"Well, it is a fact that May Hennessy is always coming and going. The most traveled woman in W—!"

She snorted at me.

"Is that all you know? May is a friend of mine. I know a lot about May. And May knows a lot about me. May Hennessy hasn't been out of this town for five years."

"But she is always telling me about her travels! She knows the Continent like the palm of her hand."

"All out of books. Five years ago May went to Brittany. I said, 'Did you enjoy it?' She said, 'All I used to do was to walk along the quay and look at the names at the backs of the ships, and think wouldn't it be nice to be going home.' Home! All May Hennessy found in Brittany was this town."

"Then why are you talking about leaving here? I hope you're not serious about that?"

"I am! I am going somewhere where there are no ships coming and no ships going, where there is nothing except me. No! Not even me! Some place where I will be born all over again."

I sat straight up.

"You don't mean by any chance that you are thinking of leaving Jack?"

She nodded, took my hand again and stroked it. Completely misunderstanding her, I felt as if the wind had burst roaring in through every window, door and cranny of the house and that it was sinking like a ship under us both.

"Jerry," she said. "You are an ambitious man. Aren't you? You want to be the County Engineer. Don't you? To be king of the castle? If you don't go away from here soon, and very soon, you will get

wie dich oder wie May Hennessy, die ein paar Jahre vor dir hierhergekommen ist. Auch ein Fremdling. Leute, die kommen und gehen, ehe diese niederträchtige Stadt ihnen alle Wahrheit und Ehrlichkeit und Kraft austreibt.»

«Ja, es stimmt, daß May Hennessy ewig kommt und geht. Keine Frau in W. ist so weitgereist wie sie.»

Sie lachte zornig.

«Ist das alles, was du weißt? May ist meine Freundin. Ich weiß eine Menge von ihr. Und May weiß eine Menge von mir. May Hennessy hat diese Stadt seit fünf Jahren nicht verlassen.»

«Aber sie erzählt mir doch immer von ihren Reisen! Sie kennt Europa wie die Linien in ihrer Hand!»

«Alles aus Büchern! Vor fünf Jahren fuhr May in die Bretagne. Ich habe sie gefragt: ‹Hat's dir gefallen?› Und sie hat gesagt: ‹Ich habe nichts weiter getan, als am Uferdamm entlangzuschlendern und die Namen am Heck der Schiffe zu lesen und zu denken, wie nett es wäre, nach Hause zu fahren.› Nach Hause! Alles, was May Hennessy in der Bretagne gefunden hatte, war diese Stadt hier.»

«Warum redest du dann davon, von hier wegzugehen? Hoffentlich ist es dir nicht Ernst damit?»

«Doch! Ich gehe irgendwohin, wo keine Schiffe kommen und gehen und wo nichts ist als ich selber. Nein! Nicht mal ich selber. Irgendwohin, wo ich ganz und gar neugeboren werde!»

Ich richtete mich kerzengerade auf.

«Du denkst doch nicht etwa dran, Jack zu verlassen?»

Sie nickte, griff wieder nach meiner Hand und streichelte sie. Weil ich das gänzlich falsch verstand, war mir, als käme der Wind heulend durch jedes Fenster und jede Tür und Ritze des Hauses gebraust und als versinke es unter uns beiden wie ein Schiff.

«Jerry», sagte sie, «du bist ein ehrgeiziger Mann. Stimmt doch, nicht wahr? Du möchtest hier Bezirksbaumeister werden – oder etwa nicht? Möchtest der Erste Mann am Platz werden? Wenn du nicht bald von hier weggehst, und zwar sehr bald, wird dir genau das zustoßen – und das Städtchen wird

exactly that – and this place will knock the truth and the honesty and the guts out of you too."

On the instant I knew she was right. Because while one side of me was thinking what an honest, outspoken woman she was, the other part of me was thinking all the mean, petty things they would all be thinking, but not saying openly, if she did leave Jack – the behind-the-hand whispering, the consternation of the Slators, and finally that total silence when the town would deliberately forget what it did not dare acknowledge.

She rose. I leaped up, and clipped her in my arms. The little curls on her neck seemed so tender and helpless that I wanted to bury my face in them. The smell of her skin overpowered me. I looked into her eyes and noticed what I had never seen before, the way hard, green little flecks pricked their softness. Before I could say what I wanted to say, her fingers stopped my mouth. Then she kissed me, chastely, not the way a woman kisses a man but the way a mother kisses her child. She held me away from her and shook her head.

"No, Jerry! Don't say it! You are not in love with me. You are only in love with an imaginary me. Somebody you've made up inside in your head. I saw it the first day we met."

"But," I cried, "I have only just discovered the real you!"

"And before that? What real me were you in love with then? I am not real, Jerry. I have no world to be real in. Not yet! Now you had better go, before he comes back."

I was in such a turmoil I could not have stayed near her. I ran out of the room. I felt that if I stayed there for another minute I would start tearing the blouse off her.

When the hall door banged behind me I could hear it echoing up through the hollow house with that

auch dir alle Wahrheit und Ehrlichkeit und Kraft austreiben.»

Im Nu wußte ich, daß sie recht hatte. Denn während ein Teil von mir dachte, was für eine ehrliche und offenherzige Frau sie war, dachte ein anderer Teil von mir all das gemeine, kleinliche Gewäsch, das sie alle denken, aber nicht offen heraus sagen würden, wenn sie Jack verließe –

das Hinter-der-Hand-Getuschel, die Bestürzung bei den Slators, und zuletzt das völlige Verstummen, wenn das Städtchen absichtlich unterdrücken würde, was es nicht zuzugeben wagte.

Sie erhob sich. Ich sprang auf und schlang meine Arme um sie. Die kleinen Löckchen in ihrem Nacken schienen so zart und hilflos, daß ich mein Gesicht in ihnen vergraben wollte. Der Duft ihrer Haut überwältigte mich. Ich sah ihr in die Augen und bemerkte, was ich vorher nie gesehen hatte: daß harte, grüne Pünktchen aus ihrer Sanftmut hervorstachen. Ehe ich sagen konnte, was ich sagen wollte, legten sich ihre Finger über meinen Mund. Dann küßte sie mich – keusch. Nicht so, wie eine Frau einen Mann küßt, sondern so, wie eine Mutter ihr Kind küßt. Sie hielt mich von sich weg und schüttelte den Kopf.

«Nicht, Jerry! Sag es nicht! Du bist nicht in mich verliebt. Du bist nur in ein Phantasiebild von mir verliebt. In jemanden, den du dir in deinem Kopf ausgedacht hast. Ich sah es schon am ersten Tag, als wir uns kennenlernten!»

«Aber», rief ich, «das wirkliche Du habe ich eben erst entdeckt!»

«Und davor? In was für ein wirkliches Ich warst du davor verliebt? Ich bin nicht wirklich, Jerry. Ich habe keine Welt, in der ich wirklich sein kann. Noch nicht! Geh jetzt lieber, bevor er zurückkommt!»

Ich war in einem derartigen Wirbel, daß ich nicht in ihrer Nähe hätte bleiben können. Ich rannte aus dem Zimmer. Ich spürte, daß ich anfangen würde, ihr die Bluse herunterzuzerren, wenn ich noch eine Minute länger dort bliebe.

Als die Haustür hinter mir zuschlug, konnte ich jenen gedämpften Laut durchs hohle Haus hallen hören, der stets

muffled sound that always means snow. The quay was already white with it. The whole town was being smothered in it. It clung to the gaslamps. When I came to the door of the Club I could barely see the light through the snow on its fanlight. Just as I passed it I became aware of a stream of light behind me and, turning, I saw him come out and start to beat his way home, head bowed, the snow flecking his hat and his shoulders. He walked against the wind and snow with the gait of an old man. In a moment he vanished into the darkness, as silently as the snow.

Before April ended she had vanished. I did not need to ask anybody what the Slators thought. One day as I was passing Tom Slator's coalyard he hailed me cheerfully and delivered the agreed formula.

"Hello, Jerry! Did you hear the great news? Jill is after buying a country mansion in County B–." His laughter pealed. Falsely. "Ah, it's only an old lockhouse on the canal. A little hideaway for themselves. To get away from the roar and the rumble of W–! Hahaha! Of course between you and me I don't believe she'll ever persuade Jack to go down there. It's just another one of her artistic notions."

It would work, and she would pay for it. To the "men's club" side of the town she would henceforth be "odd," "queer," "difficult," "hard to get on with." The man who remained would always be defended. What a town!

I did not dare visit her until that July. It was not an easy place to find, a small two-story canal house, of no special distinction apart from its age, in a valley between pinewoods filled with shadows and sunbeams, silence and sloth. The noisy humming of flies or bees. A coot clucking. A heron flapping away. The only real sound was from the water gushing between the timbers of the lock gates. For a mile right and left of her cottage the sky dreaming in the smooth water of the canal. For the dozen or twenty

Schnee bedeutet. Der Uferdamm war schon weiß. Die ganze Stadt wurde darunter erstickt. Schnee klebte an den Gaslampen. Als ich an die Tür des Klubs kam, konnte ich durch die Schneeschicht auf ihrem Oberlicht kaum noch einen Lichtschimmer erkennen. Gerade als ich daran vorbeiging, gewahrte ich hinter mir eine Lichtbahn, und als ich mich umdrehte, sah ich ihn herauskommen und mit gesenktem Kopf den Heimweg einschlagen: Schnee besprenkelte seinen Hut und seine Schultern. Wie ein alter Mann gehend, stapfte er gegen Wind und Schnee dahin. Im nächsten Augenblick war er leise wie der Schnee in der Finsternis verschwunden.

Bevor der April zu Ende ging, war sie fort. Ich brauchte niemanden zu fragen, was die Slators darüber dachten. Als ich eines Tages an Tom Slators Kohlenhof vorüberging, rief er mir vergnügt zu und verkündete die vereinbarte Formulierung.

«Hallo, Jerry! Haben Sie schon die große Neuigkeit gehört? Jill hat sich im Bezirk B. ein Landhaus gekauft.» Sein Gelächter trillerte. Falsch. «Ach, es ist nur ein altes Schleusenhaus am Kanal. Ein kleiner Unterschlupf für die beiden. Um sich aus W.'s Lärm und Getöse zurückzuziehen. Hahaha! Unter uns gesagt, glaube ich natürlich nicht, daß sie Jack jemals überreden kann, dort hinzugehen. Ist bloß wieder mal eine von ihren verstiegenen ästhetischen Anwandlungen.»

Das war annehmbar, und sie würde dafür zahlen. Für die «Männerklub»-Gruppe der Stadt würde sie hinfort «wunderlich» und «seltsam» sein und «schwierig mit ihr auszukommen». Der zurückbleibende Mann würde stets in Schutz genommen werden. Was für eine Stadt!

Erst im Juli wagte ich sie zu besuchen. Es war ein kleines, zweistöckiges Kanalhaus ohne Besonderheiten außer seinem Alter, und nicht so leicht zu finden: in einem Tal zwischen Kiefernwäldern voller Schatten und Sonnenbahnen, Stille und Verträumtheit. Lärmendes Gesumm von Fliegen oder Bienen. Ein glucksendes Wasserhuhn. Ein flügelschlagender Reiher. Der einzige vertraute Laut kam vom Wasser, das durch das Holz der Schleusentore sprudelte. Rechts und links von ihrem Häuschen träumte meilenweit der Himmel im glatten Wasser des Kanals. Für die zwölf oder zwanzig heißen Sommertage bei

days we get of hot summer it would be as lovely a retreat as it was on that warm day. But in the winter?

She was more beautiful than ever. I knew that she was thirty-five – a middle-aged woman – but she looked about twenty-five. She seemed what I can only call triumphantly lighthearted. Yet our talk was not the old, easy freewheeling talk of three months ago. I felt a distance of reserve in her. There were long silences when we walked, with her little Yorkshire terrier trotting before us along the towpath, or when I was driving her to the nearest village to do some shopping, or when, once, a Guinness barge passed slowly through the lock and we watched the men lean against the gates to slew them slowly open, and then watched it go slowly duddudding away from us along the perspective of the canal until it looked no bigger in the distance than a toy boat. That was the only time I probed her.

"Are you never lonely here?" I asked her.

"Not at all!" she said, in astonishment. "I have so much to do! Reading about the antiquities around here. I have an old bicycle to visit them. Studying the river flowers. Watching the birds. And it is extraordinary how much time I can spend on the house. It will take me years to get it the way I want it. Dreaming and thinking."

The only word that held me was *thinking*. Thinking what?

As I was about to leave her she asked me if I would drive her as far as the next lock. (When I said she could drive with me to the end of the world, she laughed and said, "That *is* the end of my world.") She wanted to buy freshly laid eggs from the wife of the lock-keeper with whom, now and again, if she wanted to hear a voice, she would pass the time of day and, perhaps, glance at the daily newspaper.

"Though it is always," she smiled, "yesterday's newspaper!"

uns war es gewiß ein so reizender Zufluchtsort wie an diesem warmen Tag. Aber im Winter?

Sie war schöner denn je. Ich wußte, daß sie fünfunddreißig war – eine Frau in mittleren Jahren –, aber sie sah wie fünfundzwanzig aus. Sie erschien mir, was ich nur als triumphierend heiter bezeichnen kann. Doch unsre Unterhaltung war nicht die alte, ungezwungene von vor drei Monaten. Ich spürte ihre Distanz und Zurückhaltung. Lange Gesprächspausen entstanden, als wir mit ihrem kleinen Yorkshire Terrier, der neben uns einhertrabte, den Treidelpfad entlanggingen oder als ich sie ins nächste Dorf fuhr, um ein paar Besorgungen zu machen, oder als einmal ein Guinness-Kahn langsam durch die Schleuse trieb und wir zuschauten, wie die Männer sich gegen die Schleusentore lehnten, um sie allmählich aufzustemmen, und als wir dann zuschauten, wie der Kahn in der Perspektive des Kanals langsam von uns forttuckerte, bis er in der Ferne nicht größer als ein Spielzeugboot aussah. Das war das einzige Mal, daß ich sie aushorchte.

«Fühlst du dich hier nie einsam?» fragte ich sie.

«Überhaupt nicht!» sagte sie erstaunt. «Ich habe so viel zu tun. Ich lese über die Altertümer hierherum. Ich habe ein altes Fahrrad, mit dem ich sie aufstöbere. Und ich studiere die Wasserpflanzen. Beobachte die Vögel. Und es ist merkwürdig, wieviel Zeit ich auf das Haus verwenden muß. Ich brauche noch Jahre, bis es so ist, wie ich es haben will. Und ich träume und denke.»

Das einzige Wort, das mich aufhorchen ließ, war *Denken*. Woran dachte sie?

Als ich im Begriff stand, sie zu verlassen, bat sie mich, ob ich sie bis zur nächsten Schleuse fahren könne. (Als ich sagte, sie könne mit mir bis ans Ende der Welt fahren, lachte sie und sagte: «Das dort ist das Ende meiner Welt.») Sie wollte frische Eier bei der Frau des Schleusenwärters kaufen, bei der sie dann und wann, wenn sie eine Stimme hören wollte, vorsprach und vielleicht auch einen Blick in die Tageszeitung warf.

«Obwohl es immer», lächelte sie, «die Zeitung vom gestrigen Tag ist.»

This lockhouse was an exact replica of her own. Like the cells of certain monastic orders that are identical the world over, so I suppose is every lockhouse on these decaying canals that slowly creep across Ireland. We sat for a while in its poky kitchen chatting with the woman. Then she did something that I can never forget. She had brought a few sweets for the two small children there, and as she sat, the sweets in her lap, the two little girls standing on either side of her, she put an arm around each, saying, "One for you" and "Now one for you," until the few sweets were evenly shared. The mother fondly watched the group. I went to the door to look out. I could not bear to watch it.

During the three years that she stayed there I never let two months pass without visiting her. I never again spoke to her of my feelings for her. There was no need to. We both knew. Nobody else from W— visited her. Two or three times I told Jack I had "dropped in" on her. Each time he asked if she was well – no more. She told me he had written once inviting her to return, and that she had several angry letters from her family telling her it was her duty to return. In the spring of her third year I thought she looked ill and said so to Jack. The next I heard was from May Hennessy, who told me that she had suddenly been taken to the County Hospital of B—, in an advanced stage of leukemia.

From that on the family became full of solicitude and pity for her, telling us all that the one wish she and Jack had was that she should leave the hospital and come home. I guessed that she would be too weak to resist them. And that, in fact, was how, in the end, everything was done, all the whispering ended, the scandal smothered and forgotten, if not forgiven.

The last time I saw her was on a June afternoon,

Das Haus an der nächsten Schleuse war das genaue Ebenbild ihres eigenen Hauses. Wie die Zellen gewisser Mönchsorden, die in der ganzen Welt identisch sind, so vermutlich auch jedes Schleusenhaus an den zerfallenden Kanälen, die langsam quer durch Irland kriechen. Wir saßen ein Weilchen in der armseligen Küche und plauderten mit der Frau. Dann tat sie etwas, was ich nie vergessen kann. Sie hatte für die beiden kleinen Kinder dort ein paar Bonbons mitgebracht, und während sie dasaß, die Bonbons im Schoß, und die beiden kleinen Mädchen rechts und links von ihr standen, legte sie den Arm um jedes Kind und sagte: «Eins für dich!» und «Jetzt eins für dich!», bis die paar Süßigkeiten gleichmäßig verteilt waren. Die Mutter schaute der kleinen Gruppe voller Zärtlichkeit zu. Ich trat in die Tür, um hinauszublicken. Ich konnte es nicht mit ansehen.

Während der drei Jahre, die sie dort lebte, ließ ich niemals zwei Monate verstreichen, ohne sie zu besuchen. Nie wieder sprach ich zu ihr von meinen Gefühlen für sie. Es bestand keine Notwendigkeit. Wir wußten es beide. Sonst besuchte sie niemand aus W. Zwei- oder dreimal erzählte ich Jack, daß ich bei ihr «hereingeschaut» hätte. Jedesmal fragte er, ob sie wohlauf sei – mehr nicht. Sie erzählte mir, daß er ihr einmal geschrieben und sie zur Rückkehr aufgefordert habe, und daß sie mehrere zornige Briefe von ihrer Familie erhalten habe, die ihr erklärte, es sei ihre Pflicht, zurückzukehren. Im Frühling ihres dritten Jahres fand ich, daß sie schlecht aussähe, und sagte es Jack. Das nächste, was ich hörte, erfuhr ich durch May Hennessy. Sie erzählte mir, daß Jill plötzlich in einem fortgeschrittenen Stadium von Leukämie nach B. ins Bezirkskrankenhaus transportiert worden sei.

Von da an war ihre Familie voller Sorge und Mitleid für sie und erzählte uns allen, sie und Jack hätten nur den einen Wunsch, daß sie das Krankenhaus verlassen und nach Hause kommen könne. Ich vermutete, daß sie zu schwach war, um ihnen Widerstand leisten zu können. Und das war es tatsächlich zuletzt auch, was geschah: allem Getuschel wurde ein Ende gemacht, der Skandal wurde unterdrückt und vergessen, wenn nicht gar vergeben.

Zum letztenmal sah ich sie an einem Juninachmittag wie

just like this one, lying in this front room, her bed near the window so that she could look out over the bay. She was thin and pale, her eyes made wider and brighter by the smallness and pallor of her face. There were half a dozen Slators there, keeping up a cheerful chatter about her. She was not talking, but once she smiled joyfully at the lace curtains blowing in through the open window, and said to me, "They are like a ballet." At which I remembered that snowy night three years back when she and I had been talking about *The Three Sisters*, and Jack had suddenly gone off in a sulk to the Club, and she said she was going to go away and be born again, and I began to wonder if she saw all life in the forms or shapes of a ballet that you cannot explain or reason about, but that, somehow, in their own way, say, "This is right, this is the way it all is really when it is right." But even as she said it, my eye fell on the black, gold-edged missal by her bed and I wondered if she had, in her weakness, surrendered to all the habits and ways against which she had once decided to rebel. A moment later her face contorted and she said, "I must ask you all to leave now. I must ask nurse to do something for me." I never laid eyes on her again. Two mornings later May Hennessy told me she was gone.

It was the right word. Gone she has but I have never felt that she has died. I don't believe it still. All my memories of her are of a vital living woman. I have no other image of her. As I looked out of my office window that morning at the sea, I felt what I still feel – she has gone back into it.

For everybody in the town except Jack and me that was the end of her story. Her death broke him. I never met him that he did not start talking about how lovely and spirited a creature she was, a great-hearted woman. In my misery I began to haunt him, though I was never sure from one day to the next

dem heutigen: sie lag in diesem Vorderzimmer, ihr Bett stand so nah am Fenster, daß sie über die Bucht schauen konnte. Sie war mager und bleich, und ihre Augen erschienen größer und leuchtender, weil ihr Gesicht so schmal und blaß war. Ein halbes Dutzend von der Slator-Sippe war anwesend: sie ließen ihr fröhliches Geplapper nicht abreißen. Jill sprach nicht, doch einmal lächelte sie freudig, als die Spitzengardinen durch das offene Fenster hereinwehten, und sagte zu mir: «Sie sind wie ein Ballett.» Da fiel mir die Schneenacht vor drei Jahren ein, als sie und ich über *Die Drei Schwestern* gesprochen hatten und als Jack plötzlich schmollend in den Klub gegangen war und sie gesagt hatte, sie wolle weggehen und wiedergeboren werden, und ich begann mich zu fragen, ob sie das ganze Leben in der Form oder den Gestalten eines Balletts sah, die man nicht erklären oder deuten kann, die aber auf ihre Weise irgendwie sagen: «Das ist recht so, das ist es eben, wie alles wirklich ist, wenn es recht ist.» Doch noch während sie es sagte, fiel mein Blick auf das schwarze Meßbuch mit Goldschnitt neben ihrem Bett, und ich fragte mich, ob sie sich in ihrer Schwäche in all die Gewohnheiten und Bräuche gefügt hatte, gegen die sich aufzulehnen sie einst so entschlossen war. Einen Augenblick darauf verzog sich ihr Gesicht, und sie sagte: «Ich muß euch alle bitten, mich alleinzulassen. Ich muß die Schwester bitten, etwas für mich zu tun.» Ich habe sie nie wiedergesehen. Zwei Tage danach erzählte mir May Hennessy, daß sie von uns gegangen sei.

Das war das richtige Wort: von uns gegangen ist sie, und nie habe ich gedacht, daß sie gestorben ist. Ich glaube es noch immer nicht. In all meinen Erinnerungen ist sie eine lebensvolle lebendige Frau. Ein anderes Bild habe ich nicht von ihr. Als ich an jenem Morgen aus meinem Bürofenster aufs Meer blickte, empfand ich, was ich noch immer empfinde: daß sie ins Meer zurückgekehrt ist.

Für jedermann in der Stadt außer für Jack und mich war das der Schluß ihrer Geschichte. Ihr Tod zerbrach ihn. Nie begegnete ich ihm, ohne daß er davon zu sprechen begann, was für ein schönes und seelenvolles Geschöpf sie gewesen sei, eine großherzige Frau. In meinem Elend begann ich ihn aufzuspü-

whether it was through friendship or hate. Still there must have been some compassion in it because when he said to me one day, "Jerry, I can't go on living in that empty house," I said, "It's too big for you. Why don't you break it up into two flats and rent one to me? We'd be company for one another." He jumped at it. He retired to live on the third floor, we put his old housekeeper up under the roof, and he rented me these rooms over the shop, furnished as they stood with all the bits and pieces of antiques she used to buy at auctions, and the shelves full of her books, even the ones she had taken with her to the lockhouse on the canal. He said he didn't want any of them near him. They only kept on reminding him of her.

That is fifteen years ago now, and I never stop thinking of her, coming back and back to all those questions that began to torment me from the morning she left us. Did she win? Or did she lose? What, in God's name, was she thinking during those three years of solitude when she was trying to be born again? What in God's name, did she think could, should or would happen to her? Did, in fact, anything at all happen to her? Not, of course, that I think of her all day long. I haven't the time – the year after she died I became (as she prophesied) the County Engineer. I am overworked. There are more things I want to do for this town than would keep any man busy for twenty hours a day. And not even a man as madly in love with a woman as I was and as I still am with her can think for every moment of his beloved. But often, on evenings like this and at odd moments, at noon, or late at night, she ambushes me. I see her again gabbling in this room, or walking in that lost valley, under the rain or the sun, and I wonder again what went on inside her, or whether the leaves, or the clouds or the mist ever told her what she wanted to know.

ren, obwohl ich von einem Tag auf den andern nie sicher war, ob es aus Freundschaft oder aus Haß geschah. Immerhin muß etwas Mitgefühl mitgespielt haben, denn als er eines Tages zu mir sagte: «Jerry, ich kann nicht länger in dem leeren Haus leben», erwiderte ich: «Es ist zu groß für dich. Weshalb unterteilst du es nicht in zwei Wohnungen und vermietest die eine an mich? Dann können wir einander Gesellschaft leisten.» Er griff es eifrig auf. Er zog sich auf den zweiten Stock zurück, seine alte Haushälterin brachten wir im Dachgeschoß unter, und er vermietete mir diese Räume hier über dem Laden, möbliert, wie sie waren, mitsamt all dem Kleinkram und den Antiquitäten, die sie auf Auktionen zu kaufen liebte, und mit den Regalen voll ihrer Bücher, sogar jenen, die sie ins Schleusenhaus am Kanal mitgenommen hatte. Er wolle kein einziges davon in seiner Nähe, sagte er. Sie würden ihn nur dauernd an sie erinnern.

Das ist jetzt fünfzehn Jahre her, und ich höre nie auf, an sie zu denken und immer wieder auf all die Fragen zurückzukommen, die mich seit jenem Morgen zu quälen begannen, als sie uns verließ. Hat sie gesiegt? Oder verloren? Was, in Gottes Namen, hat sie während der drei Jahre Einsamkeit gedacht, als sie versuchte, wiedergeboren zu werden? Was, in Gottes Namen, hat sie geglaubt, das ihr widerfahren könne oder solle oder würde? Ist ihr eigentlich überhaupt etwas widerfahren? Natürlich denke ich nicht den ganzen Tag an sie. Dazu habe ich keine Zeit – im Jahr, nachdem sie starb, wurde ich (wie sie es prophezeit hatte) Bezirksbaumeister. Ich bin überarbeitet. Es gibt so vielerlei, was ich für diese Stadt tun möchte, daß es einen Mann täglich zwanzig Stunden auf Trab halten könnte. Und selbst ein Mann, der so wahnsinnig in eine Frau verliebt ist, wie ich es war und noch immer bin, kann nicht jeden Augenblick an seine Geliebte denken. Doch oft, an Abenden wie dem heutigen und dann und wann auch mittags oder spät in der Nacht überfällt sie mich. Ich sehe sie wieder, wie sie in diesem Zimmer plaudert oder wie sie bei Sonne oder im Regen durch das einsame Tal wandert, und wieder frage ich mich, was in ihr vorging, oder ob die Blätter oder die Wolken oder der Nebel ihr jemals sagten, was sie wissen wollte.

I sometimes now believe they said nothing, because, one night, I found among her books this red-covered notebook – a handwritten journal that she kept during those three years. I stayed awake half the night reading it over and over again hoping to find the answers to whatever it was she wanted to know. Not a clue! She had divided each year into the four seasons, and in each section she had merely written such pointless, passing things as "I saw a kingfisher today," followed by the details of the place and the hour and the weather. Or she wrote, "It is raining, the drops slide down my window, through it the trunks of the pine trees look wavy and puckered and corrugated. The water of the canal is pockmarked. The reeds are bowed down by the wind and rain." Or she has scribbled down some quotations from whatever book she had been reading, like: *"A little kingdom I possess / Where thoughts and feelings dwell, / And very hard the task I find / Of governing it well. By Louisa May Alcott, when aged 13."* Or this one: *"The longest journey / Is the journey inward. By D. H."* whoever he is! Or there are small sums of housekeeping money added up. Or she wrote down some details about some old abbey she had visited on her bicycle. A schoolgirl could have written it all.

The next morning I brought the journal to my office and threw it on May Hennessy's desk.

"I found this last night among Jill Jennings's books. It's apparently her journal. She kept it when she was living by herself in Bunahown."

I watched her open it at random, reluctantly, almost with distaste. She read a bit. She turned over another thumbful of pages and read another bit.

"I thought," I said, "there might be something in it about what she used to be thinking. But there isn't!"

She looked up at me sullenly.

"What would you," she asked, "be thinking, if you were her?"

Jetzt glaube ich manchmal, daß sie nichts sagten, denn eines Abends fand ich unter ihren Büchern dieses rot eingebundene Notizheft – ein handgeschriebenes Tagebuch, das sie während jener drei Jahre führte. Ich blieb die halbe Nacht auf und las es wieder und wieder, in der Hoffnung, die Antworten auf das Etwas zu finden, das sie wissen wollte. Kein Hinweis! Sie hatte jedes Jahr in die vier Jahreszeiten eingeteilt, und in jeden Abschnitt hatte sie nur so belanglose, flüchtige Dinge eingetragen wie: «Heute habe ich einen Eisvogel gesehen», worauf Einzelheiten über Ort und Stunde und das Wetter folgten. Oder sie schrieb: «Es regnet, die Tropfen schlittern am Fenster hinab, und die Stämme der Kiefern dahinter sehen gewellt und verrunzelt und geriefelt aus. Das Wasser des Kanals ist pockennarbig aufgerauht. Wind und Regen haben das Schilf niedergedrückt.» Oder sie hat ein paar Zitate aus irgendeinem Buch hingekritzelt, das sie gerade las, wie etwa: «Mein ist ein kleines Königreich mit Gefühlen und Gedanken, und schwierig fällt mir stets die Pflicht, zu halten sie in Schranken. Von Louisa May Alcott, dreizehn Jahre alt.» Oder das hier: «Die längste Reise ist die Reise nach innen. Von D. H.» (wer immer das sein mag!) Oder es stehen kleine Additionen über ihre Ausgaben für den Haushalt da. Oder sie schrieb Einzelheiten über eine alte Abtei auf, die sie mit ihrem Fahrrad aufgesucht hatte. Ein Schulmädchen konnte es alles geschrieben haben!

Am nächsten Morgen nahm ich das Tagebuch mit in mein Büro und warf es auf May Hennessys Pult.

«Das da habe ich gestern abend zwischen Jills Büchern gefunden. Es ist offenbar ihr Tagebuch. Sie hat es geführt, als sie allein in B. lebte.»

Ich beobachtete sie, wie sie es widerstrebend, fast angeekelt irgendwo aufschlug. Sie las ein Stückchen. Dann blätterte sie eine Handvoll Seiten um und las noch ein Stückchen.

«Ich hatte geglaubt», sagte ich, «es könnte etwas drinstehen über das, was sie immer dachte. Aber nichts dergleichen.»

Sie blickte mürrisch zu mir auf.

«Worüber würden Sie nachgedacht haben», sagte sie zu mir, «wenn Sie Jill gewesen wären?»

"I might be thinking of God, or Life, or 'What is Reality?' or I might be thinking why I could not get on with *him*. Wouldn't you?"

She lowered her head, turned another clutch of pages, and spoke without raising her head.

"She had only one thing against Jack Jennings."

"What?"

She slapped the book shut and handed it to me with "This is all about birds."

"What was the one thing she had against Jack?"

"He is impotent."

I shouted it at her:

"You have absolutely no right to say a thing like that! It's not true!"

"It is true. I have every right. She told me."

For a moment we glared at one another.

"But if that was so she could have had an annulment of the marriage in five minutes! Annulments are granted every week of the year for that!"

"And would you," she said, with contempt, "expect her to expose him before the whole town? To shame him for the rest of his life?"

I walked from her to the window and looked down into the busy square. How many of them knew?

"So," she said quietly to my back, "she went away. It's as simple as that."

I heard her typewriter clacking away behind me. I snatched up the book and left her. I didn't do a stroke of work that day.

But it is not as simple as that! She never really did go away! She remained. He remained. Both of them remained. She still remains. You cannot just toss aside two lives with "A man and a woman who married badly," or "If she lived anywhere else she could have divorced him and married again." If! You can do anything, if ... And if ... And if ... There is always that human and immortal If. God's

«Vielleicht über Gott oder über das Leben oder ‹Was ist die Wirklichkeit?›, oder vielleicht, weshalb ich nicht mit *ihm* auskommen konnte. Sie nicht auch?»

Sie senkte den Kopf, wandte noch einen Packen Blätter um und sprach dann, ohne den Kopf zu heben.

«Sie hatte nur eins gegen Jack einzuwenden.»

«Was?»

Sie klappte das Buch zu und reichte es mir mit den Worten: «Das hier handelt nur von Vögeln.»

«Was war das Eine, das sie gegen Jack einzuwenden hatte?»

«Er ist impotent.»

Ich brüllte sie an:

«Sie haben überhaupt kein Recht, so etwas zu sagen! Es ist nicht wahr!»

«Es ist wahr. Und ich hab' das Recht. Sie hat's mir gesagt.»

Einen Augenblick funkelten wir einander an.

«Aber wenn das so war, hätte sie ihre Ehe im Handumdrehen annullieren lassen können. Für dergleichen Fälle werden laufend Nichtigkeitserklärungen gewährt.»

Verächtlich sagte sie: «Hätten Sie von ihr erwartet, daß sie ihn vor der ganzen Welt bloßstellt? Daß sie ihn für den Rest seines Lebens beschämt?»

Ich trat von ihr weg ans Fenster und blickte auf den von Menschen wimmelnden Platz hinunter. Wieviele von ihnen wußten es?

«Deshalb», fuhr sie ruhig hinter meinem Rücken fort, «ging sie weg. Das war es, schlicht und einfach.»

Hinter meinem Rücken hörte ich ihre Schreibmaschine klappern. Ich riß das Tagebuch an mich und ließ sie allein. An jenem Tag habe ich keinen Strich gearbeitet.

Aber so einfach ist es keineswegs! In Wirklichkeit ging sie niemals weg. Sie blieb. Er blieb. Beide sind sie geblieben. Sie ist noch immer da. Man kann nicht zwei Menschenleben beiseitewischen mit: «Ein Mann und eine Frau, die nicht zusammenpaßten» oder: «Wenn sie irgendwo anders gelebt hätte, hätte sie sich scheiden lassen und wieder heiraten können.» Wenn! Man kann alles mögliche tun, wenn... Und wenn... Und wenn... Immer ist das menschliche und ewige

curse on it! Am I one of those damfool Americans who think there is nothing on earth you cannot do? There are things nobody can do! The number of times I have wanted to do something as simple as widen a road, and knew I could only do it if I bulldozed some old woman's cottage that stood in the way, and that she would not give up, not if we gave her a new house a hundred times more comfortable. I once heard that in the middle of Chicago, where real estate is worth millions, there is an old fellow with a farm that he simply will not sell. How often have I wanted to dredge that bay out there, and I could do it in three months if the money was not wanted worse for something else. To build houses, to clear the slums. Why are there slums in America as bad as anything in Singapore? Why are there wars? How many men and women in the world wish to high heaven they had never married and yet they cannot leave one another because of their children, or their compassion, or pity, or their memories of their first happiness that is stronger than the cold years that, God knows why, froze their love to death.

Is that my answer? That she did not marry him for love. Only for pity. Did he tell her before they were married? But that is incredible. The poor bastard probably did not know until he married her. How long did it take her to understand? Years? Of bewilderment, then terror, then misery and pity for them both. But I still do not know what she meant by being born again.

"I bought four eggs today from Mrs. Delacey at the lockhouse. Four lovely brown eggs with a feather clinging to one of them." "Poor Jerry visited me again today, I wonder what brings him so often." She knew perfectly well what brought me. "My wild cherry is a cloud of white blossoms." What the hell have feathers and cherry blossoms to do with anything?

WENN da. Der Teufel soll's holen! Bin ich einer von diesen blöden Amerikanern, die glauben, es gäbe nichts in der Welt, was man nicht tun könne? Es gibt Dinge, die niemand tun kann. Unzähligemal habe ich etwas so Einfaches tun wollen, wie eine Straße verbreitern, und eingesehen, daß ich es nur tun könne, wenn ich das Häuschen einer alten Frau platt walze, das im Wege steht und das sie nicht aufgeben will, auch nicht, wenn wir ihr ein neues Häuschen geben, das hundertmal bequemer ist. Ich habe mal gehört, daß im Herzen von Chicago, wo der Grund und Boden Millionen wert ist, ein alter Knabe auf seiner Farm sitzt, die er einfach nicht verkaufen will. Wie oft habe ich nicht schon gewünscht, ich könnte die Bucht draußen ausbaggern, und ich könnte es auch binnen drei Monaten tun, wenn das Geld nicht dringender für etwas anderes benötigt würde. Um Häuser zu bauen und die Slums zu beseitigen. Weshalb sind die Slums in Amerika ebenso übel wie die in Singapur? Weshalb gibt es Kriege? Wieviele Männer und Frauen in der Welt wünschten ums liebe Leben, sie hätten nie geheiratet, und doch können sie nicht auseinandergehen – wegen der Kinder, oder aus Erbarmen oder Mitleid, oder wegen der Erinnerungen an ihr erstes Glück, die stärker sind als die kalten Jahre, in denen, Gott weiß warum, ihre Liebe zu Tode fror!

Ist das meine Antwort? Daß sie ihn nicht aus Liebe geheiratet hat. Nur aus Mitleid. Hat er es ihr gesagt, bevor sie heirateten? Das ist doch ausgeschlossen! Der arme Kerl hat es wahrscheinlich nicht gewußt, bis er sie geheiratet hatte. Wie lange hat es gedauert, bis sie es verstand? Jahre? Jahre voller Verlegenheit, dann voller Entsetzen, dann voller Unglück und voller Mitleid mit ihnen beiden. Doch ich weiß noch immer nicht, was sie damit meinte, wiedergeboren zu werden.

«Ich habe heute bei Mrs. Delacey im Schleusenhaus vier Eier gekauft. Vier schöne braune Eier; an dem einen klebte ein Federchen.» – «Der arme Jerry hat mich heute wieder besucht, möchte wohl wissen, weshalb er so oft kommt.» Sie wußte ganz genau, weshalb ich so oft kam. «Mein wilder Kirschbaum ist eine weiße Blütenwolke.» Was zum Teufel haben Federn und Kirschblüten mit allem zu tun?

There's a plane passing over. To London? To Paris? To Rome? If anyone in it looked down at us what would he see? Nothing but an empty harbor, a huddle of roofs, a membrane of blue smoke. He would not see the Slators, or me, or Jack, or the tumbledown backyards, with their rusty sheds, and the valerian growing out of old walls, places I'm going to tear to bits some day if . . . If! And if!

That gray moon up there won't be bright for two more hours. Nor the lighthouse blink. Nor the tide in. The bay looks lovely when the tide is in. A skin of pure water. Moon-tracked. On a moony night like this, when the whole town is sound asleep, what would I not give to see her come floating in, look, and look, and wave on white arm to me before she turns for home again?

Ein Flugzeug fliegt über die Stadt hinweg. Nach London? Nach Paris? Nach Rom? Wenn jemand im Flugzeug auf uns herunterblickte, was würde er sehen? Nichts als einen leeren Hafen, ein Gewirr von Dächern, einen Schleier blauen Rauchs. Er würde weder die Slators noch mich noch Jack sehen, noch die baufälligen Hinterhöfe mit ihren verrosteten Schuppen und dem Baldrian, der aus alten Mauern wächst – Schandflecke, die ich eines Tages niederreißen lasse, wenn . . . Wenn! Und wenn!

Es wird noch zwei Stunden dauern, bis der graue Mond da oben heller wird oder bis der Leuchtturm blinkt oder bis die Flut da ist. Die Bucht sieht herrlich aus, wenn die Flut da ist. Eine Haut reinen Wassers. Mondgestreift. In einer Mondnacht wie dieser, wenn die ganze Stadt in tiefem Schlummer liegt, was gäbe ich nicht drum, sie heranschweben zu sehen, wie sie schaut, ja schaut und mir mit weißem Arm zuwinkt, ehe sie sich wieder heimwärts wendet!

Three old men were sitting on the splash wall of Kilmillick Pier with their backs to the sea and their faces to the village and the sun. A light breeze came from the sea behind them, bringing a sweet salt smell of seaweed being kissed by the sun. The village in front was very quiet. Not a movement but the lazy blue smoke curling slantwise from the cabin chimneys. It was early afternoon, Sunday and all the young men and women were in Kilmurrage at a football match. The three old men were telling stories of big fish they had caught in their youth.

Suddenly there was a swish of canvas and a little white yacht swung around the corner of the pier and came alongside. The three old men immediately got to their feet and advanced through the turf dust to the brink of the pier looking down at the yacht. Patsy Conroy the most active of the old men, seized the mooring rope and made the yacht fast. Then he came back and joined the other two watching the yachtsmen getting ready to go ashore. "She's lovely a boat", said old Brian Manion, the old fellow with the bandy right leg and the bunion behind his right ear. "Heh", he said scratching the small of his back, "it must cost a lot of money to keep that boat. Look at those shiny brasses and ye can see a carpet laid on the cabin floor through that hatchway. Oh boys!"

"I'd like to have her for a week's fishing", said Mick Feeney, breathing loudly through his long red nose. His big red-rimmed blue eyes seemed to jump in and out. He gripped the top of his stick with his two hands and looked down at the yacht with his short legs wide apart.

Patsy Conroy said nothing. He stood a little apart with his hands stuck in his waist-belt. Although he was seventy-two, he was straight, lithe and active,

Drei alte Männer saßen auf dem Wellenbrecher am Hafendamm von Kilmillick und kehrten dem Meer den Rücken und dem Dorf und der Sonne ihr Gesicht zu. Eine leichte Brise wehte vom Meere hinter ihnen und trug den süßlichen Salzgeruch von Seegras heran, das die Sonne geküßt hat. Das Dorf vor ihnen lag sehr ruhig da. Keinerlei Bewegung, nur der träge blaue Rauch, der schräg aus den Schornsteinen der Hütten kräuselte. Es war Sonntag, früher Nachmittag, und alle jungen Männer und Frauen waren in Kilmurrage beim Fußball. Die drei alten Männer erzählten sich Geschichten von großen Fischen, die sie in ihrer Jugend gefangen hatten.

Plötzlich rauschte Segeltuch, und eine kleine weiße Jacht bog um die Spitze des Hafendamms und kam längsseits. Die drei alten Männer erhoben sich sofort und gingen durch den Torfstaub bis an den Rand des Hafendamms und blickten auf die Jacht hinunter. Patsy Conroy, der munterste der alten Männer, ergriff das Haltetau und vertäute die Jacht. Dann kam er zurück und gesellte sich wieder zu den andern beiden, die den Bootsinsassen zuschauten, wie sie sich bereitmachten, an Land zu gehen. «Ein schmuckes Ding von einer Jacht», sagte Brian Manion, der alte Knabe mit dem krummen rechten Bein und der Beule hinter dem rechten Ohr. «Hoi», sagte er und kratzte sich am Kreuz, «das muß eine Stange Geld kosten, das Boot instand zu halten! Seht euch bloß das blanke Messing an, und durch die Luke könnt ihr einen Teppich sehen, der auf dem Kajütenboden liegt! Oh, Boys!»

«Die hätt' ich gern mal eine Woche zum Fischen», sagte Mick Feeney und schnaufte laut durch seine lange rote Nase. Die großen rotgeränderten blauen Augen schienen ihm fast aus dem Kopf zu fallen. Mit beiden Händen umklammerte er die Krücke seines Stocks, stand breitbeinig da und blickte auf die Jacht hinunter.

Patsy Conroy sagte nichts. Er stand ein bißchen abseits und hatte die Hände in den Gürtel gesteckt. Obwohl er zweiundsiebzig zählte, hielt er sich doch gerade und war gelenkig und

but his face was yellow and wrinkled like old parchment and his toothless red gums were bared in an old man's grin. His little eyes beneath his bushy white eyebrows roamed around the yacht cunningly as if they were trying to steal something. He wore a yellow muffler wound round and round his neck up to his chin, in spite of the heat of the day.

"Where is the nearest public-house?" drawled a red-faced man in a white linen shirt and trousers from the yacht deck.

The old men told him, all together.

"Let's go and have a drink, Totty", said the red-faced man.

"Right-o", said the other man.

When the red-faced man was climbing the iron ladder on to the pier a shilling fell out of his hip pocket. It fell noiselessly on a little coil of rope that lay on the deck at the foot of the ladder. The red-faced man did not notice it and he walked up the pier with his friend. The three old men noticed it, but they did not tell the red-faced man. Neither did they tell one another. As soon as the shilling landed on the little coil of rope and lay there glistening, the three of them became so painfully conscious of it that they were bereft of the power of speech or of coherent thought. Each cast a glance at the shilling, a hurried furtive glance, and then each looked elsewhere, just after the manner of a dog that sees a rabbit in a bush and stops dead with one paw raised, seeing the rabbit although his eyes are fixed elsewhere.

Each old man knew that the other two had seen the shilling, yet each was silent about it in the hope of keeping the discovery his own secret. Each knew that it was impossible for him to go down the iron ladder to the deck, pick up the shilling and ascend with it to the pier without being detected. For there was a man who wore a round white cap doing something in the cabin. Every third moment or so his cap

munter, aber sein Gesicht war gelb und so zerknittert wie altes Pergament, und sein Greisenlachen entblößte die zahnlosen roten Kiefer. Die kleinen Augen unter den buschigen weißen Brauen schweiften so listig über die Jacht, als ob sie etwas zu stehlen versuchten. Er trug einen gelben Wollschal, den er sich trotz der Hitze des Tages unzählige Male bis zum Kinn hinauf um den Hals geschlungen hatte.

«Wo ist die nächste Kneipe?», näselte ein rotbackiger Mann, der in weißem Leinenhemd und weißer Hose auf dem Deck der Jacht stand.

Die alten Männer sagten es ihm – alle gleichzeitig.

«Komm, Totty, woll'n einen Drink nehmen», sagte der Rotbackige.

«Gut», sagte der andere Mann.

Als der Rotbackige die eiserne Leiter zum Hafendamm hinaufkletterte, fiel ihm ein Schilling aus der Hüfttasche. Lautlos fiel er auf eine kleine Rolle Tauwerk, die am Fuße der Leiter an Deck lag. Der Rotbackige bemerkte es nicht, sondern schritt mit seinem Freund den Hafendamm entlang. Die drei alten Männer bemerkten es, aber sie sagten es dem Rotbackigen nicht. Auch untereinander sprachen sie nicht darüber. Sobald der Schilling auf der kleinen Taurolle gelandet war und schimmernd dort liegenblieb, war er allen dreien so qualvoll gegenwärtig, daß es ihnen die Sprache verschlug und sie keinen zusammenhängenden Gedanken mehr fassen konnten. Jeder warf einen Blick auf den Schilling, einen hastigen, verstohlenen Blick, und dann sah jeder anderswohin, genau wie ein Hund, der in einem Busch ein Kaninchen sieht, starr mit erhobener Pfote stehenbleibt und das Kaninchen im Auge behält, obwohl er den Blick auf etwas anderes heftet.

Jeder der alten Männer wußte, daß die andern beiden den Schilling gesehen hatten, und trotzdem schwieg sich jeder in der stillen Hoffnung aus, die Entdeckung als sein eigenes Geheimnis hüten zu können. Jeder wußte, daß er unmöglich über die eiserne Leiter aufs Deck hinuntersteigen, den Schilling aufheben und mit ihm wieder zum Hafendamm hinaufklettern könnte, ohne entdeckt zu werden. Denn es war ein Mann da, der eine runde weiße Kappe trug und in der Kajüte etwas

appeared through the hatchway and there was a noise of crockery being washed or something. And the shilling was within two feet of the hatchway. And the old men, except perhaps Patsy Conroy, were too old to descend the ladder and ascend again. And anyway each knew that even if there were nobody in the cabin, and even if they could descend the ladder, that the others would prevent either one from getting the shilling, since each preferred that no one should have the shilling if he couldn't have it himself. And yet such was the lure of that glistening shilling that the three of them stared with palpitating hearts and feverishly working brains at objects within two feet of the shilling. They stared in a painful silence that was loud with sound as of a violent and quarrelsome conversation. The noise Mick Feeney made breathing through his nose exposed his whole scheme of thought to the other two men just as plainly as if he explained it slowly and in detail. Brian Manion kept fidgeting with his hands, rubbing the palms together, and the other two heard him and cursed his avarice. Patsy Conroy alone made no sound, but his very silence was loud and stinking to the other two men, for it left them in ignorance of what plans were passing through his crafty head.

And the sun shone warmly. And the salty, healthy smell of the sea inspired thirst. And there was excellent cool frothy porter in Kelly's. So much so that no one of the three old men ever thought of the fact that the shilling belonged to somebody else. So much so indeed that each of them felt indignant with the shameless avarice of the other two. There was almost a homicidal tendency in the mind of each against the others. Thus three minutes passed. The two owners of the yacht had passed out of sight. Brian Manion and Mick Feeney were trembling and drivelling slightly at the mouth.

machte. Alle paar Minuten mal erschien seine Kappe in der Luke, und ein Geräusch war zu hören, als würde Geschirr oder etwas ähnliches abgewaschen. Und der Schilling lag nur zwei Fuß breit von der Luke entfernt. Und die alten Männer – Patsy Conroy vielleicht ausgenommen – waren zu alt, um die Leiter hinab- und wieder hinaufzusteigen. Und ohnehin wußte jeder, daß, wenn auch niemand in der Kajüte gewesen wäre und auch wenn sie die Leiter hinabsteigen könnten, die beiden andern doch jeden daran gehindert hätten, den Schilling zu holen, da jeder es vorzog, daß keiner den Schilling bekam, wenn er ihn nicht selbst haben konnte. Und doch war die Verlockung des schimmernden Schillings so groß, daß sie alle drei mit klopfendem Herzen und fieberhaft arbeitendem Hirn auf Sachen starrten, die in unmittelbarer Nähe des Schillings lagen. Sie stierten in qualvollem Schweigen darauf, einem Schweigen, das ihnen so laut und lärmend wie hitziges und erbittertes Gespräch erschien. Der Lärm, den Mick Feeney machte, wenn er durch die Nase schnaufte, verriet den beiden andern Männern so deutlich, was er im Sinn trug, als hätte er es ihnen langsam und ausführlich auseinandergesetzt. Brian Manion fummelte unaufhörlich mit seinen Händen herum und rieb die Handflächen gegeneinander, und die beiden andern hörten es und verwünschten seine Habgier. Einzig Patsy Conroy machte keinerlei Geräusch, aber gerade sein Schweigen kam den andern beiden Männern laut und schmutzig vor, denn es ließ sie darüber im dunkeln, was für Pläne ihm durch seinen schlauen Kopf gingen.

Und die Sonne schien warm. Und der salzige, gesunde Geruch des Meeres machte durstig. Und bei Kellys gab's ausgezeichnetes, kühles, schäumendes Porter. Und all das war so stark, daß keiner von den drei alten Männern auf den Gedanken kam, der Schilling gehöre jemand anders. Ja, so stark war es, daß jeder sich über die schändliche Habgier der andern beiden entrüstete. Beinahe herrschte so etwas wie Mordgelüst gegen die andern im Herzen jedes einzelnen. So verstrichen drei Minuten. Die beiden Eigentümer der Jacht waren nicht mehr zu sehen. Brian Manion und Mick Feeney zitterten, und aus dem Munde rann ihnen ein bißchen Geifer.

Then Patsy Conroy stooped and picked up a pebble from the pier. He dropped it on to the deck of the yacht. The other two men made a slight movement to intercept the pebble with their sticks, a foolish unconscious movement. Then they started and let their jaws drop. Patsy Conroy was speaking. "Hey there", he shouted between his cupped hands.

A pale-faced gloomy man with a napkin on his hip stepped up to the second step of the hatchway. "What d'ye want?" he said.

"Beg yer pardon, sir", said Patsy Conroy, "but would ye hand me up that shilling that just dropped out a' me hand?"

The man nodded, picked up the shilling, muttered "catch" and threw the shilling on to the pier. Patsy touched his cap and dived for it. The other two old men were so dumbfounded that they didn't even scramble for it. They watched Patsy spit on it and put it in his pocket. They watched him walk up the pier, sniffing out loud, his long, lean, grey-backed figure with the yellow muffler around his neck, moving as straight and solemn as a policeman.

Then they looked at each other, their faces contorted with anger. And each, with upraised stick, snarled at the other:

"Why didn't ye stop him, you fool?"

Dann bückte sich Patsy Conroy und hob einen Kiesel vom Hafendamm auf. Er warf ihn aufs Bootsdeck. Die andern beiden Männer machten eine flüchtige Geste, als wollten sie den Kieselstein mit ihren Stöcken abwehren – eine törichte, unwillkürliche Bewegung. Dann fuhren sie zusammen und die Kinnlade fiel ihnen herunter. Patsy Conroy sagte etwas. «Heda!» rief er durch die hohle Hand.

Ein blaßgesichtiger, mürrischer Mann mit einem Handtuch an der Seite stieg auf die zweite Stufe der Luke. «Was soll's?» fragte er.

«Bitte um Verzeihung, Sir», sagte Patsy Conroy, «aber könnten Sie mir vielleicht den Schilling heraufreichen, der mir gerade aus der Hand gefallen ist?»

Der Mann nickte, hob den Schilling auf, brummte: «Fangt ihn!» und warf den Schilling auf den Hafendamm. Patsy griff dankend an die Mütze und bückte sich nach dem Schilling. Die andern beiden Alten waren so verdutzt, daß sie ihn nicht mal zu haschen versuchten. Sie beobachteten, wie Patsy draufspuckte und ihn in die Tasche steckte. Sie beobachteten, wie er den Hafendamm hinaufging und sich laut schneuzte und wie seine lange, hagere Gestalt mit dem grauen Rücken und dem gelben Wollschal um den Hals sich so kerzengerade und feierlich wie ein Polizist bewegte.

Dann sahen sie sich an – mit vor Wut verzerrten Gesichtern. Und jeder fauchte den andern mit erhobenem Stock an: «Warum hast du ihn nicht festgehalten, du Blödian?»

The golden time of great Eliza was drawing towards its close, when in the dusk of a January evening an army issued from the massive gateway of a castle court-yard, and took the road, headed by a file of fifers and a drum. The fifers played a brisk old Irish air, and the drummer drummed as if he had a great deal of do-nothing weariness to work out of his arms and wrists. Then in well-scoured pots and shining jacks came many files of gunmen. Smoke exhaled from this part of the army – not tobacco smoke, though an odd pipe may have been lighting there too – but the smoke of burning towmatch, which for each soldier was coiled round the stock of his piece. Pike-men followed, also in head-pieces and breast-pieces, with their long, slender weapons on their shoulders, aslope, making a beautiful sight. Rough garrans with rougher drivers succeeded them, the garrans laden with panniers. On the backs of some of the garrans were fastened ladders, newly made, for they were very white. Then came a promiscuous crowd of bare-headed, long-haired youths, in tight trews and saf-fron-coloured tunics, who skipped to the music, sing-ing their own songs too as an accompaniment. Each had a sword on his thigh, and a bundle of light spears in his hands; mantles of many bright hues surrounded their shoulders, rolled after the manner of a Highlander's plaid. They were the Queen's kerne; a young English gentleman commanded them, not without difficulty. More gunmen and pikemen followed, bringing up the rear. It was a small army – only a few hundred men – yet a fairly large one for the times, and a well-equipped one too, fit to do good service to-night if all go well. Some ten or a dozen horsemen accompanied this army, all in complete armour, some in gilded armour. They went in twos

Die Goldene Zeit der Großen Eliza neigte schon ihrem Ende zu, als eines Januar-Abends um die Dämmerstunde eine Kriegsschar das schwere Tor eines Burghofes verließ und sich der Landstraße zuwandte, – voran ein Trupp Pfeifer und ein Trommler. Die Pfeifer spielten eine muntere, altirische Weise, und der Trommler trommelte, als ob er sich ein gut Teil Faulenzermüdigkeit aus Armen und Handgelenken vertreiben müßte. Hinter ihnen, mit blankgeputztem Helm und leuchtendem Koller, kamen viele Reihen Schützen. Rauch stieg von ihnen auf, – kein Tabakrauch, wenn auch vielleicht hier und da einer Pfeife rauchte, – sondern der Qualm brennender Lunte, die jeder Soldat um den Gewehrschaft gewickelt hatte. Ihnen folgten Pikenträger, auch in Helm und Koller; mit ihrer langen, schlanken Waffe über der Schulter sahen sie prächtig aus. Struppige Pferdchen mit noch struppigeren Treibern kamen nach ihnen. Die Pferde waren mit Tragkörben beladen; manche trugen Leitern, die offenbar neu gezimmert waren, denn sie leuchteten ganz weiß.

Dann schloß sich eine bunte Schar barhäuptiger, langhaariger Burschen in kurzen, engen Hosen und safrangelbem Rock an, die im Takt mit der Musik sprangen und auch ihre eigenen Lieder dazu sangen. Jeder hatte sein Schwert an der Hüfte und ein Bündel leichter Speere in der Hand. Um die Schultern trugen sie leuchtend vielfarbige Mäntel, die wie Hochländer-Plaids gewickelt waren. Sie waren der Königin Miliz. Ein junger englischer Edelmann befehligte sie und hatte seine Plage mit ihnen.

Weitere Schützen und Pikeniere bildeten die Nachhut. Es war eine kleine Schar, nur ein paar hundert, und doch für damalige Zeiten ziemlich stark, und obendrein gut ausgerüstet und wohl imstande, heute nacht ihren Mann zu stellen, wenn alles gut ging. Ungefähr zehn oder zwölf Reiter begleiteten den Trupp, alle in vollständiger Rüstung und manche in vergoldetem Harnisch. Sie ritten zu zweien

and threes together, or rode from front to rear, keeping a sharp eye on the moving host. This army marched keeping its back to the sea and its face to the mountains. Two men rode together near the band, which was now silent; the fifers were shaking the wet out of their fifes.

"What dost thou surmise, Tom?" said one in gilded armour to the other, whose armour was only iron and not bright. "Shall we catch the wily Raven in his nest this night?" The speaker was Lord Deputy of Ireland.

"My lord, I am sure of it," answered the duller soldier. "My scouts report all quiet in the glen. The Raven has not fifty men with him, and suspects nothing. Pick up thy drumsticks there. 'Swounds, man, what sort of drummer art thou to drum for the Queen's soldiers? Your Honour, the Raven is thine this night, alive or dead."

Now the band struck up again, the drummer drummed, and the remainder of this conversation was lost to all but the speakers. By the way, why did that drummer drop his drumsticks? Had the knight addressed as Tom (his full style was Captain Thomas Lee) known *that*, there would have been a different issue of this well-planned "draught," and my story would never have been written, or the Bog of Stars celebrated.

The drummer youth drummed almost as well as before that overheard conversation about the Raven had shaken the drumsticks from his hand. The subconscious musical soul in him enabled him to do that; but his thoughts were not in the music. Something then said caused to pass before him an irregular dioramic succession of mental scenes and pictures. For him, as he whirred with his little drumsticks, or sharply rat-at-at-ated, memory and imagination, on blank nothing for canvas, and with the rapidity of lightning, flung pictures by the hundred.

und dreien nebeneinander oder von der Spitze zur Nachhut und hielten ein wachsames Auge über das marschierende Kriegsheer. Die Schar hatte das Meer im Rücken und das Gesicht den Bergen zugewandt. Zwei Männer ritten dicht neben der Musik, die jetzt still war; die Pfeifer schüttelten das Wasser aus ihren Flöten.

«Was glaubst du, Tom», fragte der eine, in vergoldeter Rüstung, den anderen, dessen Panzer bloß aus Eisen war und nicht glänzte, «werden wir heut nacht den verfluchten Raben in seinem Nest fangen?» Der Sprecher war der Statthalter von Irland.

«Mylord, ich bin überzeugt davon», antwortete der unscheinbar aussehende Krieger. «Meine Späher berichten, daß in der Bergschlucht alles ruhig ist. Der Rabe hat kaum fünfzig Mann bei sich und argwöhnt nichts. – He, nimm deine Trommelstöcke auf! Was für'n Trommler bist du, zum Teufel, der du für der Königin Soldaten aufspielst? – Euer Gnaden, der Rabe ist heute euer, tot oder lebendig.» Jetzt spielte die Musik wieder, der Trommler rührte die Trommel, und der Rest des Gesprächs war nur noch für die Sprechenden selbst vernehmbar. Warum hatte der Trommler übrigens seine Trommelstöcke fallen lassen? Wenn der mit «Tom» angeredete Ritter *das* gewußt hätte, (sein vollständiger Name war Hauptmann Thomas Lee), dann hätte dieser gut vorbereitete Kriegszug einen anderen Ausgang genommen, meine Geschichte wäre ungeschrieben geblieben, und das Sternenmoor nie berühmt geworden.

Der Trommlerjunge trommelte weiter, er trommelte fast genau so gut wie vorher, ehe er die Unterhaltung über den «Raben» mitanhörte, die ihm die Trommelstöcke aus der Hand geschlagen hatte. Er konnte es, weil in der Tiefe seiner Seele die Musik immer da war; aber mit seinen Gedanken war er nicht bei der Musik. Das Gespräch ließ eine bunte Folge von Guckkastenbildern und -szenen vor seinem Geiste vorüberziehen. Während er seine kleinen Trommelstöcke wirbeln ließ oder ein scharfes «Rattata» hämmerte, warfen Erinnerung und Phantasie ihm hunderte von Bildern mit Blitzesgeschwindigkeit auf eine nicht vorhandene Leinwand.

Here is one for a sample: it passed before him like a flash, but passed many times. A long table, a very long table, spread for supper, redolent of supper, steaming with supper, and he very willing to sup. Vessels of silver, of gold too – for it was some gala night – shone in the light of many candles. Rows of happy faces were there, and one face eminent above all. There were candles in candlesticks of branching silver, or plain brass, or even fixed in jars and bottles. All the splendour was a good way off from him. He was at the wrong end of the long table, but he was there. At his end was no snow-white linen, and the cups and platters were only of ash or wild apple; but of good food there was plenty, and of ale too, for such as were not children. It was the supper table of a great lord. The boy was at one end, and the great lord at the other, he was at one end and the Raven at the other. He was not kin to this great lord, whom he called Clan-Ranal, and to whom he was too young to do service. He knew no mother, and hardly remembered his father; he had been slain, they told him, "when Clan-Ranal brake the battle on the Lord Deputy and all the Queen's Host."

Again, in imagination, the drummer-boy sat in Clan-Ranal's glowing hall while the storm raged without, and shook the clay-and-timber sides of that rude palace. There sat the swarthy chief, beaming good-will and hospitality upon all. His smiles, and the flash of his kind eyes illuminated the hall from end to end, and made the food sweeter and the ale stronger. He was only a robber chief, but oh, so great! so glorious! in the child's eyes. His "queen" was at his right hand, and around him his mighty men of valour, famous names, sung by many bards, names that struck terror afar through the lowlands. To the boy they were not quite earthly; he thought of them with the supernatural heroes of old time. He did not know that his "king" was a robber, or, if he did,

Eines davon, das nur kurz aufflammte, aber viele Male wiederkehrte, war dies: ein langer Tisch, sehr, sehr lang, zum Abendessen gedeckt; es roch nach Essen, ja, es duftete und dampfte aus allen Schüsseln, und er wollte nur allzu gern zulangen. Im Lichte zahlloser Kerzen blinkten silberne und sogar goldene Gefäße, denn es war ein festlicher Abend. Er sah Reihen froher Gesichter, und eines vor allen anderen. Kerzen steckten in silbernen Armleuchtern oder in einfachen Messinghaltern, oder auch nur in Flaschen und Gläsern. Die ganze Pracht war ein gut Stück von ihm entfernt. Er saß am unteren Ende der langen Tafel, aber er war doch da. Auf seinem Tischende lag kein schneeweißes Linnen, und die Becher und Teller waren nur aus Eschen- oder Wildapfelholz. Doch gutes Essen gab's reichlich, auch Bier für alle, die nicht zu jung waren. Es war die Abendtafel eines großen Herrn. Der Knabe saß an einem Ende, und der große Herr am andern: er war unten, und der «Rabe» saß oben. Clan-Ranal nannte er den großen Herrn, und er war nicht mit ihm verwandt; auch ihm Dienste zu leisten war er zu jung. Von seiner Mutter wußte er nichts, und an seinen Vater konnte er sich kaum erinnern; man hatte ihm gesagt, daß er erschlagen wurde, «als Clan-Ranal den Sieg über den Statthalter und der Königin ganzes Heer davontrug.»

Und wieder saß der Trommlerknabe im Geiste in Clan-Ranals schimmerndem Saal, während draußen der Sturm wütete und an den rohen Holz- und Lehmwänden des Palastes rüttelte. Da thronte der dunkelhäutige Häuptling und verschenkte Gunst und Gastfreundschaft freudig an alle. Sein Lächeln und das Aufleuchten seiner gütigen Augen erhellte den ganzen Saal, so daß das Essen noch besser mundete und das Bier noch kräftiger schien. Er war nur ein Räuberhauptmann, aber ach, so groß, so herrlich in des Knaben Augen! Seine «Königin» saß rechts von ihm, und um ihn seine gewaltigen, tapferen Mannen, lauter berühmte, von vielen Barden besungene Namen, die weit über das Tiefland Schrecken trugen. Dem Knaben kamen sie fast unwirklich vor, so wie die übernatürlichen Helden der alten Zeiten. Daß sein «König» ein Räuber war, wußte er nicht, und wenn, dann war Raub eben

thought that robbery was but another name for celerity, boldness, and every form of warlike excellence, as in such primitive Homeric days it mostly is. To others, the Raven and his mighty men were sons of death and perdition; but their rapine sustained him, and in their dubious glory he rejoiced.

A fair child's face, too, mingled always in these scenes and pictures, which chased each other across the mind of the drummer. He saw her, in short green kirtle and coat of cloth-of-gold, step down from the king's side at an assembly, bearing to him, the small but distinguished hurler of toy spears, the prize of excellence (it was only a clasp knife; he had it still), and saw her sweet smile as she said, "Thou will do some great deed one day, o Raymond, Fitz Raymond, Fitz Pierce." All the gay, bright happy life of his childhood, so happy because it held so much love, came and went in flashes before his gazing eyes; and now he drummed on the army which was to quench in blood, in horrors unspeakable and unthinkable, the light of that happy home where he had once been so happy himself. Tears ran down the drummer's face, unseen, for the night had now come. Then a thought, a purpose, flashed swiftly, like a meteor, across his mind, and came again less transiently, and then came to stay, fixed, clear, and determinate; a purpose like a star.

He drummed better after that, and spoke as stoutly as his fellows about the glorious achievement which was to be performed that night, and about his share of the plunder. Yet his thoughts were not lunderous, but heroic. He, Raymond, son of Raymond, son of Pierce, son of, etc., etc., would do a great deed that night. Some pride of birth may have mingled with the lad's purpose, for he was of a sept broken and scattered indeed, but once famous – the Fitz-Eustaces. He knew his genealogical line by heart.

nur ein anderes Wort für Kühnheit, Gewandtheit und jede Art kriegerischer Tüchtigkeit, wie es in solch primitiven homerischen Zeiten meistens ist. Für andere bedeutete der Rabe mitsamt seinen furchtbaren Mannen Tod und Verderben; er aber lebte von ihren Plünderungen und sonnte sich in ihrem fragwürdigen Ruhm.

Auch das holde Antlitz eines Kindes tauchte immer wieder in diesen Bildern und Vorstellungen auf, die dem Trommler durch den Sinn zogen. Er sah sie vor sich in kurzem, grünem Gewand und goldenem Mantel, wie sie von der Seite des Königs hinunterschritt in eine Versammlung und ihm, der sich beim Knabenwettkampf im Speerschleudern ausgezeichnet hatte, den ersten Preis überreichte. (Es war nur ein Taschenmesser, und er hatte es noch). Sie lächelte freundlich und sagte: «Du wirst eines Tages eine große Tat vollbringen, o Raymond, Sohn des Raymond, Sohn des Pierce!» Die ganze fröhliche, strahlende, glückliche Zeit seiner Kindheit – glücklich, weil sie so viel Liebe für ihn barg – flog in schnell wechselnden Bildern vor seinen starrenden Augen vorüber. Und jetzt trommelte er für ein Heer, das das Licht der glücklichen Heimstatt, wo er selbst einst so glücklich gewesen, mit Blut und unbeschreiblichen, unvorstellbaren Greueln auslöschen sollte. Tränen rannen ihm übers Gesicht, aber niemand sah es, denn es war Nacht geworden. Da zuckte ihm ein Gedanke, ein Plan schnell wie eine Sternschnuppe durchs Gehirn, kehrte wieder, verweilte und blieb, fest, klar und bestimmt, – ein Plan, der ihm vorschwebte wie ein Stern.

Von nun an trommelte er besser und sprach ebenso kühn wie seine Kameraden von der ruhmreichen Tat dieser Nacht und seinem Anteil an der Beute. Doch seine Gedanken waren nicht die eines räuberischen Soldaten, sondern die eines Helden: er, Raymond, Sohn des Raymond, Sohn des Pierce, Sohn des usw., usw., würde heute nacht eine Heldentat verrichten! Stolz auf seine Herkunft mochte sich mit dem Plan des Knaben verbunden haben, denn er stammte von einem zwar jetzt verblühten, in alle Winde zerstreuten Clan, der aber einst berühmt war: von den Fitz-Eustaces. Seine Ahnenreihe kannte

If there was a drummer at one end of it, there was an earl at the other.

The two horsemen conversed once more. "Where are we now, Tom?" exclaimed the leader of the draught.

"Your Honour, about a third part of the way. We are passing the bog called Mona-Reulta."

"These savage Irish names of yours," said the other, "are very unmemorable." Though Lord Deputy of Ireland, he did not know one word of Gaelic, at a time when nearly every nobleman and gentleman in the island spoke, or could speak that tongue. "Tell me the meaning of it in English; so I shall the better remember."

"Your Honour, it means the bog of stars, or starry bog. The bog is full of little pools and holes, and they show the stars most noticeably on a clear night."

"It is a singular name," remarked the other. He rode in silence for a while after that, and then added, "Master Edmund Spenser, my very ingenious friend, would be pleased to hear that name. Dost thou know, Tom, that this same ravaging monster and bird of prey whom we seek to-night is in the *Faery Queen*? The Ninth Canto of the Sixth Book is altogether conversant with him. Malengin is his name there. One Talus beat him full sore with his iron flail. Ay, Tom, the villain is in the *Faery Queen*, therefore famous for ever, rascal as he is. And I – alas!"

"I know not that, your Honour. I know he was in Idrone, yesterday was se'nnight, and drove the prey of thirteen towns, and murthered many loyal subjects. It is all a lie about Talus. There was no such captain, seneschal, or deputy in Ireland at any time."

The Deputy laughed cheerily at this sally, or whatever it may have been.

The army was now winding between high moun-

er auswendig, und wenn ein Trommlerknabe am einen Ende war, so war am andern ein Graf.

Die beiden Reiter unterhielten sich wieder. «Wo sind wir jetzt, Tom?» fragte der Anführer des Kriegszuges.

«Ungefähr ein Drittel des Weges haben wir hinter uns, Euer Gnaden. Wir ziehen jetzt an dem Moorgebiet vorbei, das Mona-Reulta heißt.»

«Eure barbarischen irischen Namen kann man sich schlecht merken», entgegnete der andere. Obgleich er Statthalter und Vizekönig von Irland war, verstand er kein einziges Wort Gaelisch, und das in einer Zeit, da jeder Herr und Edelmann auf der Insel die Sprache beherrschte oder sich ihrer bedienen konnte. «Sag' mir, was es auf Englisch bedeutet, damit ich mich leichter daran erinnere!»

«Es bedeutet ‹Moor der Sterne›, Euer Gnaden, oder ‹Sternenmoor›. Dieser Sumpf ist voller kleiner Teiche und Wasserlöcher, und die spiegeln die Sterne in klaren Nächten höchst wunderbar wieder.»

«Ein seltsamer Name», bemerkte der andere. Eine Weile ritt er schweigend dahin, dann sagte er: «Master Edmund Spenser, mein sehr gelehrter Freund, würde sich freuen, hörte er den Namen. – Weißt du auch, Tom, daß dieses plündernde Ungeheuer, dieser Raubvogel, den wir heute nacht jagen wollen, in der *Faery Queen* vorkommt? Der neunte Gesang des fünften Buchs handelt ausschließlich von ihm. Er wird dort *Malengin* genannt, und ein gewisser *Talus* mit seinem eisernen Dreschflegel machte ihm den Garaus. Ja, Tom, der Schurke kommt in der *Feenkönigin* vor, – so schurkenhaft er auch ist, er ist darin verewigt! Ich dagegen – ach!»

«Davon ist mir nichts bekannt, Euer Gnaden. Ich weiß nur, daß er in Idrone war, – gestern war's gerade sieben Nächte her, – und dreizehn Städte ausplünderte und viel getreue Untertanen ermordete. Das mit dem *Talus* ist alles Lüge! So einen Hauptmann oder Seneschall oder Statthalter hat's nie in Irland gegeben!»

Der Statthalter lachte herzlich über diesen Geistesblitz oder was es sonst gewesen sein mag.

Die Kriegsschar schlängelte sich jetzt zwischen hohen Ber-

tains, along a narrow way by the side of a rushing river, which roared loudly, swollen by the winter rains. Hour after hour the army pursued its march through wild mountain scenery now all hidden in the folds of night. At length, after having climbed one considerable eminence, the guide spoke some words to the leader, and pointed down the valley. The army halted. All the officers came together, and conversed apart in low voices. In the valley beneath lay the strong nest of that "proud bird of the mountains" for whose extermination they had come so far. Dawn was approaching. Already the dense weight of the darkness was much relaxed. They could see dimly the walls and towers of the chieftain's stronghold, showing white in the surrounding dusk, or half-concealed by trees. It was not a castle, only a small town, with walls and gates.

Then cautiously the Lord Deputy's army began to descend from the heights. Silence was enjoined on all, not to be broken on pain of death. Each subaltern was responsible for the behaviour of his own file; he had strict orders to keep his men together, and prevent straying on any pretext. As they drew nearer, the scaling ladders were unpacked. The little city as yet gave no sign of alarm; not a cock crowed or dog barked. No watch had been set, or, if there had been, he slept. All within, man and beast, seemed plunged in profound slumber.

Some strong detachments now separated from the main body, and moved through the trees to the right and the left. Their object was to surround the city, and cut off all retreat. There was another gate at the rear, opening upon a wooden bridge, which spanned a considerable stream. There were only two gates to the city, that in front, at which the main body was assembled, and the rear gate, whither the detachments were now tending. They never got there. At one moment there was silence,

gen auf schmalem Pfade längs eines brausenden Flusses hin, der vom Winterregen geschwollen war und laut lärmte. Stunde um Stunde marschierte das Heer durch das wilde Bergland, das jetzt ganz in den Mantel der Nacht gehüllt war. Endlich, als sie eine beträchtliche Höhe erklommen hatten, sagte der, der den Weg wies, ein paar Worte zum Anführer und zeigte ins Tal hinunter. Das Heer machte halt. Alle Offiziere kamen zusammen und sprachen leise miteinander. Im Tale unten lag der starke Horst jenes «Stolzen Vogels der Berge», zu dessen Ausrottung sie von so weither gekommen waren. Schon brach die Morgendämmerung an. Die schwere Last der Dunkelheit war etwas gewichen.. Undeutlich konnten sie die Wälle und Türme von des Häuptlings Feste sehen; sie schimmerten weißlich im Dämmerdunkel oder waren halb hinter Bäumen versteckt. Es war keine Burg, nur eine kleine Stadt mit Mauern und Toren.

Nun begann die Kriegsschar des Statthalters vorsichtig von der Höhe hinabzusteigen. Allen war Schweigen auferlegt worden, das bei Todesstrafe nicht gebrochen werden durfte. Jeder Unterführer war verantwortlich für das Betragen seiner Rotte; er hatte strengstens Befehl, seine Leute zusammen-zuhalten und ein Umherstreunen unter irgendeinem Vorwand zu verhüten. Als sie sich dem Ziele näherten, wurden die Sturmleitern losgebunden. Noch drang aus der kleinen Stadt keinerlei Anzeichen von Unruhe her: es krähte kein Hahn, und es bellte kein Hund. Keine Wache war aufgestellt, – oder wenn, so schlief sie. Drinnen schien alles, Mensch und Tier, in tiefsten Schlummer versunken.

Mehrere starke Trupps lösten sich jetzt von der Hauptmacht und wandten sich unter den Bäumen nach links und nach rechts. Ihre Aufgabe war es, die Stadt zu umzingeln und jeden Rückzug abzuschneiden. Denn jenseits war noch ein Tor, das zu einer hölzernen Brücke führte, die einen ziemlich breiten Fluß überspannte. Es waren also nur zwei Stadttore: das vordere, vor dem sich die Hauptmacht versammelte, und das rückwärtige, wohin sich jetzt die kleinen Trupps begaben. Aber sie gelangten nie dorthin. Eben hatte noch Totenstille geherrscht, die nur vom Murmeln des Flusses oder dem ge-

broken only by the murmuring of the stream or the occasional crackling of some trodden twig; at the next, the silence rang with the sharp, clear roll of a kettle-drum, the detonations so rapid that they seemed one continuous noise: –

> "Oh, listen, for the vale profound
> Is overflowing with the sound."

As suddenly as that drum had sounded, so abruptly it ceased; some one struck the drummer boy to the earth senseless, perhaps lifeless. But he had done his work. The roll of the kettle-drum can no more be recalled than the spoken word. The city, so sound asleep one minute past, was now awake and alive in every fibre. Bugles sounded there; arms and armour rang, and fierce voices in a strange tongue shouted passionate commands. Dogs bayed, horses neighed, women wailed, and children wept; and all the time the noise of trampling feet sounded like low thunder, a bass accompaniment to all that treble. The fume and glare of fast multiplying torches rose above the white walls, which were now alive with the morions of armed men, and presently ablaze with firearms. The assailants were themselves surprised and taken unawares. Their various detachments were separated. The original plan of assault had miscarried, and new arrangements were necessary. The leader bade his trumpeter sound the recall, and withdrew his men out of range, with the loss of a few wounded. When half-an-hour later a general attack was made on the walls, there was no one to receive it. They stormed an evacuated town. The chieftain, all his men, women, and children, all his animals, and the most valuable of his movable property, were seen dimly at the other side of the river, moving up the dark valley, with the men of war in the rear. Pursuit was dangerous, and was not attempted. The half-victorious army took half-joyful possession of the deserted city.

legentlichen Knacken eines niedergetretenen Zweiges unterbrochen wurde, – einen Augenblick drauf wurde die Stille zerrissen vom scharfen, hellen Wirbel einer großen Trommel. Und so schnell folgten sich die einzelnen Trommelschläge, daß es wie ein einziger, langanhaltender Schrei erschien.

> «O hört! Es ist das weite Tal
> Erfüllt von einem Sturmfanal.»

So plötzlich die Trommel erdröhnt war, so unvermittelt verstummte sie. Den Trommler hatte einer zu Boden geschlagen, vielleicht war er nur bewußtlos, vielleicht gar tot. Aber er hatte seine Arbeit geleistet: der Wirbel einer großen Trommel kann so wenig widerrufen werden wie ein gesprochenes Wort. Die Stadt, die eben noch fest geschlafen hatte, war jetzt zu fieberhaftem Leben erwacht. Signalhörner erschollen, es klirrte von Waffen und Rüstungen, und wütende Stimmen brüllten wilde Befehle in unverständlicher Sprache. Hunde bellten, Pferde wieherten, Frauen jammerten, Kinder weinten; und die ganze Zeit über erklang wie Baßbegleitung zu all diesem hellen Gelärm das dumpfe, donnergleiche Trampeln von Füßen. Qualm und Funkeln von immer zahlreicher auftauchenden Fackeln stieg über die weißen Wälle, die jetzt von den Sturmhauben Bewaffneter wimmelten, und Feuerwaffen erglänzten. Die Angreifer waren nun selber die Überraschten und Überrumpelten. Ihre verschiedenen Trupps waren versprengt. Der ursprüngliche Angriffsplan war vereitelt, und neue Anordnungen waren nötig. Der Anführer befahl seinem Trompeter, das Signal zum Sammeln zu blasen, und zog sich mit seinen Leuten unter Verlust einiger Verwundeter außer Schußweite zurück. Als sie nach einer halben Stunde einen großen Angriff auf die Wälle unternahmen, war niemand da. Sie erstürmten eine geräumte Stadt. Der Häuptling mit all seinen Mannen, die Frauen und Kinder, sein gesamtes Vieh und das Wertvollste an beweglichem Besitz waren schon jenseits des Flusses und zogen dort wie Schatten das dunkle Tal hinauf; die Bewaffneten bildeten die Nachhut. Eine Verfolgung wäre gefährlich gewesen und wurde nicht unternommen. Die halben Sieger ergriffen freudlos Besitz von der verlassenen Stadt.

There was a court-martial a little before noon in the chieftain's feasting chamber, which was filled with armed men. A culprit was led before the Lord Deputy. His face was pale, and neck red with blood, and the hair on one side of his head wet and sticky. He was a well-formed, reddish-haired youth, blue-eyed, of features rather homely than handsome. It was the drummer. The court-martial did not last long. The evidence of the witnesses went straight home, and was not met or parried.

"Sirrah," cried the Lord Deputy, "why didst thou do it? Why, being man to the Queen, didst thou play the traitor? Gentlemen, what doth the lad say?"

"He says, and it please your Honour, that he could do nothing else; that he saw this thing shine before him like a star."

"Then is a traitor turned poet. Provost-marshal, take a file of snaphance-men, and shoot him offhand. Nay, stay, a soldier's death is too good for him. Captain Lee, take him with thee in thy return, and drown him in that bog thou mindest of. Let him add that, his star, to the rest."

Yet it was observed that the Lord Deputy remained silent for a while, and seemed to meditate; after which he sighed and asked if there were another prisoner.

That evening a company of soldiers stood on a piece of firm ground above a dark pool in Mona-Reulta. They had amongst them a lad pinioned hand and foot with a stone fastened to his ankles. He was perfectly still and composed; there was even an expression of quiet pride in his illuminated countenance. He was to die a dog's death, but he had been true to his star. Two gigantic pike-men who had laid aside their defensive armour, but retained their helmets, raised him in their strong arms, while a third soldier simultaneously lifted the heavy stone. One, two, three, a splash, a rushing together in foam of the displaced water, then comparative stillness, while bubbles con-

Gegen Mittag wurde in des Häuptlings Festsaal, der voll von Bewaffneten war, Kriegsgericht abgehalten. Dem Statthalter wurde ein Angeklagter vorgeführt. Sein Gesicht war bleich, der Hals rot von Blut, und das Haar klebte auf einer Seite feucht zusammen.

Es war der Trommler, – ein gutgewachsener, rothaariger Jüngling mit blauen Augen, dessen Züge eher nichtssagend als hübsch waren. Das Kriegsgericht dauerte nicht lange. Die Aussagen der Zeugen waren eindeutig und wurden nicht bestritten oder angefochten.

«Bursche», rief der Statthalter aus, «warum hast du das getan? Warum hast du als Gefolgsmann der Königin den Verräter gespielt? – Was hat der Junge vorzubringen, Ihr Herren?»

«Belieben Euer Gnaden, er sagt, daß er nicht anders habe handeln können. Die Tat habe ihm vor Augen geleuchtet wie ein Stern.»

«Da ist ein Verräter zum Dichter geworden. General-Profos, nehmt eine Rotte Scharfschützen, und erschießt ihn auf der Stelle! – Nein, wartet! Der Soldatentod ist zu gut für ihn. Hauptmann Lee, nehmt ihn mit auf den Rückweg, und ertränkt ihn in dem Moor, an das Ihr Euch wohl erinnert. Dort kann er seinen Stern zu den übrigen hinzutun.»

Es fiel indessen auf, daß der Statthalter sich eine Weile in Schweigen hüllte und nachzusinnen schien; dann seufzte er und fragte, ob noch ein Gefangener da sei.

Am gleichen Abend stand ein Trupp Soldaten auf einem Stück festen Bodens neben einem dunklen Teich im Sternenmoor. Sie hatten einen an Händen und Füßen gefesselten Jüngling bei sich, an dessen Knöcheln ein Stein befestigt war. Er war vollkommen still und gefaßt; sein strahlendes Gesicht zeigte sogar einen Ausdruck ruhigen Stolzes. Er sollte wie ein Hund sterben, aber seinem Stern war er treugeblieben. Zwei riesige Pikenträger, die ihren Schutzpanzer abgelegt hatten, die Helme aber aufbehielten, hoben ihn mit ihren starken Armen hoch, während ein dritter Soldat gleichzeitig den schweren Stein ergriff. Eins, zwei, drei – ein Aufspritzen, und aufgewühltes Wasser schlug schaumig zusam-

tinually rose to the surface and burst. Presently all was still as before, black and still. One or two of the young soldiers showed white scared faces; but the mature men, bearded English, and moustached Irish, sent a hearty curse after the traitor, and strode away. Soon the company stood ranked on the yellow road. Someone gave out a sharp word of command, the fifes struck up a lively measure, and all went cheerily off at a quick march. There was one horseman, Captain Thomas Lee, a brave gentleman, honourably known in all the wars of the age. Above them, unrolled from the staff fluttered the bright folds of their guidon. The westering sun scintillated on their polished armour and the bright points of their pikes. *They* were not traitors, but true men; no one could say that *they* had eaten the Queen's rations, and handled her money only to betray her cause. Then the sound of the fifes died away in the distance, and the silence of the uninhabited wilderness resumed its ancient reign. Faint breaths of air played tenderly in the rushes and dry grass. By and by a pert blackhead clambered about aimlessly in a little dry and stunted willow tree that grew by the drummer's pool hardly a foot high.

Then the sun set, and still night increased, and where the drummer boy had gone down a bright star shone; it was the evening star, the star of love, which is also the morning star, the star of hope and bravery.

men. Dann beruhigte es sich etwas; nur Blasen stiegen ständig an die Oberfläche und zerplatzten. Schließlich war alles still wie zuvor, schwarz und still. Ein oder zwei der jüngeren Soldaten sahen blaß und entsetzt aus. Aber die älteren Männer, bärtige Engländer und Iren mit Schnauzbart, schickten dem Verräter einen derben Fluch nach und gingen fort. Bald stand die Mannschaft wieder in Reih und Glied auf der gelben Straße. Ein scharfes Kommando erscholl, die Pfeifen spielten eine lustige Melodie auf, und in munterem Schritt marschierten sie ab. Ein Reiter war dabei, Hauptmann Thomas Lee, ein tüchtiger Edelmann, der sich in allen Kämpfen der damaligen Zeit einen guten Namen erwarb. Über ihnen wehten die leuchtenden Falten ihrer Standarte. Die Abendsonne funkelte auf den blanken Rüstungen und den hellen Spitzen der Piken. *Sie* waren keine Verräter, sondern Getreue. Keiner konnte behaupten, daß *sie* der Königin Löhnung annahmen oder der Königin Ration aßen und danach hingingen und sie verrieten. Allmählich verhallte der Klang der Pfeifen in der Ferne, und wie zuvor beherrschte Schweigen die unbewohnte Wildnis. Leiser Lufthauch spielte zärtlich in den Binsen und im trockenen Gras. Später hüpfte eine vorwitzige kleine Lachmöwe in einer niedrigen, dürren Krüppelweide umher, die kaum fußhoch am Teiche des Trommlers wuchs.

Dann ging die Sonne unter, die Stille der Nacht nahm zu, und wo der Trommlerknabe versunken war, schien ein heller Stern. Es war der Abendstern, der Stern der Liebe, der auch der Morgenstern ist, – und das ist der Stern der Tapferkeit und Hoffnung.

A man wearing the grey frieze coat and the soft black hat of the peasantry rode up to the monastery gate on a wiry, longtailed nag. When he rang the bell at the hall-door there was a clatter of sandals on a flagged hall inside.

The door was opened by a lay brother in a brown habit, a girdle about the waist from which a great rosary beads was suspended. The peasant turned a soft black hat nervously in his hands as he delivered his message. The Friar who visited ailing people was, he said, wanted. A young man was lying very ill away up on the hills. Nothing that had been done for him was of any account. He was now very low, and his people were troubled. Maybe the Friar would come and raise his holy hands over Kevin Hooban?

The peasant gave some account of how the place might be reached. Half an hour later the Spanish Friar was on a sidecar on his way to the mountain. I was on the other side of the car. The Spanish Friar spoke English badly. The peasantry – most of whom had what they called *Béarla briste* (broken English) – could understand only an occasional word of what he said. At moments of complete deadlock I, a Mass server, acted as a sort of interpreter. For this, and for whatever poor companionship I afforded, I found myself on the sick call.

The road brought us by a lake which gave a chilly air to the landscape in the winter day, then past a strip of country meagrely wooded. We turned into a narrow road that struck the hills at once, skirting a sloping place covered with scrub and quite dark, like a black patch on the landscape. After that it was a barren pasture, prolific only in bleached boulders of rocks, of bracken that lay wasted, of broom that was sere. It was a very still afternoon, not a breath of wind

Ein Mann, der den grauen Friesrock und den weichen schwarzen Filzhut der irischen Bauern trug, ritt auf einem sehnigen, langschwänzigen Pferdchen zur Klosterpforte hinan. Als er die Glocke neben der Haustür geläutet hatte, klatschten drinnen Sandalen über den fliesenbelegten Flur.

Die Tür wurde von einem Laienbruder in brauner Kutte geöffnet; ein Rosenkranz mit großen Kugeln hing ihm vom Gürtel nieder. Der Bauer drehte einen schwarzen Filzhut schüchtern in den Händen, während er die Bestellung ausrichtete. Es würde nach dem Klosterbruder verlangt, der Kranke besuche, sagte er. Oben in den Bergen läge ein junger Mann schwerkrank darnieder. Alles, was für ihn getan worden, sei erfolglos geblieben. Es gehe ihm jetzt sehr schlecht, und seine Angehörigen sorgten sich sehr um ihn. Ob der Klosterbruder wohl kommen und Kevin Hooban segnen könne?

Der Bauer hinterließ eine Beschreibung des Weges. Eine halbe Stunde später befand sich der Klosterbruder, ein spanischer Bettelmönch, auf einem Einspänner und fuhr in die Berge. Ich hatte den anderen Quersitz inne. Der spanische Klosterbruder sprach nur gebrochen Englisch. Die Landleute, die auch nur gebrochen Englisch sprachen, konnten nicht mehr als dann und wann ein Wort von dem verstehen, was er zu ihnen sagte. Wenn es einmal gar nicht mehr weiterging, sprang ich, der Meßdiener, als Dolmetscher ein. Das war – nebst der bescheidenen Gesellschaft, die ich bot – der Grund, daß ich zum Krankenbesuch mitdurfte.

Die Straße führte an einem See entlang, der jenen Winter noch frostiger erscheinen ließ, und dann an einem spärlich bewaldeten Streifen Land vorbei. Wir bogen in eine schmale Karrenstraße ein, die gleich auf die Berge zuhielt, wobei wir um eine abschüssige, mit Gestrüpp bedeckte, ganz dunkle Stelle herumfuhren, die wie ein schwarzer Fleck auf der Landschaft wirkte. Danach kamen wir durch ödes Weideland, das lediglich einen Überfluß an ausgeblichenen Felsblöcken, welkem Farnkraut und dürrem Ginster aufwies. Es war ein sehr ruhiger

stirring. Sheep looking bulky in their heavy fleeces lay about in the grass, so motionless that they might be the work of a vigorous sculptor. The branches of the trees were so still, so delicate in their outlines against the pale sky, that they made one uneasy; they seemed to have lost the art of waving, as if leaves should never again flutter upon them.

A network of low stone walls put loosely together, marking off the absurdly small fields, straggled over the face of the landscape, looking in the curious evening light like a great grey web fantastically spun by some humorous spider. The brown figure of a shepherd with a sheep crook in his hand rose up on a distant hill. He might be a sacred figure in the red chancel of the western sky. In a moment he was gone, leaving one doubtful if he had not been an illusion. A long army of starlings trailed rapidly across the horizon, a wriggling motion marking their course like the motion in the body of a gigantic snake. Everything on the hills seemed, as the light reddened and failed, to grow vast, grotesque. The silence which reigned over it all was oppressive.

Stray cabins skirted the roadside. Some people moved about them, leaving one the impression of a remoteness that was melancholy. The women in their bare feet made little curtesies to the Friar. Children in long dresses ran into the cabins at sight of the strangers, like rabbits scuttling back to their burrows. Having found refuge they looked out over the half-doors as the car passed, their eyes sparkling, humorous, full of an alert inquisitiveness, their faces fresh as the wind.

A group of people swung along the road, speaking volubly in Irish, giving one the impression that they had made a great journey across the range of hills. They gave us a salutation that was also a blessing. We pulled up the car and they gathered about the Friar, looking up at him from under their broad-brimmed

Abend; kein Lüftchen regte sich. Rundliche Schafe lagen in ihrem schweren Fell bewegungslos da, als wären sie das Werk eines kraftvollen Bildhauers. Die Zweige der Bäume waren so still, und ihre Umrisse zeichneten sich so scharf gegen den blassen Himmel ab, daß sie unheimlich wirkten: sie schienen es verlernt zu haben, im Winde zu schwanken – als sollten nie wieder Blätter an ihnen flattern.

Ein Netzwerk niedriger, lose zusammengefügter Steinmäuerchen, welche die lächerlich kleinen Äcker gegeneinander abgrenzten, überzog die Landschaft und glich in dem seltsamen Abendlicht einem großen grauen Gespinst, das von der Laune einer Spinne absonderlich gezogen worden war. Auf einem fernen Hügel ragte die dunkle Gestalt eines Schafhirten mit einem Schäferstab auf. Er stand wie ein frommes Bild vor dem rötlichen Altarraum des Abendhimmels. Plötzlich war er nicht mehr da, und man fragte sich, ob er nicht eine optische Täuschung gewesen. Ein langer Zug von Staren zog rasch am Horizont dahin; ihr Kurs war gekennzeichnet durch ein Sich-drehen-und-winden, ähnlich der Bewegung im Körper einer riesigen Schlange. Als das Licht roter glühte und erlosch, schien alles auf den Bergen ungeheuer groß und grotesk zu werden. Die Stille, die über allem lagerte, war bedrückend.

Am Wegrand standen vereinzelte Hütten. In ihrer Nähe bewegten sich ein paar Menschen und riefen den Eindruck einer Abgeschiedenheit hervor, die traurig stimmte. Die barfüßigen Frauen knicksten vor dem Klosterbruder. Kinder in langen Kitteln liefen beim Anblick der Fremden in die Hütten zurück, wie Kaninchen in ihren Bau huschen. Nachdem sie eine Zuflucht gefunden hatten, blickten sie hinter der offenen Halbtür dem vorbeifahrenden Wagen nach – mit vergnügt blitzenden Augen und voll eifriger Wißbegier in den frischen Gesichtern.

Eine Gruppe von Leuten kam uns auf der Straße entgegen; sie sprachen Gälisch und unterhielten sich so wortreich, daß man glaubte, sie hätten eine weite Wanderung über den Kamm der Berge hinter sich. Sie grüßten uns mit einem Zeichen, das auch als Segen galt. Wir brachten den Wagen zum Stehen, und sie scharten sich um den Mönch und blickten unter ihren

black hats, the countenances for the most part dark and primitive, the type more of Firbolg than Milesian origin.

When the Friar spoke to them they paused, shuffled, looked at each other, puzzled. Half unconsciously I repeated the priest's words for them.

"Oh, you are heading for the house where Kevin Hooban is lying sick?"

"Yes."

"The priest is going to read over him?"

"Yes."

"And maybe they are expecting him?"

"Yes."

"We heard it said he is very low, a strangeness coming over him."

"Is the house far?"

"No, not too far when you are once a-past the demesne wall, with the ivy upon it. Keep on the straight road. You will come to a stream and a gullet and a road clipping into the hills from it to the right; go past that road. West of that you will see two poplar trees. Beyond them you will come to a boreen. Turn down that boreen; it is very narrow, and you had best turn up one side of the car and both sit together, or maybe the thorny hedges would be slashing you on the face in the darkness of the place. At the end of the boreen you will come to a shallow river, and it having a shingle bottom. Put the mare to it and across with you. Will you be able to remember all that?"

"Yes, thanks."

"Very well. Listen now. When you are across the river with the shingly bottom draw up on the back meadow. You will see a light shining to the north. Let one bawl out of you and Patch Keetly will be at hand to take the mare by the head. He will bring you to the house where Kevin Hooban is lying in his trouble. And God grant, Father, that you will be able to reach out a helping hand to him, and to put your

breitkrempigen schwarzen Hüten zu ihm auf: die Gesichter waren meist dunkel und urtümlich, mehr wie von Firbolgs [den sagenhaften Ureinwohnern Irlands] als von Kelten.

Als der Klosterbruder sich an sie wandte, stutzten sie, schurrten mit den Füßen und blickten sich verdutzt an. Halb unbewußt wiederholte ich ihnen die Worte des Priesters.

«Oh, Ihr wollt in das Haus, wo der kranke Kevin Hooban liegt?»

«Ja!»

«Will der Priester für ihn beten?»

«Ja!»

«Sie erwarten ihn wohl gar?»

«Ja.»

«Wir haben gehört, daß es ihm sehr schlecht geht und daß ihn ein wunderliches Wesen befallen hat.»

«Ist es noch weit bis zu seinem Haus?»

«Sobald Ihr an der Gutsmauer mit dem Efeu vorbeigefahren seid, ist es nicht mehr allzu weit. Haltet Euch an die gerade Straße. Ihr stoßt auf einen Bach, eine Schlucht und eine Straße, die nach rechts in die Berge führt; fahrt an jener Straße vorbei. Westlich davon erblickt Ihr zwei Pappeln, und hinter ihnen einen Heckenweg.

Den Heckenweg müßt Ihr hinabfahren; er ist sehr schmal, und am besten setzt Ihr Euch nebeneinander auf die gleiche Wagenseite, sonst zerkratzen Euch die Dornbüsche in der Dunkelheit das Gesicht. Am Ende des Heckenwegs gelangt Ihr an ein Flüßchen, es hat ein sehr flaches Bett aus Kieseln. Führt die Stute dort hinüber. Könnt Ihr Euch das alles merken?»

«Ja, danke!»

«Gut! Dann hört weiter zu! Wenn Ihr das Flüßchen mit dem Kieselgrund durchquert habt, müßt Ihr auf dem jenseitigen Anger halten.

Gegen Norden seht Ihr ein Licht schimmern. Da muß einer von Euch rufen, und Patch Keetly kommt und wird die Stute führen. Er bringt Euch zu der Hütte, in der Kevin Hooban in seinem Elend liegt. Und Gott gebe es, Vater, daß Ihr ihm eine helfende Hand entgegenstrecken

strength in holy words between him and them that has a hold of him; he is a fine young man without fault or blemish, and the grandest maker of music that ever put a lip to the fideóg. Keep an eye out for the poplar trees."

"Very good. God be with you."

"God speed you kindly."

We drove on. As we did so we tried to piece the directions together. The two poplar trees appeared to touch some curious strain of humour in the Spanish Friar. But it all came to pass as the prophet had spoken. We came to the ivy wall, to the stream, the gullet, the road that clipped into the hills to the right, and a long way beyond it the two poplar trees, tall, shadowy, great in their loneliness on the hills, sentinels that appeared to guard some mountain frontier. The light had rapidly gone. The whole landscape had swooned away into a vague, dark chaos. Overhead the stars began to show, the air was cutting; it bit with frost. And then we turned down the dark boreen, the mare venturing into it with some misgiving. I think the Friar was praying in an undertone in his native Basque as we passed through the narrow mountain boreen. At the end of it we came to the shallow river with the shingly bottom. Again the mare required some persuasion before she ventured in, the wheels crunching on the gravel, her fetlocks splashing the slow-moving, chocolate-coloured water. On the opposite bank we reached a sort of plateau, seen vaguely in the light. I "let a bawl out of me." It was like the cry of some lonely, lost bird on the wing. The Friar shook with laughter. I could feel the little rock of his body on the springs of the car. A figure came suddenly out of the darkness and silently took the mare by the head. The car moved on across the vague back meadow. Patch Keetly was piloting us to a light that shone in the north.

People were standing about the front of the long,

könnt und daß Ihr Eure Kraft in fromme Worte legen könnt, die alles abwehren, was einen Halt über ihn hat. Er ist ein wackerer junger Mann ohne Fehl und Makel und der beste Musikant, der je die Flöte an die Lippen gesetzt hat! Und nun achtet auf die Pappeln!»

«Sehr gut! Und Gott sei mit Euch!»

«Gott steh Euch huldreich bei!»

Wir fuhren weiter und versuchten, uns die verschiedenen Wegstrecken zu wiederholen. Die beiden Pappeln schienen den Klosterbruder merkwürdig zu erheitern. Doch fanden wir alles wie angegeben. Wir kamen zur Efeumauer, zum Bach, zur Schlucht, zur Straße, die nach rechts in die Berge führte, und lange danach auch zu den beiden Pappeln, die sich in ihrer Einsamkeit hoch und dunkel und prächtig wie Schildwachen reckten, welche irgendeine Grenze in den Bergen zu bewachen schienen.

Das Licht war schnell erloschen. Die ganze Landschaft war in ein verschwommenes, dunkles Chaos versunken. Über uns begannen die Sterne zu leuchten; die Luft war schneidend kalt. Und dann bogen wir in den dunklen Heckenweg ein, obwohl die Stute sich sträubte. Ich glaube, der Klosterbruder flüsterte ein Gebet in seinem heimatlichen Baskisch, als wir durch den engen Heckenweg fuhren. Am anderen Ende gelangten wir an das seichte Flüßchen mit dem Bett aus Kieseln. Wieder war einige Überredung nötig, ehe sich die Stute hineinwagte: die Räder knirschten über den Kies, und um die Fesseln der Stute planschte das träge, schokoladenbraune Wasser. Auf dem jenseitigen Ufer kamen wir zu einer Art Hochfläche, die schwach zu erkennen war.

Ich stieß einen Ruf aus, und er klang wie der Schrei eines einsam hinziehenden Vogels. Der Klosterbruder schüttelte sich vor Lachen. Aus der Dunkelheit tauchte plötzlich eine Gestalt auf und nahm die Stute schweigend beim Halfter. Der Wagen rollte über die verschwommen sichtbare Außenweide. Patch Keetly geleitete uns zu einem Licht im Norden.

Vor dem langen Haus mit dem tief herabhängenden Stroh-

low-thatched house. Lights shone in all the windows, the door stood open. The people did not speak or draw near as we got down from the car. There was a fearful silence about the place. The grouping of the people expressed mystery. They eyed us from their curiously aloof angles. They seemed as much a part of the atmosphere of the hills, as fixed in the landscape as the little clumps of furze or the two lonely poplars that mounted guard over the mouth of the boreen.

"Won't the holy Father be going into the house?" Patch Keetly asked. "I will unyoke the mare and give her a share of oats in the stable."

The Friar spoke to me in an undertone, and we crossed to the open door of the house.

The door led directly into the kitchen. Two women were standing well back from the door, something respectful, a little mysterious and a little fearful in their attitude. Their eyes were upon the Friar, and from their expressions they might have expected some sort of apparition to cross the threshold. They made a curtesy to him, dipping their bodies in a little sudden jerk. Nobody else was in the kitchen, and, despite the almost oppressive formality of their attitude, they somehow conveyed a sense of the power of women in the household in time of crisis. They were in supreme command, the men all outside, when a life had to be battled for. The elder of the women came forward and spoke to the priest, bidding him welcome. The reception looked as if it had been rehearsed, both women painfully anxious to do what was right.

There appeared some little misunderstanding, and I as too dazed with the cold – which I had only fully felt when I got off the car and found my legs cramped – to come to the rescue as interpreter. The Spanish Friar was accustomed to these little embarrassments, and he had a manner of meeting them

dach standen Menschen. Aus allen Fenstern fiel Licht, und die Haustür war offen. Als wir vom Wagen kletterten, sprachen die Menschen nicht, noch kamen sie näher. Über allem hing eine besorgte Stille. Etwas Geheimnisvolles drang aus den beieinanderstehenden Gruppen. Sie beobachteten uns aus einem seltsam fernen Blickwinkel. Sie schienen ebenso sehr zu der Hügellandschaft zu gehören und ebenso bodenständig zu sein wie die kleinen Büschel Stechginster oder die beiden einsamen Pappeln, die den Zugang zum Heckenweg bewachten.

«Wollen Hochwürden nicht ins Haus gehen?» fragte Patch Keetly. «Ich spanne inzwischen die Stute aus und gebe ihr im Stall etwas Hafer.»

Der Klosterbruder sprach leise mit mir, und dann traten wir über die Schwelle der offenstehenden Haustür.

Die Haustür führte ohne Vorflur in die Küche. Zwei Frauen hielten sich in einiger Entfernung von der Tür auf; ihre Haltung war zugleich respektvoll, ein wenig geheimnisüberschattet und ein wenig ängstlich. Ihre Blicke ruhten auf dem spanischen Mönch, und ihrem Ausdruck nach mochten sie erwartet haben, daß eine wundersame Erscheinung ihre Schwelle überschritte. Sie knicksten vor ihm, wobei sie den Körper in einem kurzen, plötzlichen Ruck neigten. Sonst war niemand in der Küche, und trotz der fast bedrückenden Förmlichkeit in ihrer Haltung ging doch etwas von ihnen aus, das den starken Einfluß dieser Frauen in einer für die Familie bedrohlichen Stunde verriet. Wenn es um ein Menschenleben zu kämpfen galt, hatten sie die oberste Gewalt inne, und die Männer räumten das Haus. Die ältere der beiden Frauen trat vor, redete den Priester an und hieß ihn willkommen. Der Empfang erweckte den Eindruck, als sei er einstudiert worden und als wären beide Frauen peinlichst darauf bedacht, richtig zu handeln.

Es schien ein kleines Mißverständnis zu geben, und ich war zu sehr von der Kälte benommen – die ich erst richtig verspürt hatte, als ich vom Wagen stieg und merkte, daß meine Beine steif waren –, um als Dolmetscher zu Hilfe zu kommen. Der Spanier war an diese kleinen Verlegenheiten gewöhnt

with a smile. The misunderstanding and the embarrassment seemed to thaw the formality of the reception. The women looked relieved. They were obviously not expected to say anything, and they had no fear now that they would be put to the ordeal of meeting a possibly superior person, one who might patronize them, make a flutter in their home, appal them by expecting a great deal of attention, in short, be "very Englified." The Spanish Friar had very quick intuitions and some subtle way of his own for conveying his emotions and his requirements. He was in spirit nearer to the peasantry than many of the Friars who themselves came from the flesh of the peasantry. And these two peasant women, very quick both in their intuitions and their intelligence, seemed at the very moment of the breakdown of the first attempt at conversation to understand him and he to understand them. The elder of the women led the priest into a room off the kitchen where I knew Kevin Hooban lay ill.

The younger woman put a chair before the fire and invited me to sit there. While I sat before the fire I could hear the quick but quiet step of her feet about the kitchen, the little swish of her garments. Presently she drew near to the fire and held out a glass. It contained what looked like discoloured water, very like the water in the shallow river with the shingly bottom. I must have expressed some little surprise, even doubt, in my face, for she held the glass closer, as if reassuring me. There was something that inspired confidence in her manner. I took the glass and sipped the liquid. It left a half-burned, peaty taste in the mouth, and somehow smacked very native in its flavour. I thought of the hills, the lonely bushes, the slow movement of the chocolate-coloured river, the men with the primitive dark faces under the broad-brimmed hats, their mysterious, even dramatic way

und hatte eine eigene Weise, lächelnd mit ihnen fertig zu werden. Das Mißverständnis und die Verlegenheit schienen die Förmlichkeit des Empfangs zum Schmelzen zu bringen. Die Frauen wirkten erleichtert. Es wurde offenbar nicht erwartet, daß sie etwas sagten, und nun fürchteten sie nicht, sie würden der Qual ausgesetzt, einer vielleicht überheblichen Person gegenüberzutreten, jemandem, der sie herablassend behandeln, Unruhe in ihrem Haus hervorrufen und sie dadurch in Schrecken versetzen könnte, daß er viel Bedienung erwartete, kurz, daß er «sehr anglisiert» sei. Der spanische Mönch erfaßte Zusammenhänge sehr rasch und unmittelbar und hatte eine kluge persönliche Art, seine Gefühle und Bedürfnisse zu vermitteln. Geistig stand er den Bauern näher als viele der Mönche, die selber von Bauern abstammten. Und diese zwei Bauersfrauen, die beide rasch auffaßten und verstanden, schienen ihn genau in dem Augenblick zu begreifen – und er sie –, als der erste Versuch eines Gesprächs gescheitert war. Die ältere Frau führte den Priester in ein Zimmer neben der Küche, in dem, wie ich wußte, der kranke Kevin Keegan lag.

Die jüngere Frau rückte einen Stuhl ans Feuer und forderte mich auf, Platz zu nehmen. Während ich am Kamin saß, machte sie sich in der Küche zu schaffen, und ich konnte ihre flinken, aber leisen Schritte und das Rascheln ihrer Röcke hören. Bald darauf trat sie zu mir und reichte mir ein Glas. Der Inhalt sah trübe aus und glich dem Wasser des seichten Flüßchens mit dem Kieselbett. Mein Gesicht muß ein wenig Überraschung, vielleicht sogar Bedenken gezeigt haben, denn sie hielt das Glas noch näher, als wollte sie mich beruhigen. Etwas in ihrer ganzen Art löste Vertrauen aus. Ich nahm das Glas und nippte daran. Ein Geschmack, halb wie Angebranntes und halb wie Torfrauch, blieb mir im Munde haften: irgendwie war es ein sehr heimatlich anmutendes Aroma. Ich dachte an die Hügel, die spärlichen Büsche und das langsame Dahingleiten des schokoladenbraunen Flüßchens, an die Menschen mit den primitiven dunklen Gesichtern unter den breitkrempigen Hüten, an ihre geheimnisvolle, ja dramatische Art, sich um das erhellte Haus herum zu versammeln. Aus der gleichen

of grouping themselves around the lighted house. The peaty liquid seemed a brew out of the same atmosphere. I knew it was poteen. And in a moment I felt it coursing through my body, warming my blood. The young woman stood by the fire, half in shadow, half in the yellow flame of the turf fire, her attitude quiet but tense, very alert for any movement in the sick room.

The door of the room stood slightly open, and the low murmur of the Friar's voice reciting a prayer in Latin could be heard. The young woman sighed, her bosom rising and falling in a quick breath of pain. Then she made the sign of the Cross.

"My brother is very low," she said, sitting down by the fire after a time. Her eyes were upon the fire. Her face was less hard than the faces I had seen on the hills. She looked good-natured.

"Is he long ill?"

"This long while. But to look at him you would conceit he was as sound as a trout. First he was moody, moping about the place, and no way wishful for company. Hours he would spend below at the butt of the meadow, nearby the water, sitting under the thorn bush and he playing upon the fideóg. Then he began to lose the use of his limbs, and crying he used to be within in the room. Some of the people who have knowledge say he is lying under a certain influence. He cannot speak now. The holy Friar will know what is best to be done."

When the Friar came out of the room he was divesting himself of the embroidered stole he had put over his shoulders.

The white-capped old woman had excitement in her face as she followed him.

"Kevin spoke," she said to the other. "He looked up at the blessed man and he made an offer to cross himself. I could not hear the words he was speaking, that soft they come from his lips."

Umgebung schien das Getränk mit dem Torfgeschmack zu stammen. Ich wußte: es war *Poteen*. Und im nächsten Augenblick spürte ich, wie es mir durch den Körper rann und mir das Blut wärmte. Die junge Frau stand neben dem Feuer, halb im Schatten, halb vom gelben Flammenschein des Torffeuers beleuchtet. Ihre Haltung war gelassen, und doch achtete sie gespannt und voller Aufmerksamkeit auf das kleinste Geräusch im Krankenzimmer.

Die Tür des Zimmers stand ein wenig offen, und man konnte das leise Murmeln des Priesters hören, der ein lateinisches Gebet sprach. Die junge Frau seufzte, und ihre Brust hob und senkte sich rasch und schmerzerfüllt. Dann bekreuzigte sie sich.

«Meinem Bruder geht es sehr schlecht», flüsterte sie und setzte sich zu mir ans Feuer. Sie sah in die Flammen. Ihr Gesicht war weniger hart als die Gesichter, die ich auf den Hügeln gesehen hatte. Sie sah gutmütig aus.

«Ist er schon lange krank?»

«Ja, sehr lange. Aber wenn man ihn ansieht, könnte man glauben, er wäre so munter wie eine Forelle. Zuerst war er verdrießlich, drückte sich im Haus herum und wollte keinen Menschen sehen. Viele Stunden verbrachte er auf der Grasbank am Wasser unten, saß unter dem Dornbusch und spielte auf seiner Flöte.

Dann verlor er den Gebrauch seiner Glieder, weinte immerfort und blieb im Zimmer. Manche erfahrenen Leute behaupten, er stehe unter einem Bann. Er kann jetzt nicht mehr sprechen. Der fromme Priester wird am besten wissen, was geschehen soll.»

Als der Mönch wieder aus dem Zimmer kam, nahm er gleich die gestickte Stola ab, die er sich über die Schultern gelegt hatte.

Das Gesicht der hinter ihm her gehenden alten Frau mit der weißen Haube drückte Erregtheit aus.

«Kevin hat gesprochen,» sagte sie zu der jüngeren. «Er blickte zu dem heiligen Mann auf und wollte sich bekreuzigen. Ich konnte die Worte nicht verstehen, so leise kamen sie ihm über die Lippen.»

"Kevin will live," said the younger woman, catching some of the excitement of her mother. She stood tensely, drawn up near the fire, gazing vacantly but intently across the kitchen, as if she would will it so passionately that Kevin should live that he would clive. She moved suddenly, swiftly, noiselessly across the floor and disappeared into the room.

The priest sat by the fire for some time, the old woman standing by, respectful, but her eyes riveted upon him as if she would pluck from him all the secrets of existence. The priest was conscious, a little uneasy, and a little amused, at this abnormal scrutiny. Some shuffling sounded outside the house as if a drove of shy animals had come down from the mountain and approached the dwelling. Presently the door creaked. I looked at it uneasily. The atmosphere of the place, the fumes of the poteen in my head, the heat of the fire, had given me a more powerful impression of the mysterious, the weird. Nothing showed at the door for some time, but I kept my eye upon it. I was rewarded.

A cluster of heads and shoulders of men, swarthy, gloomy, some awful foreboding in the expression of their faces, hung round the door and peered silently down at the Friar seated at the fire. Again I had the sense that they would not be surprised to see any sort of apparition. The heads disappeared, and there was more shuffling outside the windows as if shy animals were hovering around the house. The door creaked again, and another bunch of heads and shoulders made a cluster about it. They looked, as far as I could see them, the same group of heads, but I had the feeling that they were fresh spectators. They were taking their view in turn.

The priest ventured some conversation with the woman of the house.

"Do you think will Kevin live, Father?"

"He should have more courage," the Friar said.

«Kevin bleibt am Leben!» rief die jüngere Frau, auf die sich die Erregung ihrer Mutter übertragen hatte. Sie stand in angespannter Haltung neben dem Feuer und starrte gedankenverloren, aber angespannt über die Küche hin, als könnte sie mit ihrem leidenschaftlichen Willen erzwingen, daß Kevin am Leben blieb. Dann plötzlich ging sie schnell und lautlos durch die Küche und verschwand im Krankenzimmer.

Der Priester saß ein Weilchen vor dem Feuer. Die alte Frau hielt sich respektvoll neben ihm, doch ihre Augen saugten sich an ihm fest, als wollte sie ihm alle Lebensgeheimnisse entreißen. Der Priester spürte den ungeheuer forschenden Blick und fand ihn etwas unbehaglich und etwas komisch. Draußen vor dem Haus scharrten Füße, als wäre eine Herde scheuer Tiere von den Bergen heruntergekommen und näherte sich der menschlichen Behausung. Bald darauf knarrte die Tür. Ich blickte unruhig auf. Die ganze Stimmung im Haus, der starke Poteen und die Hitze, die das Torffeuer ausstrahlte, machten mich noch empfänglicher für das Geheimnisvolle und Unwirkliche. Eine Zeitlang zeigte sich nichts auf der Schwelle, doch ich wandte den Blick nicht ab. Dann wurde meine Aufmerksamkeit belohnt.

Köpfe und Schultern von dunkelhäutigen, finsteren Männern mit schrecklich ahnungsvollem Gesichtsausdruck drängten sich in den Türspalt und spähten stumm auf den am Feuer sitzenden Klosterbruder. Wieder hatte ich den Eindruck, als wären sie gar nicht überrascht gewesen, wenn sie eine Erscheinung gesehen hätten. Die Köpfe verschwanden, und draußen vor den Fenstern hob abermals ein Gescharre an, als schlichen scheue Tiere ums Haus. Wieder knarrte die Tür, und Köpfe und Schultern zwängten sich in den Türspalt. Sie sahen aus – so gut man sehen konnte – wie die Gruppe von Köpfen vorhin, aber ich hatte das Gefühl, daß es neue Zuschauer waren. Alle wollten der Reihe nach einen Blick auf den Priester werfen.

Der Priester wagte sich an eine Unterhaltung mit der Hausfrau.

«Und glaubt Ihr, Vater, daß Kevin am Leben bleibt?»

«Er müßte mehr Mut haben», erwiderte der Mönch.

"We will all have more courage now that you have read over him."

"Keep the faith. It is all in the hands of God. It is only what is pleasing to Him that will come to pass."

"Blessed be His Holy Name." The woman inclined her head as she spoke the words. The priest rose to go.

The young girl came out of the room. "Kevin will live," she said. "He spoke to me." Her eyes were shining as she gazed at her mother.

"Could you tell what words he spoke?"

"I could. He said, 'In the month of April, when the water runs clear in the river, I will be playing the fideóg.' That is what Kevin said."

"When the river is clear – playing the fideóg," the elder woman repeated, some look of trouble, almost terror, in her face. "The cross of Christ between him and that fideóg!"

The priest was moving to the door and I followed. As I did so I got a glimpse, through the partly open room door, of the invalid. I saw the long, pallid, nervous-looking face of a young man on the pillow. A light fell on his brow, and I thought it had the height, and the arch, the good shape sloping backward to the long head, of a musician. The eyes were shining with an unnatural brightness. It was the face of an artist, an idealist, intensified, idealized, by illness, by suffering, by excitement, and I wondered if the vision which Kevin Hooban had of playing the fideóg by the river, when it ran clear in April, were a vision of his heaven or his earth.

«Wir haben jetzt alle etwas mehr Mut, seit Ihr die Gebete über ihm geprochen habt.»

«Erhaltet Euch Euren Glauben! Alles liegt in Gottes Hand. Nichts geschieht ohne Seinen Wunsch und Willen.»

«Gesegnet sei Sein heiliger Name!» Die Frau beugte den Kopf, als sie es sagte. Der Priester erhob sich, um zu gehen.

Die jüngere Frau kam aus dem Zimmer. «Kevin bleibt am Leben», verkündete sie. «Er hat mit mir gesprochen.» Ihre Augen strahlten, als sie die Mutter anblickte.

«Kannst du seine Worte wiederholen?»

«Ja. Er hat gesagt: ‹Im Monat April, wenn das Wasser klar im Flusse rauscht, spiele ich wieder die Flöte.› Das hat Kevin gesagt!»

«Wenn das Wasser klar ist ... spielt er die Flöte?» wiederholte die ältere Frau, und ihr Gesicht spiegelte Sorge, ja fast Entsetzen wider. «Christi Kreuz stehe zwischen ihm und seiner Flöte!»

Der Priester wandte sich zur Tür, und ich folgte ihm. Dabei konnte ich einen Blick durch die halb geöffnete Tür des Krankenzimmers werfen. Ich sah das lange, bleiche, nervöse Gesicht des jungen Mannes auf dem Kopfkissen. Licht fiel auf seine Stirn, und ich dachte: Das ist die Stirn eines Musikers – hoch, geschwungen, wohlgeformt und in einen langen Hinterkopf übergehend. Die Augen schimmerten in unnatürlichem Glanz. Es war das Gesicht eines Künstlers, eines Idealisten, noch ausgeprägter und vergeistigter durch Krankheit, Leiden und Erregung. Ich fragte mich, ob die Vision, die Kevin Hooban von sich selbst gehabt hatte – wie er flötespielend am klaren Fluß saß, sobald es im April hell wurde –, sein himmlisches oder sein irdisches Wunschbild war.

Mr. Toole and Mr. O'Hickey walked down the street together in the morning.

Mr. Toole had a peculiarity. He had the habit, when accompanied by another person, of saluting total strangers; but only if these strangers were of important air and costly raiment. He meant thus to make it known that he had friends in high places, and that he himself, though poor, was a person of quality fallen on evil days through some undisclosed sacrifice made in the interest of immutable principle early in life.

Most of the strangers, startled out of their private thoughts, stammered a salutation in return. And Mr. Toole was shrewd. He stopped at that. He said no more to his companion, but by some little private gesture, a chuckle, a shake of the head, a smothered imprecation, he nearly always extracted the one question most melodious to his ear: *"Who was that?"*

Mr Toole was shabby, and so was Mr. O'Hickey, but Mr. O'Hickey had a neat and careful shabbiness. He was an older and a wiser man, and was well up to Mr. Toole's tricks. Mr. Toole at his best, he thought, was better than a play. And he now knew that Mr. Toole was appraising the street with beady eye.

"Gorawars!" Mr Toole said suddenly.

We are off, Mr. O'Hickey thought.

"Do you see this hop-off-my-thumb with the stick and the hat?" Mr. Toole said.

Mr. O'Hickey did. A young man of surpassing elegance was approaching; tall, fair, darkly dressed; even at fifty yards his hauteur seemed to chill Mr. O'Hickey's part of the street.

"Ten to one he cuts me dead," Mr. Toole said.

Eines Morgens gingen Mr. Toole und Mr. O'Hickey zusammen die Straße entlang.

Nun hatte Mr. Toole eine eigentümliche Gewohnheit: wenn ihn jemand begleitete, pflegte er gänzlich unbekannte Personen zu grüßen – jedoch nur, wenn sie gut gekleidet waren und auch sonst einen bedeutenden Eindruck erweckten. Er wollte damit beweisen, daß er in den höchsten Kreisen Freunde hatte und daß er selber, obwohl arm, ein Herr von Stand war, der durch ein ungenanntes Opfer, das er früh im Leben zur Wahrung eines unwandelbaren Grundsatzes gebracht hatte, ins Unglück geraten war. Von den so überraschend begrüßten Fremden stotterten die meisten, aus ihren Gedanken aufgescheucht, irgendeinen Gruß als Erwiderung hervor. Und Mr. Toole war schlau: er ließ es dabei bewenden. Zu seinem Begleiter bemerkte er gar nichts, doch durch eine verstohlene kleine Gebärde, ein Kichern, ein Kopfschütteln oder ein unterdrücktes Schimpfwort gelang es ihm fast jedesmal, dem andern die eine Frage abzuringen, die seinem Ohr so lieblich einging: «*Wer war denn das?*»

Mr. Toole sah ärmlich aus, und Mr. O'Hickey ebenfalls, aber Mr. Hickeys Ärmlichkeit hatte etwas Sorgfältiges und Gepflegtes. Er war älter und klüger als Mr. Toole und durchschaute dessen Tricks sehr wohl. Im besten Falle hielt er Mr. Toole noch für besser als ein Theaterstück. Und eben jetzt sah er, wie Mr. Tooles Knopfaugen wieder einmal begannen, die Straße zu mustern.

Plötzlich rief Mr. Toole: «Das gibt's doch nicht!»

Es geht wieder los, dachte Mr. O'Hickey.

«Sehen Sie da vorne den kleinen Gernegroß mit dem Spazierstock und dem Hut?» fragte Mr. Toole.

Mr. O'Hickey nickte. Ein junger Mann von erstaunlicher Eleganz kam näher. Groß, blond, dunkel gekleidet. Vor seinem Hochmut schien schon auf fünfzig Meter allen Fußgängern auf dieser Straßenseite das Blut zu erstarren.

«Ich wette zehn zu eins, daß er mich schneidet!» flüsterte

"This is one of the most extraordinary pieces of work in the whole world."

Mr. O'Hickey braced himself for a more than ordinary impact. The adversaries neared each other.

"*How are we at all, Sean a chara?*" Mr. Toole called out.

The young man's control was superb. There was no glare, no glance of scorn, no sign at all. He was gone, but had left in his wake so complete an impression of his contempt that even Mr. Toole paled momentarily. The experience frightened Mr. O'Hickey.

"Who . . . who was *that?*" he asked at last.

"I knew the mother well," Mr. Toole said musingly. "The woman was a saint." Then he was silent.

Mr. O'Hickey thought: there is nothing for it but bribery – again. He led the way into a public house and ordered two bottles of stout.

"As you know," Mr. Toole began, "I was Bart Conlon's right-hand man. We were through 'twenty and 'twenty-one together. Bart, of course, went the other way in 'twenty-two."

Mr. O'Hickey nodded and said nothing. He knew that Mr. Toole had never rendered military service to his country.

"In any case," Mr. Toole continued, "there was a certain day early in 'twenty-one and orders come through that there was to be a raid on the Sinn Fein office above in Harcourt Street. There happened to be a certain gawskogue of a cattle-jobber from the County Meath had an office on the other side of the street. And he was well in with a certain character by the name of Mick Collins. I think you get me drift?"

"I do," Mr. O'Hickey said.

"There was six of us," Mr. Toole said, "with meself and Bart Conlon in charge. Me man the cattle-jobber gets an urgent call to be out of his office accidentally on purpose at four o'clock, and at half-four the six of

Mr. Toole. «Einen so außerordentlichen Menschen wie den gibt's so leicht nicht zweimal in der Welt!»

Mr. O'Hickey machte sich auf eine ganz besondere Begegnung gefaßt. Die Widersacher näherten sich.

«Heh, wie geht's denn, Sean, mein Lieber?» rief Mr. Toole. Die Selbstbeherrschung des jungen Mannes war musterhaft. Kein Anstieren, kein verächtlicher Blick, gar nichts. Er war vorbei und hatte in seinem Kielwasser einen so überwältigenden Eindruck grenzenloser Verachtung hinterlassen, daß sogar Mr. Toole für einen Augenblick erbleichte. Mr. O'Hickey war von dem Erlebnis eingeschüchtert.

«Wer . . . wer war denn *das*?» brachte er schließlich heraus.

«Ich kannte die Mutter gut», antwortete Mr. Toole nachdenklich. «Die Frau war eine Heilige!» Dann verstummte er.

Mr. O'Hickey dachte: ‹Da hilft mal wieder nichts als Bestechung!› Er führte Mr. Toole in eine Kneipe und bestellte zwei Flaschen Bier.

«Sie wissen wohl», begann Mr. Toole, «daß ich während der Freiheitskämpfe Bart Conlons rechte Hand war? Wir haben die zwanziger und einundzwanziger Jahre Seite an Seite durchgestanden. Bart beschritt im Jahre '22 natürlich den anderen Weg.» [Die irischen Nationalisten – Sinn Fein – spalteten sich in Radikale unter Eamon de Valera und Gemäßigte unter Cumann nan Gaedhal.]

Mr. O'Hickey nickte. Er wußte, daß Mr. Toole für sein Land nie Militärdienst geleistet hatte..

«Jedenfalls», fuhr Mr. Toole fort, «erhielten wir zu Anfang des Jahres '21 eines schönen Tages Nachricht, daß die Briten auf das Büro der Sinn-Feiner in der Harcourt Street einen Überfall planten. Zufällig lag auf der anderen Straßenseite das Büro eines gewissen Tölpels von Viehhändler aus der Grafschaft Meath, der mit einem gewissen Mick Collins sympathisierte. Sie ahnen wohl, worauf ich hinaus will?»

«Ja», antwortete Mr. Hickey.

«Wir waren unser sechs», erzählte Mr. Toole, «und ich und Bart Conlon führten an. Dem Freundchen Viehhändler wurde dringendst nahegelegt, sein Büro wohlweislich beiläufig um vier Uhr zu räumen, und um halb fünf hatten wir sechs uns

us is parked inside there with two machine-guns, the rifles and a class of a homemade bomb that Bart used to make in his own kitchen. The military arrived in two lurries on the other side of the street at five o'clock. That was the hour in the orders that come. I believe that man Mick Collins had lads working for him over in the War Office across in London. He was a great stickler for the British being punctual on the dot."

"He was a wonderful organizer," Mr. O'Hickey said.

"Well, we stood with our backs to the far wall and let them have it through the open window and them getting down offa the lurries. Sacred godfathers! I never seen such murder in me life. Your men didn't know where it was coming from, and a lot of them wasn't worried very much when it was all over, because there was no heads left on some of them. Bart then gives the order for retreat down the back stairs; in no time we're in the lane, and five minutes more the six of us upstairs in Martin Fulham's pub in Camden Street. Poor Martin is dead since."

"I knew that man well," Mr. O'Hickey remarked.

"Certainly you knew him well," Mr. Toole said, warmly. "The six of us was marked men, of course. In any case, fresh orders come at six o'clock. All hands was to proceed in military formation, singly, by different routes to the house of a great skin in the Cumann na mBan, a widow by the name of Clougherty that lived on the south side. We were all to lie low, do you understand, till there was fresh orders to come out and fight again. Sacred wars, they were very rough days them days; will I ever forget Mrs. Clougherty! She was certainly a marvellous figure of a woman. I never seen a woman like her to bake bread."

Mr. O'Hickey looked up.

"Was she," he said, "was she . . . all right?"

darin eingenistet – mit unsern Gewehren, zwei Maschinen-
gewehren und einer selbstgebastelten Bombe, wie sie Bart bei
sich zu Hause in der Küche herzustellen pflegte. Um fünf Uhr
erschienen auf der anderen Straßenseite zwei Lastwagen mit
britischem Militär – genau zu der uns mitgeteilten Stunde. Ich
glaube, dieser Bursche Mic Collins hatte drüben in London
Leute im Kriegsministerium, die für ihn arbeiteten – jedenfalls
predigte er uns dauernd, die Briten seien auf die Minute
pünktlich.»

«Er war ein blendender Organisator», warf Mr. O'Hickey
ein.

«Nun, wir hatten uns im Büro des Viehhändlers an der
hinteren Wand aufgestellt, und als die englischen Soldaten
vom Lastwagen sprangen, schickten wir ihnen den Segen
durchs offene Fenster. Heiliger Nepomuk! Noch nie im Leben
habe ich so ein Gemetzel erlebt! Die Tommies wußten nämlich
nicht, aus welcher Richtung das Feuer kam, und viele machten
sich auch nicht lange Gedanken darüber, denn als alles vorbei
war, hatte mancher keinen Kopf mehr. Bart gab dann den
Befehl zum Rückzug über die Hoftreppe. Im Nu standen wir
auf der Gasse hinten, und fünf Minuten drauf waren wir alle
sechs oben in Martin Fulhams Kneipe in der Camden-Street.
Der arme Martin ist inzwischen gestorben.»

«Den kannte ich gut», bemerkte Mr. O'Hickey.

«Sicher kannten Sie ihn gut», sagte Mr. Toole warmherzig.
«Wir sechs waren natürlich Gezeichnete. Jedenfalls kamen um
sechs Uhr neue Befehle. Alle Mann sollten wir feldmarschmä-
ßig auf verschiedenen Routen einzeln zum Haus einer großen
Nummer in der Sinn-Fein-Partei vorrücken, einer Witwe namens Mrs. Clougherty, die auf der Südseite von Dublin lebte.
Verstehn Sie, wir mußten uns jetzt alle versteckt halten, bis
weitere Befehle kamen und wir wieder kämpfen durften. Heiliges Kanonenrohr, das waren rauhe Zeiten damals, und die Mrs.
Clougherty werd' ich im ewigen Leben nicht vergessen! Sie
war, weiß Gott, ein Prachtstück von 'ner Frau! So 'ne Frau wie
die Frau hab' ich nie wieder Brot backen sehn!»

Mr. O'Hickey sah auf.

«War sie . . .», fragte er, «war sie . . . hm . . . in Ordnung?»

"She was certainly nothing of the sort," Mr. Toole said loudly and sharply. "By God, we were all thinking of other things in them days. Here was this unfortunate woman in a three-story house on her own, with some quare fellow in the middle flat, herself on the ground floor, and six blood-thirsty pultogues hiding above on the top floor, every man-jack ready to shoot his way out if there was trouble. We got feeds there I never seen before or since, and the *Independent* every morning. Outrage in Harcourt Street. The armed men then decamped and made good their escape. I'm damn bloody sure we made good our escape. There was one snag. We couldn't budge out. No exercise at all – and that means only one thing . . ."

"Constipation?" Mr. O'Hickey suggested.

"The very man," said Mr. Toole.

Mr. O'Hickey shook his head.

"We were there a week. Smoking and playing cards, but when nine o'clock struck, Mrs. Clougherty come up, and, Protestant, Catholic or Jewman, all hands had to go down on the knees. A very good . . . strict . . . woman, if you understand me, a true daughter of Ireland. And now I'll tell you a damn good one. About five o'clock one evening I heard a noise below and peeped out of the window. Sanctified and holy godfathers!"

"What was it – the noise?" Mr. O'Hickey asked.

"What do you think, only two lurries packed with military, with my nabs of an officer hopping out and running up the steps to hammer at the door, and all the Tommies sitting back with their guns at the ready. Trapped! That's a nice word – *trapped*! If there was ever rats in a cage, it was me unfortunate brave men from the battle of Harcourt Street. God!"

"They had you at what we call a disadvantage," Mr. O'Hickey conceded.

"She was in the room herself with the teapot. She

«Selbstverständlich war sie nicht so eine!» erwiderte Mr. Toole laut und heftig. «Weiß der Himmel, wir hatten damals andre Dinge im Kopf! Da saß die bedauernswerte Frau ganz allein in ihrem Haus von drei Stockwerken – im mittleren wohnte ein fremder Mensch, sie selber lebte im Erdgeschoß, und im Dachstock hielten sich von jetzt an sechs blutrünstige Raufbolde versteckt, von denen jeder einzelne bereit war, sich den Weg freizuschießen, wenn er in Bedrängnis geriet. Eine Verpflegung hatten wir, so was hab' ich noch nie erlebt, weder vorher noch nachher! Und jeden Morgen die Zeitung raufgebracht! ‹Überfall in der Harcourt Street! Die Bewaffneten rissen dann aus – es glückte ihnen zu entkommen.› Wollt' ich meinen, daß es uns geglückt ist! Die Sache hatte bloß einen Haken: wir konnten uns nicht rühren. Hatten keinerlei Bewegung – und das hatte natürlich seine Folgen ...»

«Verstopfung?» fragte Mr. O'Hickey.

«Und wie!» sagte Mr. Toole.

Mr. O'Hickey schüttelte den Kopf.

«Eine Woche lang blieben wir dort. Rauchten und spielten Karten. Aber wenn's neun Uhr schlug, kam Mrs. Clougherty nach oben, und alle Mann hoch, ob Protestant oder Katholik oder Jude, mußten auf die Knie! Eine sehr fromme ... ordentliche Frau, wenn Sie verstehen, was ich damit sagen will. Eine echte Tochter Irlands! Und nun will ich Ihnen das Tollste von der ganzen Sache erzählen. Eines Nachmittags gegen fünf Uhr hör' ich unten Lärm und blinzle durch den Fensterladen. Heilige und barmherzige Nothelfer!»

«Was war's denn – der Lärm?» fragte Mr. O'Hickey.

«Stellen Sie sich mal vor: zwei Lastwagen, randvoll mit Militär, und ein Stutzer von Offizier springt ab und die Steinstufen rauf und hämmert an die Haustür, und sämtliche Tommies sitzen da und haben das Gewehr schußbereit. In der Falle! Das ist 'n sauberer Ausdruck: *in der Falle!* Wenn jemals Ratten in einer Falle steckten, dann waren's meine unglücklichen Recken vom Gefecht an der Harcourt Street. Herrgott!»

«Ja, da saßen Sie schön in der Patsche», räumte Mr. O'Hickey ein.

«Mrs. Clougherty war gerade mit der Teekanne in unser

had a big silver satteen blouse on her; I can see it yet. She turned on us and gave us all one look that said: *Shut up, ye nervous lousers.* Then she foostered about a bit at the glass and walks out of the room with bang-bang-bang to shake the house going on downstairs. And I seen a thing . . ."

"What?" asked Mr. O'Hickey.

"She was a fine – now you'll understand me, Mr. O'Hickey," Mr. Toole said carefully; "I seen her fingers on the buttons of the satteen, if you follow me, and she leaving the room."

Mr. O'Hickey, discreet, nodded thoughtfully.

"I listened at the stairs. Jakers, I never got such a drop in me life. She clatters down and flings open the halldoor. This young pup is outside, and asks – awsks – in the law-de-daw voice, 'Is there any men in this house?' The answer took me to the fair altogether. She puts on the guttiest voice I ever heard outside Moore Street and says, 'Sairtintly not at this hour of the night; I wish to God there was. Sure, how could the poor unfortunate women get on without them, officer?' Well lookat. I nearly fell down the stairs on top of the two of them. The next thing I hear is, 'Madam this and madam that,' and 'Sorry to disturb and I beg your pardon,' 'I trust this and I trust that,' and then the whispering starts, and at the wind-up the halldoor is closed and into the room off the hall with the pair of them. This young bucko out of the Borderers in a room off the hall with a headquarters captain of the Cumann na mBan! *Give us two more stouts there, Mick!*"

"That is a very queer one, as the man said," Mr. O'Hickey said.

"I went back to the room and sat down. Bart had his gun out, and we were all looking at one another. After ten minutes we heard another noise."

Mr. Toole poured out his stout with unnecessary care.

Zimmer gekommen. Sie trug 'ne prächtige Silberbrokatbluse – ich sehe sie noch vor mir. Sie sah uns an mit einem einzigen Blick, der bedeutete: ‹Ruhe, ihr Angsthasen!› Dann stellt sie sich vor'n Spiegel und fummelt so'n bißchen rum und geht raus, trapp-trapp-trapp die Treppe runter, daß es im ganzen Haus widerhallt. Ich hatte nämlich was bemerkt...»

«Was denn?» fragte Mr. O'Hickey.

«Sie war eine ganz Gescheite – und jetzt werden Sie mich verstehen, Mr. O'Hickey», sagte Mr. Toole mit Bedacht. «Ich hatte bemerkt, wie sie an den Knöpfen ihrer Brokatbluse gefingert hat, als sie aus dem Zimmer ging – verstehen Sie?»

Mr. O'Hickey nickte nur taktvoll und sah nachdenklich aus.

«Ich hab' draußen am Treppengeländer gelauscht. Ogott-ogott, so ist mir der Schreck noch nie in die Knie gefahren! Sie trappelt die Treppe runter und reißt die Haustür auf. Draußen steht das Milchgesicht von Leutnant und fragt – fragt mit seiner affektierten englischen Stimme: ‹Befinden sich Männer in diesem Haus?› Ihre Antwort hat mich umgehauen. Mit 'ner gurrenden Taubenstimme, wie ich sie außerhalb von Moore Street noch nie gehört hatte, säuselt sie: ‹Doch nicht um diese Abendstunde, Herr Leutnant! Ich wünschte, weiß Gott, es wären welche da, denn wie sollen wir armen, unseligen Frauen wohl ohne Männer auskommen?› Hör' sich einer das an! Ich wäre beinah die Treppe runtergefallen, auf das Pärchen drauf! Und was ich nun höre, ist nichts als ‹Madame hin und Madame her› und ‹Bedaure, Sie gestört zu haben› und ‹Bitte gehorsamst um Verzeihung›, und ‹ich vertraue darauf, daß...›, und dann geht das Getuschel los, und schließlich wird die Haustür zugemacht, und mein Pärchen verschwindet im Wohnzimmer! Der junge Schnösel vom englischen Grenzschutz im gleichen Zimmer mit 'ner großen Nummer von unserm Sinn-Feiner Hauptquartier! Noch zwei Glas Bier, Mick!»

«Das ist eine seltsame Geschichte», meinte Mr. O'Hickey.

«Ich ging ins Zimmer zurück und setzte mich. Bart hatte sein Gewehr übers Knie gelegt, und wir sahen uns alle an. Nach zehn Minuten hörten wir nochmal ein Geräusch.»

Mr. Toole schenkte sich mit überflüssiger Umständlichkeit sein Glas Bier ein.

"It was the noise of the lurries driving away," he said at last. "She'd saved our lives, and when she come up a while later she said 'We'll go to bed a bit earlier to-night, boys; kneel down all.' That was Mrs. Clougherty the saint."

Mr. O'Hickey, also careful, was working at his own bottle, his wise head bent at the task.

"What I meant to ask you was this," Mr. O'Hickey said, "that's an extraordinary affair altogether, but what has that to do with that stuck-up young man we met in the street, the lad with all the airs?"

"Do you not see it, man?" Mr. Toole said, in surprise. "For seven hundred years, thousands – no, I'll make it millions – of Irish men and women have died for Ireland. We never rared jibbers; they were glad to do it, and will again. But that young man was *born* for Ireland. There was never anybody else like him. Why wouldn't he be proud?"

"The Lord save us!" Mr. O'Hickey cried.

"A saint I called her," Mr. Toole said, hotly. "What am I talking about – she's martyr and wears the martyr's crown – to-day!"

«Es war der Lärm von den Lastwagen, die wegfuhren», sagte er endlich. «Sie hatte uns das Leben gerettet, und als sie danach raufkam, sagte sie: ‹Heute abend wollen wir ein bißchen früher zu Bett gehen, Jungs! Kniet jetzt alle zur Andacht nieder!› – Ja, das war Mrs. Clougherty, die Heilige!»

Mr. O'Hickey beschäftigte sich ebenfalls umständlich mit seiner Bierflasche, das weise Haupt gesenkt.

«Bestimmt ist es ein erstaunliches Erlebnis», sagte er. «Aber ich wollte Sie folgendes fragen: Was hat es mit dem hochnäsigen jungen Mann zu tun, dem wir auf der Straße begegneten, und mit seinem vornehmen Getue?»

«Begreifen Sie das nicht, Mann?» fragte Mr. Toole überrascht. ‹Seit siebenhundert Jahren sind Tausende, nein, Millionen irische Männer und Frauen für Irland gestorben. Es hat uns nie an Draufgängern gefehlt. Sie haben ihr Leben gern hingegeben und werden's wieder tun. Aber dieser junge Mann ist nicht für Irland gestorben: er wurde für Irland *geboren!* So was gibt's nicht zweimal! Wie sollte er da nicht stolz sein?»

«Gott steh' uns bei!» rief Mr. O'Hickey.

«Ich hab' sie eine Heilige genannt», erklärte Mr. Toole hitzig, «aber was rede ich da: eine Märtyrerin ist sie und trägt heute die Märtyrerkrone!»

His mother's hand shook his shoulder. When he
opened his eyes she had the still-tall Christmas candle
lighting on the dressing-table. It was the Christmas
candle lighting but Christmas was three months ago.
Its yellow unsteady light made him screw up his eyes.
A solitary bell was ringing somewhere outside, somewhere far off across a space of cold, early-morning
darkness. The blankets were lovely and soft and
warm and lovely but his nose was cold.

Six o'clock, his mother said.

Warm dreamless sleep he longed to sink deep down
back into but his mother's hand kept dragging him up
from its fluffy depths, and his eyes opened, closed,
opened like the cat's when she dozed at the fire. When
at last they stayed open she said again six o'clock son
and he could see she was smiling at him. She had a
long nightdress on her and a shawl about her shoulders. All her face looked very old and tired and she
had her teeth out. It frightened him to see her face
worn and tired bending over him in candlelight and
her teeth out. She was like dead and he would pray for
her at Mass.

As he washed he made sure not to swallow any
water because he was going to receive Holy Communion. His good suit was laid out for him and his
shoes were polished.

Joe and Aunt Mary were here last night, his
mother told him, they brought you a new shirt.

He murmured sleepily.

Aunt Mary is as good as gold, she added. He knew
from her voice she was near to tears. Whenever she
mentioned a kindness now it moved her to tears.
Aunt Mary, her sister, had a habit lately of bringing
little gifts. Since his father's death she would call
and say: How are you, Ellen, in a warm voice. His

Eine Hand rüttelte ihn an der Schulter – es war die Hand seiner Mutter. Als er die Augen aufschlug, zündete sie die noch immer ziemlich hohe Weihnachtskerze auf dem Frisiertisch an. Die Weihnachtskerze brannte, aber Weihnachten war schon vor drei Monaten gewesen. Er blinzelte in ihr gelbes, flackerndes Licht. Irgendwo läutete eine einsame Glocke, weit weg hinter dem kalten Dunkel der ersten Morgenfrühe. Die Wolldecken waren herrlich und warm und weich und herrlich, aber seine Nase war kalt.

«Sechs Uhr», sagte seine Mutter.

Er sehnte sich danach, wieder tief in den warmen, traumlosen Schlaf zu sinken, aber die Hand seiner Mutter holte ihn immer wieder aus den flaumigen Tiefen, und seine Augen öffneten sich, schlossen sich, öffneten sich – wie bei der Katze, wenn sie vor dem Feuer döste. Als sie endlich offenblieben, sagte sie wieder: «Sechs Uhr, Kind!», und er konnte sehen, daß sie lächelte. Sie trug ein langes Nachthemd und um die Schultern einen Schal. Ihr Gesicht sah sehr alt und müde aus, sie hatte die Zähne herausgenommen. Es erschreckte ihn, wenn sich ihr verhärmtes und müdes Gesicht im Kerzenschein über ihn beugte und sie die Zähne herausgenommen hatte. Sie war wie eine Tote; in der Messe wollte er für sie beten.

Während er sich wusch, gab er acht, keinen Tropfen Wasser zu schlucken, denn er sollte die Heilige Kommunion empfangen. Sein guter Anzug lag schon für ihn bereit, und seine Schuhe waren blankgewichst.

«Gestern abend waren Joe und Tante Mary hier», erzählte seine Mutter. «Sie haben dir ein neues Hemd mitgebracht.»

Verschlafen brummelte er ein paar Worte.

«Tante Mary ist eine treue Seele», fuhr sie fort. Ihrer Stimme hörte er an, daß sie den Tränen nahe war. Sooft sie jetzt von einer ihnen erwiesenen Freundlichkeit sprach, war sie zu Tränen gerührt. Ihre Schwester, seine Tante Mary, hatte es sich in der letzten Zeit angewöhnt, kleine Geschenke mitzubringen. Seit dem Tode seines Vaters kam sie öfters zu Besuch

mother said: Keeping the best side out. What else is a body to do. And once when he was there, pretending not to mind, his mother said: I'm worried about who-you-know. He's fretting. Who-you-know was him.

Aunt Mary said: He saw it happen, the poor child. Is he still ... I mean at night? He pulled on the shirt, which smelled nice and new.

His feet rang emptily on the path. Sometimes from a faraway street he heard feet as early as his own give answer; and now three different bells were ringing. The street lamps were on, which made it look like night, but the darkness was cold and more lonely than night darkness. From around corners a small sharp wind made ambush now and then and in the unswept gutters pieces of paper flurried and scraped. He passed the graveyard of the Protestant Cathedral. Once it belonged to the Catholics but the Protestants took it. They desecrated the Altar and the holy vessels. They would burn for ever in hell for that. He glanced fearfully through the railings at the leaning headstones and thought of their blackened tormented faces howling through the flames and their screaming, struggling nakedness, and then he thought of himself, his soul pure and white, hurrying through the dark, windy, early-morning streets to serve Mass and receive the Immaculate Host which was God Incarnate, the Unsuffering Victim, and he shuddered. Last night in confession he had told Father Rogan he prayed for the damned and Father Rogan said no, he must not do so. As he looked at the headstones a piece of white paper whirled past him with startling suddenness. The wind pinned it against the railings. It flapped and struggled Then it went whirling and spinning again into the darkness among the tombstones, lost and helpless, pursued by the wind. He hurried on, frightened.

He put on his soutane and surplice and went into

und fragte mit ihrer warmen Stimme: «Was machst du, Ellen?» Seine Mutter sagte: «Ich halte den Kopf hoch. Was kann man denn sonst tun?» Und einmal, als er dabei war und vorgab, nicht hinzuhören, sagte seine Mutter: «Ich mache mir Sorgen wegen du-weißt-schon... Er ist nervös.» Du-weißt-schon – das war er! Tante Mary antwortete: «Er hat gesehen, wie's passiert ist, der arme Junge! Ist er noch immer...ich meine, nachts?» – Er zog das Hemd an. Es roch neu und fein.

Seine Füße hallten hohl über den Gartenweg. Manchmal hörte er in der Ferne andere Füße, die ebenso früh wie die seinen waren, eine Antwort klappern; und nun läuteten drei verschiedene Glocken. Die Straßenlaternen brannten noch, so daß alles wie in der Nacht aussah, doch das Dunkel war kalt, und es war einsamer als im nächtlichen Dunkel. Hin und wieder stieß ein scharfer Windstoß heimtückisch hinter einer Ecke hervor, und im ungefegten Rinnstein raschelte und schurrte Papier. Er kam am Friedhof der protestantischen Kirche vorbei. Früher hatte sie den Katholiken gehört, aber die Protestanten hatten sie sich angeeignet. Sie entweihten den Altar und die heiligen Gefäße. Dafür mußten sie ewig im Höllenfeuer brennen. Furchtsam blickte er durch den Zaun auf die schiefen Grabsteine und dachte an die zerquälten, rußgeschwärzten Gesichter, die in den Flammen heulten, und an ihre kreischenden, zappelnden Leiber, und dann dachte er an sich selbst und seine reine weiße Seele, wie er hier durch die dunklen, zugigen, frühmorgendlichen Straßen hastete, um bei der Messe zu dienen und die Unbefleckte Hostie zu empfangen, die der Fleischgewordene Gott war, das Unblutige Opfer, und es schauderte ihn. Gestern abend in der Beichte hatte er Vater Rogan gesagt, daß er für die Verdammten bete, und Vater Rogan hatte gesagt, nein, das dürfe er nicht tun. Während er auf die Grabsteine blickte, wirbelte plötzlich ein Fetzen weißes Papier an ihm vorbei und erschreckte ihn. Der Wind klebte es an den Zaun. Es zappelte und wehrte sich. Dann flog es wirbelnd und kreiselnd wieder ins Dunkel zwischen den Grabsteinen, verloren und hilflos, verfolgt vom Wind. Er lief hastig und erschrocken weiter.

Er legte seine Soutane und sein Chorhemd an und trat in die

the vestry. Father Rogan, who was robed and reading his prayers silently, looked around at him. To avoid meeting his eyes, he pretended to see if the cruets were filled. Then he took a taper and went out to light the altar candles. There were six tall ones at the back and a small one on each side of the tabernacle. When he turned, Father Rogan was ready. "Are you receiving – John?" he asked. "Yes, Father," he said. It was only a formality because Father Rogan knew. In confession he had promised Father Rogan to offer his Communion for the repose of his father's soul. The thought of his father troubled him for a moment as he preceded the priest on to the altar, but the holy things around him made him feel less afraid.

During Mass it grew very warm on the altar and the Latin came in low somnolent murmurs, so that he had to strain forward to know where to make the responses. Father Rogan's face became absorbed and pale and his eyelids drooped heavily. Sometims he gave a great sigh. When a member of the congregation came in late you heard first of all the soft tread of feet and then the clap of padded doors, and quite a while later the candle flames wavered and danced and sent up little plumes of smoke. Then they stood still again, each tipped by its golden flame which burned like a pure soul. But if one blew out it was smokey and black, like a damned soul. Father Rogan looked at him very intently when he turned and said *Oratre Fratres*, but he knew he was not thinking of him at all. Father Rogan had been very angry with him in confession last night when he said he had prayed for the damned again. But now he had promised not to do it any more. Father Rogan had said the Damned hated God because God said to them, "Depart from me ye cursed into everlasting flames which were prepared for the Devil and his angels." It was useless to pray for these wicked souls who mocked at God's beauty and spat blasphemies in His face. It was dark and cold in the

Sakristei. Vater Rogan trug sein Meßgewand und las still seine Gebete, sah sich aber nach ihm um. Um seinen Blicken auszuweichen, tat er so, als müsse er nachschauen, ob die Krüglein gefüllt seien. Dann nahm er eine Kerze und ging hinaus, um die Altarkerzen anzuzünden. Es waren sechs hohe, und zu jeder Seite des Tabernakels stand je eine kleinere. Als er sich umdrehte, war Vater Rogan bereit. «Kommunizierst du, John?» fragte er. «Ja, Vater», antwortete er. Es war eine bloße Formsache, denn Vater Rogan wußte es ja. In der Beichte hatte er Vater Rogan versprochen, die Kommunion seinem Vater und der Ruhe seiner Seele zu weihen. Der Gedanke an seinen Vater beunruhigte ihn, während er dem Priester zum Altar voranschritt, doch die frommen Dinge rings um ihn her nahmen ihm die Angst.

Während der Messe wurde es am Altar sehr warm, und das Latein war nur ein leises, schläfriges Gemurmel, so daß er sich vorbeugen mußte, um genau zu wissen, wo er mit den Antworten einzusetzen hatte. Vater Rogans Gesicht wurde blasser und abgekehrter, und seine Lider sanken schwer über die Augen. Manchmal stieß er einen tiefen Seufzer aus. Wenn ein Mitglied der Gemeinde zu spät kam, hörte man zuerst die leisen Schritte und dann das Klappen der gepolsterten Türen, und erst eine ganze Weile hinterher flackerten und tanzten die Kerzenflammen und entsandten kleine Rauchfedern. Dann standen sie wieder still, jede Kerze von einer goldenen Flamme gekrönt, die wie eine reine Seele brannte. Doch wenn man eine ausblies, dann qualmte sie und war so schwarz wie eine verdammte Seele. Vater Rogan blickte ihn sehr eindringlich an, als er sich umdrehte und *Orate Fratres* sagte, doch er wußte, daß er überhaupt nicht an ihn dachte. Vater Rogan war gestern abend in der Beichte sehr ärgerlich geworden, als er ihm sagte, er habe wieder für die Verdammten gebetet. Doch jetzt hatte er versprochen, es nie mehr zu tun. Vater Rogan hatte gesagt, die Verdammten haßten Gott, weil Gott zu ihnen sprach: «Weichet von mir, ihr Verfluchten, in das ewige Höllenfeuer, das für den Teufel und seine Engel bereitet wurde!» Es war nutzlos, für diese gottlosen Seelen zu beten, die über Gottes Schönheit spotteten und Lästerworte in sein Antlitz spien. Im

confession box and outside he had heard the clerk's keys rattling while he locked up the church. Then he forgot the cold and the keys and he thought only of God and heaven and hell.

Are many souls damned, Father? he had asked.

Father Rogan had breathed heavily and shifted and said a little wearily: You think a lot about hell?

Did he think a lot about it now? Yes, he thought a lot about it, but he tried no to. When he prayed for his father he thought about it.

I dream often about hell, Father.

What do you dream?

About flames and black faces and being lost. He hesitated. One of the black faces he always knew.

There is something else, Father Rogan suggested.

I think of God, Father, when I wake up.

In what way?

The sweat broke out coldly about his eyes, but hot and moist where his shirt clung to his stomach.

Father . . . he attempted. His tongue with shame and blasphemy filled his mouth like a sausage.

Don't be ashamed, child, Father Rogan helped gently, you are not telling me – you are telling God. It was even harder to tell God, though God knew already.

I see God without any clothes on.

Is it an obscene image?

I – I think so, Father.

Do you entertain it . . . dwell on it?

Oh, no, Father, he said. His fervour satisfied the priest.

That's right. Father Rogan assured him, you must put it out of your mind. But don't worry or feel ashamed. The devil conjures up these evil visions to tempt and frighten you. Even the saints, very great and holy men, have complained of this.

I see, Father, he said. Then, without meaning to, he found himself saying again:

Beichtstuhl war es dunkel und kalt gewesen, und draußen hatte er die Schlüssel des Kirchendieners klirren gehört, der die Kirche zuschloß. Dann vergaß er die Kälte und die Schlüssel und dachte nur noch an Gott und Himmel und Hölle.

«Sind viele Seelen verdammt, Vater?» hatte er gefragt.

Vater Rogan hatte tief geseufzt und sich bewegt und ein wenig müde gesagt: «Du denkst wohl sehr oft an die Hölle?»

Dachte er jetzt auch noch oft an die Hölle? Ja, er dachte oft daran, aber er versuchte, es nicht zu tun. Wenn er für seinen Vater betete, dachte er daran.

«Ich träume oft von der Hölle, Vater.»

«Was träumst du?»

«Flammen und schwarze Gesichter und daß sie verdammt sind.» Er zauderte. *Ein* schwarzes Gesicht kannte er genau.

«Es muß noch etwas anderes sein», meinte Vater Rogan.

«Wenn ich aufwache, Vater, denke ich an Gott.»

«Wie denn?»

Kalter Schweiß stand ihm auf der Stirn, aber wo das Hemd am Magen klebte, war alles heiß und feucht.

«Vater . . .» nahm er einen Anlauf. Seine Zunge lag voller Scham und Lästerung wie eine Wurst in seinem Mund und füllte ihn aus.

«Schäme dich nicht, Kind», half ihm Vater Rogan sanft, «Du erzählst es nicht mir, sondern Gott!» Es Gott zu sagen, war noch schwerer, obwohl Gott es bereits wußte.

«Ich sehe Gott ohne Kleider!»

«Ist es ein unanständiges Bild?»

«Ich – ich glaube, Vater.»

«Gehst du darauf ein? Verweilst du dabei?»

«O nein, Vater!» Seine leidenschaftliche Ablehnung genügte dem Priester.

«Das ist recht», beruhigte ihn Vater Rogan. «Du mußt es aus deinem Denken verscheuchen. Aber sorge dich nicht und schäme dich nicht! Der Teufel schickt diese bösen Bilder, um dich zu versuchen und zu ängstigen. Sogar die Heiligen, sehr fromme und wunderbare Menschen, haben darüber geklagt.»

«Ja, Vater», hatte er erwidert. Und dann, ohne es zu wollen, kam es ihm abermals über die Lippen:

But are many souls damned, Father?

Father Rogan had hesitated. Then in an almost brutal tone he said: The Little Flower tells us that in one of her visions she saw souls falling to hell like leaves from the trees.

There was silence.

And Our Blessed Lady made known to us that more souls are lost through the sin of impurity than through all the other sins put together.

More silence. The priest had waited and after a time leaned towards the grill.

Now, my child, the priest said very gently, you must try to tell me what is really troubling you.

Yes, Father, he said. Then a tear trickled down his nose and fell on his hand. The priest waited. He began to sob. He could not help now but to cast away all evasion and lay naked his heart.

Father, he said, I think my Daddy is in hell.

Father Rogan, his vestments rustling softly like the whispering of holy voices, turned his head indicatively but unobtrusively and began to recite the *Sanctus*. Catching the priest's voice almost too late, he reached out his hand and rang the altar bell. The congregation knelt. The sound of their knees meeting the wooden kneeling boards echoed like a long-drawn-out roll of distant thunder. The golden flames which tipped the candles wavered and steadied. Then it was quiet. He was to pray for his father. Father Rogan had asked him to tell him about the accident, and that was easy, for he remembered it all; his father's brown suit, the packet of biscuits with the white paper wrapping and the red seal which he tried to stick on his coat for a badge, but it fell off. His father handed them to him outside the pub and he was drunk even then. There were two other men his father had met.

Is that the eldest? one asked.

The eldest and only, said his father.

«Aber sind viele Seelen verdammt, Vater?»

Vater Rogan zauderte. Dann sagte er mit fast brutaler Stimme: «Die ‹Kleine Blume› berichtet, daß sie in einer ihrer Visionen verdammte Seelen in die Hölle fallen sah, so zahllos wie im Herbst die Blätter.»

Es war eine Stille entstanden.

«Und die heilige Jungfrau hat uns kundgetan, daß mehr Seelen für die Sünde der Unkeuschheit verdammt werden, als für alle andern Sünden zusammengenommen.»

Wiederum Stille. Der Priester hatte gewartet, und nach einiger Zeit neigte er sich zum Gitter vor:

«Nun mußt du wirklich versuchen, mein Kind, mir zu erzählen, was dich so bedrängt!»

«Ja, Vater», sagte er. Eine Träne lief ihm an der Nase entlang und fiel auf seine Hand. Der Priester wartete. John begann zu schluchzen. Jetzt mußte er alle Ausflüchte fahren lassen und sein Herz öffnen.

«Vater», sagte er, «ich glaube – mein Pappi ist in der Hölle.»

Vater Rogans Kleider rauschten leise wie das Wispern heiliger Stimmen, als er den Kopf bedeutsam, jedoch unauffällig umwandte und das *Sanctus* anstimmte. Er hätte den Tonfall beinah zu spät bemerkt, streckte aber die Hand aus und läutete das Altarglöckchen. Die Gemeinde kniete nieder. Das Geräusch all der Knie, die sich auf die hölzernen Bretter niederließen, hallte wie lang anhaltendes, fernes Donnergrollen, die goldenen Flammen, die die Kerzen krönten, flackerten und kamen zur Ruhe. Dann war alles still. Er mußte für seinen Vater beten. Vater Rogan hatte ihn aufgefordert, ihm von dem Unglücksfall zu erzählen, und das war leicht gewesen, denn er erinnerte sich an alles: an seines Vaters braunen Anzug, an das Paket mit Keks in der weißen Papierhülle mit dem roten Verschluß-Siegel, das er sich als Abzeichen auf den Jackenaufschlag kleben wollte, das jedoch immer wieder herunterfiel. Sein Vater hatte ihm die Kekse draußen vor der Kneipe geschenkt, und sogar da war er schon betrunken. Es waren noch zwei andere Männer bei ihm, die sein Vater getroffen hatte.

«Ist das dein Ältester?» fragte der eine.

«Der Älteste und einzige», sagte sein Vater.

He's very like you, Michael.

His father pretended to be affronted.

I hope not, he said truculently. They laughed. It was then his father handed him the biscuits.

He's a good lad, he said gravely as he did so.

It was a warm July day. The whitewashed wall of the public house gleamed hot and white in the sun, and while he waited he picked little flakes off it with his nail. When he grew tired he sat among the clover by the roadside and heard the insects humming. The fields were full of buttercups and daisies. Beyond them rose the hill with the mountain railway winding up towards the summit. It rose steeply with red sandstone cliffs and many furze bushes in sprawling yellow clumps. Here and there the sun flashed blindingly on the windows of small whitewashed cottages. His father came out at last and the two men were with him. They were singing. He frowned at them. They had been a very long time.

I suppose you'd given us up, his father said.

He looked down at the grass and sulked.

Well – then, his father said, casting round for something which would please him, we'll have a trip on the mountain railway – how's that?

He said all right without pretending to be much interested and the four of them set off. His father put his arm about his shoulders as they walked. He was disgruntled and hurt at being kept waiting and when his father lurched unsteadily it was an excuse.

You're drunk, he said.

I had a few, his father agreed tolerantly. It's our day out.

You mean it's your day out.

His father looked hurt.

Now, now, he said, squeezing his shoulder, you and I don't quarrel, son – do we. Life's too short.

He shouted at the other two in front.

Isn't that a fact . . . Joe . . . Dick?

«Er sieht dir sehr ähnlich, Michael!»

Sein Vater tat beleidigt.

«Hoffentlich nicht!» entgegnete er grob. Sie lachten. Und da gab sein Vater ihm die Kekse.

«Er ist ein guter Junge», sagte er ernst, als er sie ihm gab.

Es war ein warmer Julitag. Die getünchten Wände der Kneipe leuchteten weiß und heiß in der Sonne, und während er wartete, kratzte er mit dem Fingernagel kleine Flöckchen ab. Als es ihm leid war, setzte er sich am Wegrand in den Klee und lauschte auf das Summen der Insekten. Die Wiese war voller Butterblumen und Margariten. Hinter ihm erhob sich der Hügel mit der Bergbahn, die sich bis zum höchsten Gipfel hinaufwand. Mit seinen roten Sandsteinwänden ragte er steil auf, und Ginsterbüsche blühten überall in goldgelben Klumpen. Hin und wieder blinkte die Sonne blendend über die Fensterscheiben kleiner, weißgetünchter Hütten. Endlich kam sein Vater heraus, und die beiden Männer waren bei ihm. Sie sangen. Er blickte sie stirnrunzelnd an. Sie waren sehr lange geblieben.

«Hast uns wohl schon aufgegeben?» fragte sein Vater.

John blickte aufs Gras nieder und schmollte.

«So? Na, dann», sagte sein Vater und sah sich suchend nach etwas um, das ihm Freude machen könnte, «dann wollen wir mit der Bergbahn fahren, was meinst du dazu?»

Er antwortete: «All right», ohne sich den Anschein zu geben, als interessiere es ihn sehr, und zu viert zogen sie los. Sein Vater legte ihm beim Gehen den Arm um die Schultern. Er war verstimmt und gekränkt, weil er solange hatte warten müssen, und daß sein Vater torkelte, gab ihm recht.

«Du bist betrunken», sagte er.

«Ich hab' ein paar Gläschen gehabt», gab sein Vater gutgelaunt zu. «Heut haben wir Ausgang!»

«Du meinst wohl, *du* hast Ausgang!»

Sein Vater sah gekränkt aus.

«Also hör' mal, mein Junge», sagte er und drückte ihn an sich, «wir beide streiten uns nicht! Das Leben ist zu kurz!»

Er brüllte den beiden andern nach, die vorausgingen:

«Stimmt doch, was? Joe? Dick?»

What's that? they asked, turning around to grin. He began to sing life's too short to quarrel, hearts are too precious to break. He was in high good humour again and kept singing in snatches as they boarded the electric car. He stayed on the platform and the rest of the people laughed at him. But when the car started and the ticket collector ordered him inside, his humour became truculent and he began to argue. He heard his father using bad language and blushed scarlet with shame. Joe said to Dick: Prevail on him to come in before he gets us all arrested. His father came in with Dick. While they travelled he was very belligerent and kept abusing the conductor. The ticket collector went upstairs.

Didn't I pay my fare? his father demanded.

You did — of course, said Dick.

Like anybody else?

Like anybody else, Dick said. Now shut up like a good-mannered man.

I'll shut up when I bloody well like, his father said, tilting the bowler arrogantly over his eyes and rising.

Please yourself, Dick said with patience, but sit down anyway.

I'll sit or stand when I please, said his father, angrily, not at any man's behest. He pulled his arm free and went out on the platform. Joe looked imploringly at Dick.

For the love of God, he said, go out and fetch him in.

His father was on the platform, singing. He saw him swaying and then Dick catching him by the arm. His father pulled away.

Go to hell, he said and leaned out. He heard the sharp concussive sound and his father was no longer on the platform. The brakes made a loud grinding noise which filled the whole car. When they stopped he jumped off and went racing back along the tracks. Dick overtook him. He pulled him back as he reached

«Was denn?» fragten sie und drehten sich grinsend um. Er fing an zu singen: «Das Leben ist zu kurz, um sich zu streiten, die Herzen sind zu kostbar, um zu brechen . . .» Er war wieder in glänzendster Laune und sang Schlager-Zitate, als sie den Wagen bestiegen. Er stand auf der Plattform, und die andern Leute lachten über ihn. Doch als der Wagen sich in Bewegung setzte und der Schaffner ihm gebot, in die Kabine zu gehen, schlug seine Stimmung um, und er begann zu streiten. Dick hörte seinen Vater wüste Worte sagen und wurde vor Scham feuerrot. Joe sagte zu Dick: «Überrede ihn mal, in die Kabine zu gehen, ehe wir allesamt verhaftet werden!» Sein Vater kam mit Dick ins Wagen-Innere. Während sie fuhren, war er streitsüchtig und schimpfte dauernd auf den Schaffner. Doch der Schaffner ging einfach weiter.

«Hab' ich nicht meine Fahrkarte bezahlt?» fragte sein Vater.

«Doch, das hast du», sagte Dick.

«So gut wie jeder andre?»

«So gut wie jeder andre!» bestätigte Dick. «Und jetzt halt den Mund wie'n manierlicher Mensch!»

«Ich halt' den Mund, wann's mir paßt, verdammt nochmal!» rief sein Vater, zog sich seine Melone frech ins Gesicht und stand auf.

«Wie du willst», meinte Dick geduldig, «aber setz Dich wenigstens hin!»

«Ich steh' und ich sitze, wie's mir paßt», erwiderte sein Vater jähzornig, «und nicht auf Kommando!» Er riß seinen Arm los und ging auf die Plattform hinaus. Joe blickte Dick flehend an.

«Um Gotteswillen, geh raus», sagte er, «und hol ihn wieder rein!»

Johns Vater stand singend auf der Plattform. John sah ihn schwanken, und dann sah er, wie Dick ihn beim Arm packte. Sein Vater riß sich los.

«Geh zum Teufel!» rief er und beugte sich weit hinaus. Er hörte einen scharfen Aufprall, und sein Vater stand nicht mehr auf der Plattform. Die Bremsen knirschten so laut, daß der ganze Wagen zu kreischen schien. Als sie hielten, sprang er sofort ab und raste das Geleise entlang, zurück. Dick überholte

his father's body. There was the body but no head. The conductor said: The man was drunk; there's a warning about poles. He stuck out his head. He felt his face being pressed roughly against Dick's waist-coat button. At that moment, his eyes no longer on the body, he screamed. Someone said, Take the child away — you fool.

He heard Father Rogan's boots creak as he genuf-lected and rang the bell. The white Host was raised. He saw it poised for an instant against the bars of the tall white candles. Eight golden flames, the souls of the Elect, stood still in worship. He tried to pray. But the paper fluttered against the weathered bars, lost its grip, and whirled in terror across the stones in the wind-raked field of the damned. He lowered his eyes. No matter how softly he flicked his wrist the bell wakened and hushed the church with echoes. It resounded in the body and chattered brightly in corners. He let it down with relief. Judge not and you shall not be judged, Father Rogan had said to him. It sounded frightening in the cold confessional. It came back now in the silence, after the din of the bell, a voice from a remote place speaking to him alone, so clearly that he looked around to see if it had been heard.

Did you love your father? Wasn't he kind to you?

He told people you won this in school and that for sports. Often he got angry but it was never for long. His mother said God help him, a kind word to him and you could twist him around your little finger. In the street you walked linking him and if you met the fellows you said this is my dad and you felt proud.

Yes, Father, he had said, his tears still falling. So inadequate was it, it felt almost like telling a lie.

If you loved him because he was good, how much more would God love him? We must not judge others, my son. God's mercy is infinite, and works

ihn. Er zog ihn beiseite, als sie vor seines Vaters Körper anlangten. Der Körper war da, aber nicht der Kopf. Der Zugführer sagte: «Der Mann war betrunken! Die Schilder warnen vor den Masten!» Er wollte hinsehen, spürte aber, wie sein Gesicht gegen Dicks Westenknöpfe gepreßt wurde. Im gleichen Augenblick, als er den Körper nicht mehr sah, begann er zu schreien. Jemand rief: «Führe doch das Kind weg, du Esel!» –

Er hörte Vater Rogans Stiefel knarren, als er die Knie beugte, und das Glöckchen läutete. Die weiße Hostie wurde erhoben. Er sah sie vor dem Gitter der hohen weißen Kerzen schweben. Acht goldene Flammen, die Seelen der Auserwählten, standen in Verehrung still. Er versuchte zu beten. Doch das Papier flatterte gegen die verwitterten Holzstäbe, verlor dort den Halt und wirbelte entsetzt über die Steine auf dem vom Wind durchstöberten Gefilde der Verdammten. Er ließ den Blick sinken. Wie sachte er sein Handgelenk auch bewegen mochte, das Glöckchen weckte in der Kirche Echo um Echo. Es hallte im Kirchenschiff wider und zwitscherte heiter aus allen Ecken. Erleichtert ließ er es sinken. «Richtet nicht, auf daß ihr nicht gerichtet werdet», hatte Vater Rogan zu ihm gesagt. Im kalten Beichtstuhl hatte es erschreckend getönt. Jetzt, in der Stille, nach dem Geklingel des Glöckchens, kehrte es wieder, eine Stimme wie aus weiter Ferne, die zu ihm allein und so deutlich sprach, daß er sich umblickte, um zu sehen, ob andere es auch gehört hatten.

«Hast du deinen Vater liebgehabt? War er gut zu dir?»

Er hat es den Leuten erzählt, wenn man einen Preis in der Schule oder beim Sport gewonnen hatte. Oft wurde er böse, aber es hielt nie lange an. Seine Mutter sagte immer: «Gott steh ihm bei, ein freundliches Wort, und man kann ihn um den kleinen Finger wickeln!» Auf der Straße war man stets Arm in Arm mit ihm gegangen, und wenn man seinen Kameraden begegnete, sagte man, «das ist mein Papa» und war stolz.

«Ja, Vater», hatte er geantwortet, noch in Tränen. Es war so unpassend, fühlte sich fast an wie gelogen.

«Wenn du ihn lieb gehabt hast, weil er gut zu dir war, um wieviel mehr wird ihn dann Gott lieben! Wir dürfen andere nicht richten, mein Junge! Gottes Barmherzigkeit ist unendlich

in mysterious ways. Pray for your father and say to the Sacred Heart, when this terrible doubt troubles you, Sacred Heart of Jesus I place my trust in Thee. That will bring you comfort. You will do that, won't you?

Yes, Father.

For the moment he had felt at ease. But now it occurred to him that his mother loved him but that did not mean God would not send him to hell if he died in mortal sin. The doubts crept quietly upwards in him once more and he became so hot he felt weak and sick. The Host, the Living God, crackled very distinctly as Father Rogan's white fingers broke it. Behind him he could hear the quiet tread of feet as people came to the altar rails to receive. He tried hard to say Sacred Heart of Jesus but the blackened face appeared, smiled with gapped teeth, and dissolved before him. He pushed it violently from his mind. He rang the bell again when Father Rogan, striking his breast, his heavy eyes now almost closed, breathed the *Domine non sum dignus*. He thought he could pray and pray, all his life he might pray, but he would never know where his father was. Father Rogan did not know though he was pious and holy. God alone knew and God rarely told, except perhaps in visions of His saints, or very occasionally in a secret half-heard whisper to the heart when you received Him in Holy Communion. One moment the sun beat down on the warm tracks, the people laughed, and you could tell people you were well or you were angry or you were hungry or you were sick. And then there was nothing at all; only a leg which could not walk and a mouth which was dumb and an eye which could not see. And somewhere inaccessible except to the dead themselves the flames leaped and the air was full of screams and God, no longer merciful or patient but terrible in Majesty and Justice, called out a name which echoed from star to star.

und wirkt auf geheimnisvolle Weise. Bete für deinen Vater, und wenn dich die schrecklichen Zweifel wieder bedrängen, dann sage zum Heiligen Herzen: ‹Heiliges Herz Jesu, ich lege alles in deine Hand!› Das wird dir Trost bringen. Du wirst es tun, nicht wahr?»

«Ja, Vater.»

Vorübergehend war ihm leichter ums Herz gewesen. Doch jetzt fiel ihm ein, daß ihn seine Mutter zwar liebte, daß es aber nicht bedeutete, Gott würde ihn nicht zur Hölle schicken, wenn er in Todsünde starb. Die Zweifel krochen wieder heimlich in ihm hoch, und es wurde ihm so heiß, daß er sich elend und krank zu fühlen begann. Die Hostie, der Lebendige Gott, knisterte sehr deutlich, als Vater Rogans weiße Finger sie durchbrachen. Hinter sich konnte er die ruhigen Schritte der Leute hören, die an die Kommunionbank kamen, um zu kommunizieren. Er gab sich größte Mühe, Heiliges Herz Jesu zu sagen, doch das geschwärzte Gesicht erschien, lächelte mit Zahnlücken und löste sich vor ihm auf. Heftig verscheuchte er es aus einem Denken. Er läutete das Glöckchen, als Vater Rogan sich an die Brust schlug und mit fast geschlossenen, schweren Lidern das *Domine dignus* hauchte. Er dachte, er könne beten und beten, sein ganzes Leben lang beten, und doch würde er nie erfahren, wo sein Vater war. Vater Rogan wußte es nicht, obwohl er fromm und gottesfürchtig war. Gott allein wußte es, und Gott sprach selten, es sei denn durch die Visionen seiner Heiligen oder, sehr selten, durch ein heimliches, halb vernommenes Flüstern im eigenen Herzen, wenn man Ihn in der Heiligen Kommunion empfing. In dem einen Augenblick prallte die Sonne auf die heißen Schienen nieder, die Leute lachten, und man konnte den Leuten sagen, ob es einem gut ging oder ob man zornig oder hungrig oder krank war. Und dann überhaupt nichts: nur ein Bein, das nicht laufen konnte, und ein Mund, der stumm war, und ein Auge, das nicht sehen konnte. Und irgendwo, unzugänglich, ausgenommen für die Toten, züngelten die Flammen, und die Luft war voller Heulen, und Gott – nicht länger barmherzig oder geduldig, sondern furchtbar in seiner Majestät und Gerechtigkeit – rief einen Namen, der von Stern zu Stern widerhallte.

Father Rogan turned around for the *Agnus Dei*. His stout white fingers held the communion particle over the ciborium. Father Rogan was looking at him curiously, waiting for him to go up to receive. But he could not rise. His eyes, resting on the tall candles behind the waiting figure of the priest, remained fixed there. Father Rogan delayed imperceptibly, then went down to administer to the people at the rails. He felt sick, but with an effort he rose and followed.

As he returned from the altar rails his eyes were drawn once more to the candle. The red point at the tip had now burned out. A thin column of smoke streamed up from it still. But the blackened wick had curled, acrid and damned, an unspoken message amid the golden beauty of the seven. He looked down at the priest's biretta. It lay before him on the altar steps. Soon he would have to take it up, kiss it, and hand it to the priest. But as he reached out his hand towards it he thought again of the candle and the biretta began to spin in front of him. It was a black and hideous face. The tassel parted in the middle and grinned widely at him. It began to roll down the white road. Steel tracks caught the sunlight and dazzled as they flung it back. Down the road rolled the head. Rolling and bouncing it rolled while he chased endlessly. It was exhilarating and he laughed. He caught up on it. Wielding his stick he began to roll it before him like a hoop. The wind, whistling past his ears, was odorous and hot like a furnace stream. Father Rogan, at the bottom of the steps now, crossed himself and began to recite the prayer for the dead. *De profundis clamavi, ad te Domine, Domine. . . .*

No response came. Father Rogan looked around at the pale face, the tense figure. He was unaware of the priest's eyes. Before him loomed great gates, under which the head rolled. He shook them with his hands and screamed noiselessly. The road dipped steeply

Vater Rogan drehte sich für das *Agnus Dei* um. Seine kräftigen weißen Finger hielten das Hostien-Teilchen über dem Ciborium. Vater Rogan sah ihn seltsam an und wartete, daß er die Stufen hinaufkäme, um zu kommunizieren. Aber er konnte sich nicht erheben. Seine Blicke hingen an den hohen Kerzen hinter der wartenden Gestalt des Priesters und blieben dort haften. Vater Rogan zögerte unmerklich, dann ging er die Stufen hinunter, um den Leuten an der Kommunionbank die Kommunion zu reichen. Es war ihm übel, aber er raffte sich zusammen und folgte ihm.

Als er von der Kommunionbank zurückkehrte, wurden seine Blicke abermals von den Kerzen angezogen. Der rote Punkt an der Spitze war jetzt verglommen. Ein feiner Rauchfaden stieg noch von ihr auf. Aber der schwarze Docht hatte sich gekrümmt, ätzend und verdammt, eine unausgesprochene Botschaft inmitten der goldenen Schönheit der sieben andern. Er blickte auf das Birett des Priesters hinunter. Es lag vor ihm auf den Altarstufen. Bald würde er es aufheben müssen, um es zu küssen und dem Priester zu reichen. Doch als er die Hand danach ausstreckte, dachte er wieder an die Kerze, und das Birett begann sich vor ihm zu drehen. Es war ein schwarzes und widerwärtiges Gesicht. Die Quaste teilte sich in der Mitte und grinste ihn breitmäulig an. Es begann die weiße Landstraße hinabzurollen. Stählerne Schienen fingen das Sonnenlicht auf und blitzten, als sie es zurückschleuderten. Der Kopf rollte weiter die Straße hinab. Sich überkugelnd und hüpfend rollte er weiter, während er ihm dauernd nachjagte. Er mußte lachen, so lustig war es. Dann hatte er ihn eingeholt. Er schwang seinen Stock und begann, den Kopf wie einen Reifen vor sich herzutrudeln. Der Wind, der an seinen Ohren vorbeipfiff, roch stark und heiß wie Hochofenglut. Vater Rogan, der jetzt auf der untersten Stufe stand, bekreuzigte sich und sprach das Gebet für die Toten. *De profundis clamavi, ad te Domine, Domine . . .*

Es kam keine Antwort. Vater Rogan blickte sich um und sah das bleiche Gesicht, den gestrafften Körper. Doch er bemerkte des Priesters Blicke nicht. Vor ihm ragten hohe Tore auf, unter die der Kopf rollte. Er rüttelte mit den Händen daran und schrie

into the sulphur-smelling darkness, the smoke choked him. Vile hands reached out and laughter resounded. Down through the flames and past the exulting figures the head passed, bouncing, grinning, spitting, mocking God, gathering momentum. He watched, and all the time beat futilely at the gates. He let his stick fall beside him. Daddy, he repeated silently, lacerated now by his guilt, his unkindness. Daddy. They were the gates of Hell. Yet he wanted to follow.

Father Rogan saw the perspiration on his forehead. Later he would call him to his room.

Fiant aures tuae intendentes, said the priest, making the responses himself, *in vocem deprecationes meam.*

tonlos. Die Straße fiel steil ab, hinunter in schwefelstinkende Finsternis, und der Rauch erstickte ihn fast. Widerliche Hände streckten sich aus, und Gelächter schepperte. Der Kopf rollte vorbei an frohlockenden Gestalten, hinab durch die Flammen, hüpfend, grinsend, fauchend und Gott verhöhnend, schneller und immer schneller. Er sah es, und dauernd klopfte er ohnmächtig an die Tore. Er ließ seinen Stock fallen. «Pappi!», wiederholte er tonlos und zerquält ob seiner Schuld, ob seiner Lieblosigkeit. «Pappi!» Das hier waren die Tore zur Hölle. Trotzdem wollte er ihm folgen.

Vater Rogan sah den Schweiß auf seiner Stirn. Nachher würde er ihn zu sich in sein Zimmer holen.

«Fiant aures tuae intendentes», sagte der Priester und sprach selber die Antwort, *«in vocem deprecationes meam.»*

As perhaps a beast may hear, over many years the sound was for me a pure percept unconnected with any concept or idea; it was always sad but not ominous. The first time I heard it I was a child on the hazy edge of sense.

It came from the coal-house door that had sagged on its hinges and scraped an edge on the concrete floor; then infrequently a breeze might make it by rubbing two branches together, and usually the weathercock above the high ceiling in my bedroom when in the night the wind would veer or back from calm to the wet south-west and coming storm.

It is with me yet, two-thirds of my life lived, and now naturally laden with all that memory may endow – an almost archetypal sound, though still uncaught and ephemeral.

I know that springs come and go, the earth opening to the sun like a flower and then dying again; that the seasons pass inevitably, springtime unto harvest; and ultimately I know I will hear sound for the last time.

May brought life and activity to the peat bogs. In their own right these lake-side bogs were aloof, exciting places, more dead than lifeless rock and yet somehow beyond death; but I never more than half trusted them – they had too many facile moods, even for May, and sometimes they were dour solemn still-silent places where autumn seemed always to lurk in the dense bracken: the mereing lake-water deep and peat-stained and ominous, the strands foot-sucking and quaking like a disturbing dream.

When turf time came I prayed through the dull school week for Saturday's weather to be fine, and

Anthony C. West: Karrenlied

Viele Jahre hindurch war das Geräusch für mich eine reine
Wahrnehmung, etwa so, wie vielleicht ein Tier hören mag,
ohne Zusammenhang mit irgendeinem Begriff oder einer Idee;
es war stets traurig, aber niemals unheilvoll. Als ich es zum
erstenmal hörte, war ich ein Kind am nebelhaften Saum der
Vernunft. Es kam von der Tür des Kohlenschuppens, die in den
Angeln durchsackte und mit ihrer unteren Kante über den
Zementboden scharrte; später mochte es hin und wieder durch
einen Windstoß hervorgerufen werden, der zwei Äste aneinan-
derrieb, oder auch vom Wetterhahn über der hohen Decke
meines Schlafzimmers, wenn in der Nacht der Wind umsprang
oder sich aus der Windstille, zum feuchten Südwest und
kommenden Sturm verstärkte.

Es begleitet mich noch immer, nach zwei Dritteln gelebten
Lebens, und nun ist es natürlich beladen mit allem, was das
Gedächtnis schenken mag – ein fast archetypischer Laut, ob-
wohl flüchtig und vergänglich.

Ich weiß, daß die Lenze kommen und gehen, daß die Erde
sich vor der Sonne wie eine Blüte öffnet und dann wieder stirbt,
daß die Jahreszeiten unwiderruflich dahinschwinden, vom
Frühling bis zur Ernte; am Ende, das weiß ich, werde ich zum
letztenmal dies Geräusch hören.

Der Mai brachte Leben und Tätigkeit ins Torfmoor. An und für
sich waren die Moore am Seeufer eine stolze und erregende
Gegend, zwar toter als lebloser Felsen, aber doch irgendwie
jenseits des Todes; doch ich traute ihnen nie völlig, sie hatten
selbst für den Maimonat zu wankelmütige Stimmungen, und
manchmal waren sie verdrießlich ernst und totenstill, Gegen-
den, in denen stets der Herbst im dichten Farnkraut zu lauern
schien: das versumpfte Seewasser tief und torfbraun und
unheimlich, und die Ufer umschmatzten den Fuß und bebten
wie ein banger Traum.

Wenn die Torfzeit nahte, betete ich während der langweili-
gen Schulwoche, daß am Samstag schönes Wetter sein möge,

when the free day came I would rise early and to avoid chores slip away softly across the pasture fields, through the templed beech wood, down the steep hill flank to the first lake; then I could look down on the busy heat-shimmering waste that was the great Rivary Bog, its husbandmen no larger than mice.

One early Saturday I came to Rivary, counting more than a hundred men and boys at work. Some were cutting out, some making mud-turf and shaping the thick-spread glar into loaves with their hands, standing shin-deep in the mud.

This craft of peat-getting was quite familiar to me, had I not mind-known it I would have remembered by blood and bone, each rhythmic gesture an ancient ritual act of kinship to the earth. Half dazed with content I watched the age-old movements – cut, sling, catch; cut, sling, catch – each block of moist blood-dark humus no larger nor smaller than another.

The forenoon almost spent, finally I attached myself to a man I knew, who worked a peat bank with his son's help. The son stood above with wide-fingered open hands, letting the slippery bricks of earth drop easily to rest within them as though he were catching eggs, for when wet the turves were fragile as eggs.

Layer by layer, step by neat step like the unbuilding of a wall the old man worked methodically down the face of the peat seam. It was warm and airless in the hole, and a patch of sweat stuck the shirt to his back. He was a big, powerful, rawboned man with thonged, weather-beaten, age-mottled forearms – an aged man for such a young son. I knew there were seven girls in the family and only this, the youngest, a boy who favoured his mother in the face but had his father's high strong Norman nose and big-boned frame.

und wenn der freie Tag da war, stand ich früh auf und schlüpfte, um Pflichten aus dem Weg zu gehen, leise aus dem Haus und über das Weideland, durch die feierliche Halle des Buchenwaldes und die steile Hügelflanke hinunter zum ersten See; dann konnte ich die geschäftige, hitzeflimmernde Einöde überblicken, das große Rivarymoor, auf dem die Männer nicht größer als Mäuse schienen.

Eines Samstags kam ich früh zum Rivarymoor und zählte mehr als hundert Männer und Burschen bei der Arbeit. Manche stachen den Torf ab, andere machten Muddetorf und formten den dick ausgebreiteten Modder mit den Händen zu Soden, wobei sie bis zu den Schienbeinen im Mud standen.

Das Torfgewinnen war ein mir wohlvertrautes Handwerk, und hätte ich es nicht mit dem Verstand gelernt, dann hätten sich doch Blut und Knochen daran erinnert, denn jede rhythmische Geste war ein vorzeitlicher, ritueller Akt der Erdverbundenheit. Halb benommen vor Wohlbehagen schaute ich den uralten Bewegungen zu: stechen, werfen, fangen, stechen, werfen, fangen: jeder Block aus feuchtem, blutdunklem Humus, und keiner größer oder kleiner als der andere.

Wenn der Vormittag beinahe vertrödelt war, begab ich mich endlich zu einem Mann, den ich kannte und der mit seines Sohnes Hilfe an einer Torfbank arbeitete. Der Sohn stand oben, hatte die Hände mit den gespreizten Fingern ausgebreitet und ließ die schlüpfrigen Torfziegel gemächlich zwischen ihnen zur Ruhe kommen, als wollte er Eier auffangen, denn naß waren die Torfsoden so zerbrechlich wie Eier.

Schicht um Schicht, Stufe um nasse Stufe arbeitete sich der alte Mann wie beim Abtragen einer Mauer planmäßig die Wand des Torflagers hinunter. Im Loch war es warm und stickig, und das Hemd klebte ihm mit einem Schweißfleck am Rücken. Der Alte war ein großer, mächtiger, grobknochiger Mann mit sehnigen, altersfleckigen Unterarmen, ein bejahrter Mann für einen so jungen Sohn. Ich wußte, daß in der Familie sieben Mädchen waren, und nur dieses Kind, das jüngste, war ein Sohn; im Gesicht glich er seiner Mutter, dazu jedoch hatte er die hohe, starke Normannennase des Vaters und dessen grobknochigen Körperbau.

He was a cocksure youth, which was natural enough with eight adoring women in his home, but he was also pleasant and seriously responsible, conscious of heritage to farm and name.

He joked with me as he passed to and fro with his sideless barrow, with one quick tip sliding the turves on to their ends on the heather-stripped spongy sward so they could dry out and drain enough to hold together for windrowing.

And often, guilelessly, he endeavoured to impress me that manhood was securely with him and that the four years in his eighteen made him full adult and tied me to boyhood. He walked with arrogance, aware of his broad back and deep chest cage, square wrists and bulging forearms; handling with extravagant ease the heavy barrow, its solid wooden wheel on wooden axle nostalgically ululant, the dolorous sounds taking sides in my mind with a waft of cloud-darkened wind that moved over rush and reed and arched the bees' itinerant flight. I shuddered, anxious with the feeling my mother said was caused by a goose walking over the place my grave would be and making me see always a grey goose with wet, pink-webbed, cold feet.

But a golden swath of sunlight came again, and hands behind head, lying on the warm earth with half-shut eyes I watched him, his fair freckled skin sun-red down to the collarbones and fading to girlish whiteness on his hairless chest;

the back of his strong neck a darker red, the rim of light fair hair tonsured by the cap-band and made dark with sweat. Like a gage he wore in his cap a sprig of elder, against the early flies that annoyed him when he had both hands on the barrow handles.

Without envy I gloried in his energy, thinking it wonderful to be so strong and capable, so tireless

Der Sohn war ein selbstsicherer Bursche, ganz begreiflich bei acht Frauen im Haus, die ihn vergötterten, aber er war auch freundlich und voll ernsten Verantwortungsgefühls, eingedenk des Erbes von Farm und Namen. Er scherzte mit mir, wenn er mit seinem Schubkarren ohne Seitenwand hin und her ging und mit einem einzigen raschen Kippen die Torfsoden auf die vom Heidekraut befreite, poröse Rasenschwarte gleiten ließ, so daß sie genügend abtropfen und austrocknen konnten, um später beim Aufstapeln zusammenzuhalten.

Und oft bemühte er sich arglos, bei mir den Eindruck zu erwecken, daß die Männlichkeit ganz auf seiner Seite sei und daß die vier Jahre, die er mir mit seinen achtzehn voraus hatte, ihn zu einem richtigen Erwachsenen machten und mich ins Knabenalter verwiesen. Er schritt anmaßend einher und war sich seines breiten Rückens und tiefen Brustkorbs, der starken Handgelenke und der schwellenden Unterarme wohlbewußt; betont sorglos schob er den schweren Karren, dessen massives Holzrad wehmütig an der hölzernen Achse greinte, und diese Jammerlaute gesellten sich in meiner Vorstellung zu einem Hauch wolkendüsteren Windes, der über Schilf und Rohr zog und die Bienen von ihrem Wanderflug ablenkte. Ich erschauerte und fürchtete mich, was, wie meine Mutter sagte, daher rührte, daß eine Gans über die Stätte meines künftigen Grabes lief, und immer sah ich dann eine graue Gans mit nassen, kalten, rötlichen Schwimmhaut-Füßen.

Doch dann brach wieder ein goldener Schwaden Sonnenschein hervor, und, die Hände unter dem Kopf und mit halbgeschlossenen Augen auf der warmen Erde liegend, sah ich ihm zu: seine blonde sommersprossige Haut war bis zum Schlüsselbein rotgebrannt und verblich auf der unbehaarten Brust zu mädchenhafter Weiße; sein starker Nacken war von einem dunkleren Rot und der Saum des hellen blonden Haares durch den Mützenrand abgeschnitten wie eine Tonsur und dunkel von Schweiß. An seiner Mütze trug er wie eine Helmzier einen Holunderzweig als Abwehr gegen die ersten Fliegen, die ihn belästigten, wenn er beide Hände auf den Karrengriffen hatte.

Ohne Neidgefühl freute ich mich seiner Tatkraft und fand es wunderbar, so stark und tüchtig zu sein, so unermüdlich

and lightly moving; to be so unerring in the catching of the upspinning peat and so craft-conscious in gesture, hand, timing, and body; to be so free, so close to manhood, his coming and going no longer questioned and his word accepted. Packy was his name – Packy Reilly.

And he became for me a sudden symbol for the May and all of spring's fulfilment: a concrete being but a fit omen for the time; and I was proud of him as I knew the father was proud, and because so obviously did the old man love him, so also did I love him and loved the father for loving so.

By midday the communal fires were kindled and when the water boiled the cooks called. For me the meal was a rural Eucharist. I ate with their eating and filled myself with their satisfaction. They were all hungry and tired, some of them not having tasted food since dawn, for many came to the bog from afar. Before the bread's breaking each one removed his head-gear, the older men doing so with embarrassment and rubbing hopeful hands over naked domes, still not convinced after so many years that their hairs had gone for good.

The Reillys shared their food with me. I knew before-hand their butter was sweet and not rancid. In return I would help Packy windrow, a stooping task the old man did not relish. The open fires gleamed genially, the flames making fairy whirlpools of hot air that swayed the hazel canopy overhead.

Replete, the men lolled back and smoked, talking of other bog days with slow memories that might have been their own or those of past ancestors, I larked with the younger lads for half an hour, jumping bog-holes and battling with turf-sods.

In the hills' lee the flat of marsh and bog was hot as August and after the windrowing I walked carefully to the lake's edge to bathe and saw the darkness delve

und leichtfüßig; so sicher im Auffangen des hochwirbelnden Torfziegels und seines Handwerks in Gebärde, Hand, Zeitmaß und Körper so kundig; so frei zu sein, so dicht vor dem Mannestum, daß sein Kommen und Gehen nicht länger erörtert und sein Wort anerkannt wurde. Packy hieß er, Packy Reilly.

Und mir wurde er zum Sinnbild für den Mai und alle Frühlingserfüllung: ein körperliches Wesen, und doch auch ein Omen, geeignet für die Jahreszeit; und ich war stolz auf ihn und wußte, daß auch sein Vater stolz war, und weil der alte Mann ihn so offensichtlich liebte, liebte auch ich ihn und liebte den Vater, weil er so liebte.

Gegen Mittag wurden die gemeinsamen Feuer angezündet, und wenn das Wasser kochte, riefen die Köche. Für mich war die Mahlzeit ein ländliches Sakrament. Ich aß, wie sie aßen, und sättigte mich, wie sie sich sättigten. Sie waren alle hungrig und müde; manche hatten seit dem Morgengrauen keinen Bissen gehabt, denn viele kamen von weither ins Moor gezogen. Ehe das Brot gebrochen wurde, entblößte jeder sein Haupt, und die älteren Männer taten es in einiger Verlegenheit und strichen sich mit hoffnungsvoller Hand über den kahlen Schädel, noch nach so vielen Jahren nicht ganz überzeugt, daß ihr Haar ein für allemal verschwunden war.

Die Reillys teilten ihr Essen mit mir. Ich wußte schon vorher, daß ihre Butter frisch und nicht ranzig war. Als Entgelt half ich Packy beim Torfstapeln, eine Bückarbeit, die der alte Mann nicht schätzte. Die offenen Feuer glänzten freundlich, und die Flammen ließen die erhitzte Luft in Hexenwindchen kreiseln, daß der Haselbaldachin darüber sich hin und her wiegte. Gesättigt streckten sich die Männer lang hin und rauchten und sprachen in trägem Erinnern von andern Tagen im Moor, die ihr eigenes Erleben oder das von verstorbenen Vorfahren sein konnten, während ich eine halbe Stunde lang mit den jüngeren Burschen herumtollte, über Moortümpel sprang und Schlachten mit Torfsoden ausfocht.

Das Sumpf- und Marschland, das im Windschatten der Hügel lag, war so heiß wie im August; und nach dem Aufstapeln trat ich vorsichtig ans Seeufer, um zu baden, und sah das

down fifteen feet to a weed-green bottom, a sublacustrine world of eel, salmon, perch, bream, and insensate pike; airless, aloof, and somehow more frightening than the grey rock-rimmed restless depths of the sea-loch. And again, unreasonably, I heard the peat barrow's nocturnal wheel song, two lugubrious notes it had, like the ass just then braying; a little minor chord, maybe B-flat and E. It moved across the bog; twoscore other barrows sobbed similarly and a hawk-like cuckoo made the swallows give their low two-noted warning that was the same tone as the barrow song; all sounds flowing softly down into this little hollow of music.

But I gazed about, satisfying myself that May was still safe and sound in sun, wind and cloud. And then I first saw the bream. I thought a hand of wind was fingering the oil-calm surface but then I saw the dorsal fins slicing the water. This was the first bream school I had ever seen, this little mad miracle of countless sperming fish troubling the water. I crouched staring, knowing normally they were shy and secretive bottom feeders and now bold and careless in their seething shoal.

They bore inward till I could see their forms and distorted shadows in the sunlit shallows: large and small – some of the big ones twenty pounds. I wanted to keep them to myself but I also wanted to catch them and could not catch them all. Turning to the bog I shouted, cupping the call with both hands and throwing it aloft like stone from sling.

"Bream! Bream! A school – a school!"

I might have sworn ransom to the first who reached me. Every man and boy downed work and doubled over, falling, swearing, laughing in their haste and splashing into the water beside me with staring eyes and open mouths and chests heaving with the race. I got out of the way, for they scared me

Dunkel fünf Meter tief zu grün verkrautetem Grund abfallen, eine Unterwassersumpfwelt von Aal, Lachs, Barsch, Brassen und dem gefühllosen Hecht: ohne Luft, abgesondert und doch noch furchteinflößender als die graue, felsenumsäumte, rastlose Tiefe des Lochs am Meer. Und wieder hörte ich, unbegreiflich, des Torfkarrens nächtlichen Radgesang; er hatte zwei kummervolle Töne, wie der Esel, der gerade schrie; einen kleinen Moll-Klang, vielleicht h-e. Das Karrenlied zog über das Moor: vierzig andere Karren jammerten ähnlich, und ein habichtartiger Kuckuck ließ die Schwalben ihren leisen, zweistimmigen Warnruf ausstoßen, der den gleichen Klang hatte wie das Karrenlied. Alle Klänge flossen sanft hinab in diese kleine Musikmulde.

Doch ich blickte mich um und überzeugte mich befriedigt, daß der Mai noch wohlbehalten in Sonne, Wind und Wolken steckte. Und dann erblickte ich als erster die Brassen. Ich glaubte, der Wind berührte die ölglatte Oberfläche, doch da sah ich, wie die Rückenschuppen das Wasser aufschlitzten. Es war der erste Brassenschwarm, den ich je gesehen hatte, dies verrückte kleine Wunder zahlloser milchender Fische, die das Wasser beunruhigten. Ich kauerte mich hin und starrte sie an; ich wußte, daß sie sonst scheu und verstohlen auf dem Seegrund Nahrung suchten, doch jetzt waren sie kühn und unbedacht in ihrem siedenden Schwarm. Sie lenkten ein, bis ich ihre Umrisse und verzerrten Schatten in der sonnenhellen Untiefe sah: große und kleine, ein paar von den ganz großen wohl zwanzig Pfund schwer. Ich wollte sie für mich behalten, aber ich wollte sie auch fangen und konnte doch nicht alle fangen. Ich drehte mich zum Moor um und rief, formte den Ruf mit beiden Händen und warf ihn hoch wie den Stein von der Schleuder.

«Brassen! Brassen! Ein Schwarm – ein Schwarm!»

Ich hätte dem ersten, der bei mir ankam, ein Lösegeld abverlangen sollen. Jeder Mann und Bursche warf die Arbeit hin und raste los, stolperte, fluchte, lachte vor lauter Eile und platschte neben mir ins Wasser, Augen und Mund weit aufgerissen und die Brust vom Wettlauf keuchend. Ich trat beiseite, denn sie ängstigten mich ein wenig und erinnerten mich

a little, reminding me of tales I had read somewhere about mobs trampling living bodies underfoot.

Excitement owned them all; uncaring, they plunged after the bream, slashing with sticks, sleans, and forks; falling over each other, inadvertently hitting and hurting each other so several petty scrimmages arose, as if they were also drunk with life and May and obeyed a race law in primitive abandon, the rut-drowsed fish quite lost in the splashing.

Packy Reilly was in the van, the first to catch a big one with his bare hands, kneeling belly-deep in water and holding up the curving life-arc in unconscious Protean mime.

Now and again a big flat brown form rose through the air and bounced on the grass, pitched quivering off fork prongs or half stunned with sticks. Soon two score and more fish flapped on the grass, slapping against each other, enduring agony, their element but a few tragic feet away.

Slowly the wild enthusiasm died down as belatedly the bream reacted to danger and moved out into deep water. One by one the exhausted humans waded ashore, now slightly self-conscious in proportion to their years. They started stripping and wringing out their clothes.

"Packy! Where's Packy?" a strong imperious voice demanded. "Packy!"

Talk, laughter, and all movement froze save for the slip-slap of the dying bream. All heads turned to old Reilly, then to each other wonderingly as if they'd been asked an awkward question. They looked about, over the grass by their feet, behind each other as though big Packy were a hop-o'-my-thumb and crouching at an instep; but they never lifted an eye to the lake.

"Packy! Where is he?" Reilly roared, his staring eyes wideshot with fear. He caught a neighbour's arm and bellowed Packy in his ear as if the man were

an Erzählungen, die ich irgendwo gelesen hatte, in denen der Pöbel lebendige Menschen zu Tode getrampelt hatte.

Die Aufregung hatte sie alle gepackt; unbekümmert tauchten sie nach den Brassen, peitschten mit Stöcken, Spaten und Forken, fielen übereinander, trafen und verletzten sich aus Versehen, so daß es zu kleinen Raufereien kam, als wären auch sie trunken von Leben und Mai und gehorchten in primitiver Ausgelassenheit einem uralten Gesetz, während die brunstbenommenen Fische beim Planschen nicht aus noch ein wußten.

Packy Reilly war an der Spitze gewesen, der erste, der mit den bloßen Händen einen großen Fisch fing: bis zum Bauch kniete er im Wasser und hielt in unbewußt proteushafter Gebärde den sich krümmenden Lebensbogen in die Höhe. Immer wieder flog ein großes, flaches braunes Geschöpf in die Luft und prallte aufs Gras, zuckend von Gabelzinken fortgeschleudert oder halb betäubt von Stockhieben. Bald zappelten über vierzig Fische auf dem Rasen und klatschten in ihrer Todesqual aufeinander, während ihr Lebenselement doch nur ein paar tragische Schritte entfernt lag.

Langsam verebbte die wilde Begeisterung, als die Brassen spät genug auf die Gefahr reagierten und ins tiefe Wasser hinauszogen. Die erschöpften Männer wateten einer nach dem andern ans Ufer, im Hinblick auf ihre Jahre jetzt leicht verlegen. Sie begannen, ihre Sachen abzustreifen und auszuwringen.

«Packy? Wo ist Packy?» fragte eine starke, gebieterische Stimme. «Packy?»

Geschwätz, Lachen und jede Bewegung erstarrten – abgesehen vom Pitschpatsch der sterbenden Brassen. Aller Köpfe wandten sich erstaunt dem alten Reilly und dann einander zu, als wäre ihnen eine peinliche Frage gestellt worden. Sie blickten um sich, blickten über das Gras zu ihren Füßen und hinter sich, als wäre der große Packy ein Däumling und duckte sich hinter einem Schuhspann; doch zum See blickte keiner hinüber.

«Packy? Wo ist er?» brüllte Reilly, und seine weit aufgerissenen Augen starrten angstvoll. Er packte einen Nachbar beim Arm und kläffte ihm «Packy?» ins Ohr, als ob der Mann sich

hiding the youth for a poor joke. Then he listened to the stark silence through which the name tripped faintly off the scrubland and came lightsomely, gaily back – Packy! Packy! Packy! – answering itself each time with many voices more faintly, faintly, faint until it also wearied of the search and fell silent; but not for me. The name Packy had leagued with the barrow's two-noted song.

They all wasted seconds to arrive perforce at the same frightening conclusion; not so much wasted as ill spent the time in case there might have been a happier answer. Every eye now moved reluctantly to the mud-stirred lake and I saw again the dull depth-fall to the green bottom that could have as many feet again of liquid mud under the weeds.

With a startling animal howl Reilly ran into the water. He forced his thighs against the increasing pressure with grotesque high prancing: falling flat, disappearing, rising, surging on, his shirt now flimsy and clinging to his frame as the sweat had stuck a patch of it to him in the boghole.

As a lash his wailing seared me with new guiltiness, for his cries had the same pitch and cadence as the barrow's dirge and the ass's bray, and Reilly now choired requiem for Packy and also for my May.

Two neighbours ran after him, catching his arms, talking and trying to restrain him. They knew he could not swim.

"Let me out!" he mouthed. "Lemme go, God damn ye, lemme go!"

He struggled, all friends now enemies, spraying the water into a rainbow. . . . "I'll kill ye if ye don't let go of me! Packy. . . ."

The two men closed in and he gave up, sobbing and so spent that they had to half lift him back as if he had just been rescued.

Three other men, strong swimmers, had stripped

einen schlechten Scherz geleistet und den Burschen versteckt hätte. Dann lauschte er in das tiefe Schweigen, durch das der Name leise vom Buschwald forttrippelte und leichtfüßig und heiter zurückkehrte – Packy! Packy! Packy! –, sich jedesmal selber Antwort gebend, mit vielen Stimmen, immer leiser, leiser, leise, bis auch er der Suche müde wurde und verstummte; doch nicht für mich. Der Name Packy war nun mit den zwei Noten des Karrenliedes verschmolzen.

Alle vergeudeten sie Sekunden, ehe sie notgedrungen zu dem gleichen entsetzlichen Ergebnis kamen; nicht so sehr vergeudet, als schlecht ausgenützte Zeit, für den Fall, daß es eine glücklichere Antwort gegeben hätte. Jedes Auge wanderte jetzt widerwillig zum aufgewühlten See, und ich sah wieder den dunklen Steilabfall zum grünen Grund, der unterm Seegras noch ebensoviel flüssigen Schlamm bergen mochte.

Mit einem erschreckend tierischen Geheul rannte Reilly ins Wasser. Er zwang seine Schenkel mit groteskem, hochbeinigem Stampfen gegen den zunehmenden Druck des Wassers, fiel längelang hin, verschwand, tauchte wieder auf und strudelte weiter: sein Hemd war dicht um seinen Oberkörper geklatscht wie vorhin im Torfloch vom Schweiß an einer kleinen Stelle des Rückens. Wie eine Peitsche brannte mich sein Gejammer mit neuem Schuldbewußtsein, denn seine Schreie hatten gleichen Ton und gleiches Intervall wie die Klage des Karrens und das Eselsgeschrei; Reilly sang das Requiem für Packy und für meinen Mai.

Zwei Nachbarn liefen ihm nach, packten ihn bei den Armen, redeten auf ihn ein und versuchten, ihn zurückzuhalten. Sie wußten, daß er nicht schwimmen konnte.

«Laßt mich los!» schrie er. «Laßt mich gehn, verdammt! Laßt mich gehn!»

Er wehrte sich – alle Freunde waren jetzt Feinde – und verspritzte das Wasser zu Regenbogenfarben. «Ich schlag euch tot, wenn ihr mich nicht gehn laßt ... Packy!» Die zwei Männer hatten ihn eingekreist, und er gab schluchzend und so erschöpft nach, daß sie ihn halb tragen mußten, als wäre er gerade gerettet worden.

Drei andere Männer, tüchtige Schwimmer, hatten sich aus-

and gone into deep water. Their black heads bobbing like otters at play, they dived together, round white backsides turning up as they disappeared, and then again and again the black heads bobbed, gasping and spewing, taking fresh breaths and going down again. One man waded in exhausted, saying something about being caught in the bottom weeds and all heads nodded wisely with knowing ayes of assent droning like a amen. The man was vomiting noisily, his ridged rippling stomach going flat and hollow with each painful retch.

The other two persisted, coming up, going down – black heads, white bodies, bubbles and writhing water that still seemed harmless under the sun. Then one surfaced and made signs to the shore with his right hand.

Voices said: "They've got him!" A boy who knew no better cheered and someone clouted him. He fell head over heels and began to snuffle and another lad smiggered. I wanted to laugh as well, although I knew laughter would now be weeping.

Old Reilly paid no heed and sat whimpering on a stone, muttering now not his son's name but the name of his wife over and over again: Bridie, Bridie, Bridie . . . as though asking her for comfort while attempting to make up a reasonable story, his craggy peat-stained hands fumbling over his shining bald head – doubtfully, as though he had already disremembered what he had been starting to say to his wife and did not know how to set about rethinking it.

His grief disturbed everyone. They glanced at him shyly – ashamed and scared of him and his sorrow, and wishing he would take it somewhere else. They were fully sympathetic but quite unable to measure or match with approximate agony the agony of his wild suffering. They all knew as I knew that Packy was his only son and last one, the mother not

gezogen und gingen ins tiefe Wasser. Ihre Köpfe hüpften auf und ab, wie Ottern beim Spiel; sie tauchten gemeinsam, runde weiße Hintern wandten sich nach oben, als sie verschwanden, und dann hüpften die schwarzen Köpfe in die Höhe, immer wieder, keuchend und spuckend, frischen Atem schöpfend und wieder keuchend. Der eine Mann watete abgekämpft an Land und sprach davon, daß er sich in den Pflanzen drunten verfangen habe; alle Köpfe nickten weise, und ihr wissendes, zustimmendes «Aye!» schnarrte wie ein Amen. Der Mann erbrach sich geräuschvoll, und bei jedem schmerzhaften Stoß wurde sein gefurchter, faltiger Bauch flach und hohl.

Die beiden andern Männer hielten beharrlich aus, kamen hoch, gingen nach unten, schwarze Köpfe, weiße Körper, Luftblasen und verzerrtes Gewässer, das in der Sonne immer noch harmlos schien. Dann kam der eine an die Oberfläche und gab denen am Ufer mit der Rechten ein Zeichen. Stimmen sagten: «Sie haben ihn!» Ein Junge, der es nicht besser verstand, stieß einen Freudenschrei aus, und jemand versetzte ihm einen derben Hieb. Er fiel Hals über Kopf hin und begann zu winseln, und ein andrer Junge grinste. Ich hätte auch gern gelacht, obwohl ich wußte, Lachen wäre jetzt Weinen.

Der alte Reilly beachtete es nicht, sondern saß wimmernd auf einem Stein und stammelte nicht mehr den Namen seines Sohnes, sondern immer wieder den Namen seiner Frau: Bridie, Bridie, Bridie ... als bitte er sie um Trost, während er versuchte, sich eine einleuchtende Geschichte auszudenken; seine knochigen torfbraunen Hände tasteten über die blanke Glatze – zweifelnd, als hätte er bereits wieder vergessen, was er seiner Frau zu sagen begonnen hatte, und wüßte nicht, wie er es anstellen sollte, noch einmal darüber nachzudenken.

Sein Kummer verwirrte jeden. Sie blickten ihn scheu an, beschämt und voller Furcht vor ihm und seinem Gram, denn sie wünschten, er sollte ihn lieber anderswohin tragen. Sie waren voller Mitgefühl, doch konnten sie der Qual seines wilden Leids unmöglich eine ähnliche Qual entgegenhalten. Sie wußten alle genau wie ich, daß Packy sein einziger Sohn und sein letztes Kind war, denn die Mutter konnte keine Kinder mehr gebären. Und wie Hunde manchmal einen heulenden,

longer fit to bear again. And as dogs will sometimes rend a howling injured companion, the old man's remote despair and the distant grumbling mystery of it angered them and made them impersonally hate him.

I knew none of them could think clearly above the storm of the mourning; they were not hard men but none was subtle; it filled their heads like shells' sea-sound, muting the near and stately tread of death. Nervously the fathers sought for sons with their eyes and gratefully named them in health.

The divers had gone down together, staying down a long time, the witnesses holding their breaths as well and only exhaling when the men broke surface and turned to the shore, one stroking with his left arm and the other stroking with his right, their right and left hands towing something heavy.

All the spectators made cross-signs, glancing furtively at the father in case he noticed their premature fatalism. For the heavy thing between the swimmers offended them all and I sensed they would as soon have left it there in the weeds under water. One older man went quietly to Reilly, bending down privately to whisper the news; but he was not heeded nor heard at all and Reilly's sorrow-surly indifference to Packy's reappearance seemed to concede victory to death.

The divers had dragged Packy into shallow water, the boy coming in face down, his head hanging between hunched shoulders. They gladly gave him up to the dozen men who met them.

A hundred yards out the bream school still milled about, death-indifferent in life-lust. My mind turned over everything again: Packy, May's prototype and now like the stranded fish; the fish chastely life-lusting to their own increase with pallid sperm sinking greyly unto myriad cold eggs that would hatch under the sun's breast and make more fish for other

verwundeten Gefährten zerreißen, so erregte des alten Mannes einsame Verzweiflung gleichsam wie ein aus der Ferne grollendes Geheimnis ihren Zorn und veranlaßte sie zu einem unpersönlichen Haß.

Ich wußte, daß keiner von ihnen klar über den Sturm der Trauer urteilen konnte; es waren keine harten Männer, doch war auch keiner scharfsinnig; die Klage füllte ihnen die Köpfe wie das Murmeln der Meermuscheln und übertönte den nahen, erhabenen Schritt des Todes. Besorgt suchten Väter mit den Augen nach ihren Söhnen und entdeckten dankbar, daß sie gesund waren.

Die Taucher waren wieder alle nach unten gegangen und blieben lange Zeit unten; auch die Zuschauer hielten den Atem an und schöpften erst Luft, als die Männer durch die Oberfläche stießen und sich dem Ufer zuwandten; der eine holte mit dem linken Arm aus, der andere mit dem rechten, und die rechte und linke Hand hatte etwas Schweres im Schlepptau.

Alle Zuschauer machten das Zeichen des Kreuzes und blickten verstohlen auf den Vater, ob der etwa ihren vorzeitigen Fatalismus bemerkt hätte. Denn das schwere Ding zwischen den beiden Schwimmern beleidigte sie alle, und ich spürte, daß sie es ebensogern im Seegras unter dem Wasser gelassen hätten. Ein älterer Mann trat ruhig zu Reilly, beugte sich über ihn und flüsterte ihm leise die Nachricht zu; doch er wurde überhaupt nicht beachtet oder angehört, und Reillys mürrischgramvolle Gleichgültigkeit bei Packys Wiederauftauchen schien dem Tod den Sieg zuzusprechen.

Die Taucher hatten Packy ins seichte Wasser gezogen: mit dem Gesicht nach unten wurde er gebracht, der Kopf baumelte zwischen den hochgezogenen Schultern. Nun überließen sie ihn gern dem Dutzend Männer, die ihnen entgegenkamen.

Hundert Meter weiter draußen quirlte noch immer der Brassenschwarm, vor Lebensgier gleichgültig gegen den Tod. Mein Geist ging alles noch einmal durch: Packy, der Inbegriff des Maienmonds, und jetzt wie die am Ufer liegenden Fische; und die Fische in keuscher Lebensgier mit bleichem Samen sich vermehrend, der grau auf die Myriaden kalter Eier niedersank, die unter der Brust der Sonne ausgebrütet wurden und mehr

Mays. I glanced nervously at the clump of men and boys, all of them male and hard-lined like myself, muscled and set and manned to beget and suddenly I saw not males but females gentle-breasted and watching Packy's form with anxious eyes, wise in their sorrow.

I shuddered and looked for relief over the fields, lakes, hills, and distant mountains anchored in the sea. . . . I could only peer at Packy from the corner of an eye, ashamed to stare openly, the youth now a stranger and something quite secret and personal.

Instead, I watched the two weary divers and their lean living bodies, their red necks and forearms as Packy's neck and forearms had been sun-red. One of them held his nose in forefinger and thumb and cleared his ears, then blew through each nostril with small tearing sounds.

The second man copied and both started to jog up and down to keep warm. Old Reilly moaned and swayed on his stone.

Packy had been laid face down on a round boulder and two men were pumping his arms, a third astride his buttocks and rising up the ribs with his hands much as hands were held, thumb to thumb, when shaping the magma of mud-turf.

The wet pants and shirt cockled wryly on the body, the taut proud muscles now lax and flabby. . . . I could hardly understand. I had seen death coming to animals but there had always been blood; now there was no blood – just pale loose laxity. And I was disturbed because the abandoned lying of the form to the earth made me see little difference between earth and form, the blond hair now dank beaver-brown with young green waterweeds in it and a garland *gage* of weeds wound round his waist.

The sobbing father paid no heed and the men kept working on Packy. The men round the body looked at each other and shrugged, and one by one the ob-

Fische für andre Maienmonde hervorbrachten. Ich blickte nervös auf den Klumpen Männer und Knaben, alle männlich und mit harten Zügen, wie ich, muskulös und bestimmt und ausgerüstet zu zeugen, und plötzlich sah ich nicht Männer, sondern Frauen mit sanfter Brust, die Packys Gestalt mit ängstlichen Augen betrachteten, weise in ihrem Leid.

Ich schauderte und sah trostsuchend über Matten und Seen, Hügel und ferne Berge, die im Meer verankert waren ... Ich konnte nur von der Seite zu Packy spähen – ich schämte mich, unverhüllt zu schauen, da der Jüngling jetzt ein Fremder war und etwas ganz Verschwiegenes und Persönliches.

Statt dessen betrachtete ich die beiden müden Taucher und ihre mageren, lebendigen Körper, Nacken und Unterarme rotgebrannt, wie auch Packys Nacken und Unterarme rotverbrannt gewesen waren. Der eine klemmte die Nase zwischen Daumen und Zeigefinger und leerte sich die Ohren, dann blies er durch jedes Nasloch, und es klang wie Zerreißen. Der zweite Mann tat es ihm gleich, und beide begannen, auf und ab zu springen, um sich zu erwärmen. Der alte Reilly auf seinem Stein ächzte und schwankte.

Packy war mit dem Gesicht nach unten über einen Felsblock gelegt worden; zwei Männer pumpten mit seinen Armen; ein dritter saß rittlings auf seinem Kreuz und hob seine Rippen an, die Hände so gehalten, wie man das Magma des Muddetorfs formt, Daumen an Daumen.

Die nasse Hose und das Hemd spannten sich verdreht um den Körper; die strammen, stolzen Muskeln waren schlaff und lose ... Ich konnte es kaum verstehen. Ich hatte gesehen, wie der Tod zu Tieren kam, doch immer war Blut dabeigewesen; jetzt war kein Blut da, nur bleiche, schlappe Mattigkeit. Ich war verwirrt, weil das haltlose Daliegen der Gestalt auf der Erde kaum einen Unterschied zwischen Erde und Gestalt erkennen ließ, da das blonde Haar jetzt ein feuchtes Biberbraun war, mit grünen Wasserpflanzen dazwischen, und ein Grabgebinde aus Seegras wand sich um seine Hüften.

Der schluchzende Vater blieb unbeteiligt, und die Männer fuhren fort, an Packy zu arbeiten. Die Herumstehenden blickten einander an und zuckten die Achseln, und einer nach dem

servers removed their headgear and the old men still ran tentative hands over their bald domes: this not for the bread's breaking.

No one noticed my departure and that it was unseen seemed ominously condemning. I stepped over the dying still-living fish that smelled faintly of lake mud, their gills hopelessly gnawing the cruel air.

Looking back, I saw the knot of men and boys, resembling flies gathered on a mirror against the lake-caught sun.

By the roads, I told myself. I will go home slowly this day by the roads and maybe find a man or woman or young fair girl going my way and we will talk and walk together and listen to each other's livingness.

A wild duck startled me. Absently I stopped to count the blue-washed eggs thinking that if there were ten Packy was dead but if eleven he was alive. There were eight eggs as the bird flew swift and low to the lake, banking across the mourners and glancing over the scrubland like a bullet. I knew she would faithfully orbit her nest until I went away.

Distance knitted now and the bog men seemed to merge into one small motionless figure by the strand. Two martins with very white vests came together overhead: turning as one, then treading the air and coming beak to beak, chuckling to each other at the mallard's foolishness and fear.

This world of nature was once my whole world and demiparadise; no other angel present save the kindly ones that graced me to live peacefully with any beauty eye could discover; no sickness, sorrow, not affliction, no suffering nor death: all humans no more than young and old and only incidentally male and female by shape and member as animals were male and female.

A bird might fall through age or accident, hawks

andern nahmen die Männer die Kopfbedeckung ab, und die Alten strichen noch immer tastend über ihren kahlen Schädel: diesmal jedoch nicht beim Brechen des Brotes.

Keiner bemerkte, daß ich mich entfernte, und daß mich keiner sah, schien mir wie eine unheilvolle Verdammung. Ich trat über die sterbenden, noch lebendigen Fische, die leicht nach Seeschlamm rochen, und ihre Kiemen benagten hoffnungslos die grausame Luft.

Als ich zurückblickte, sah ich das Knäuel aus Männern und Knaben, die vor der im See eingefangenen Sonne wie auf einem Spiegel versammelte Fliegen aussahen. Über die Landstraßen, sagte ich mir. An diesem Tag will ich langsam über die Landstraßen heimgehen und vielleicht einem Mann oder einer Frau oder einem jungen, schönen Mädchen begegnen, die den gleichen Weg gehen, und dann wollen wir miteinander sprechen und gehen und einer auf des andern Lebendigsein lauschen.

Eine Wildente erschreckte mich. Geistesabwesend blieb ich stehen, um die blaugetünchten Eier zu zählen, und dachte dabei, wenn es zehn wären, wäre Packy tot, doch wenn es elf wären, dann lebte er. Es waren acht Eier; der Vogel flog rasch und tief zum See, quer über die Leidtragenden hinweg, wie eine blitzende Kugel übers Buschland. Ich wußte, daß die Ente ihr Nest getreulich umkreisen würde, bis ich wegging.

Die Ferne verwob jetzt alles, und die Torfleute am Ufer schienen zu einer einzigen reglosen kleinen Figur geronnen. Zwei Mauersegler mit sehr weißen Westen begegneten sich mir zu Häupten: beide machten kehrt, als wären sie eins, und dann blieben sie an Ort, Schnabel an Schnabel, und kicherten miteinander über die Dummheit und Angst der Wildente.

Diese Welt der Natur war einst meine ganze Welt, das halbe Paradies; keine anderen Engel waren anwesend als die gütigen, die mir gewährten, in Frieden mit aller Schönheit zu leben, welche das Auge entdecken konnte; weder Krankheit noch Sorge, weder Leiden noch Trauer und Tod: alle Menschenwesen nichts anderes als jung und alt, und nur zufällig männlich und weiblich, je nach Gestalt und Gliedern, wie auch die Tiere männlich und weiblich sind.

Ein Vogel mochte enden durch Alter oder Unfall, Habichte

took their due toll, foxes seized weakling lambs and gulls and grey crows picked the white bones, stoats lusted after rabbits: but these were all natural departures and deaths, if deaths at all; life thriving at the expense of life with reason and unknown purpose much as leaf-fall fed the next bud-burst: these were the slow eternal things, as the year was and the seasons; one might not waste too much pity on them.

Old people lived stiffly, safely on and babies thrived; and although the parish sexton – that round-backed ancient with grey quiet points for eyes, always with red sub-earthly clay under his long nails – although he often marked with lingering bell a neighbour's passing, he also tolled imperatively for worship, joyously for marriages, and contemplatively for the angelus.

I passed an old elderbush and pinched off a leafy *crown*, smelling the sap-sour scent of the wounded stem. Packy's gage had been elder and I examined the plant, feigning interest in it but only to beg time, to delay what I now had to think while not knowing how to think, since I had no concepts ready to fit my feelings in this new territory of my soul. I was only a boy, and yet no man might guide me here save that which for well or for ill was the becoming man in me.

Crushing the fetid leaves in my hand I faced the change at last in its unresolved totality and acknowledged for the first time that my world was also full of people – humans, humankind – not only inhabited by shadows, fixed institutions, and the elemental movement of wind and star. Tears were running down my cheeks and not all of them for Packy nor for myself nor for my May, but for strange self-loneliness.

Down by the lake two dots that were men led a larger dot that was a horse and cart toward the

forderten den ihnen zukommenden Tribut, Füchse überfielen schwache Lämmer, und Möwen und graue Krähen pickten an den weißen Knochen; Wiesel gierten nach Kaninchen: aber das waren alles natürliche Abgänge und Tode, wenn überhaupt Tode; mit Recht und zu einem unbekannten Zweck gedieh Leben auf Kosten von Leben, genau wie das Blätterfallen den nächsten Knospenblust nährte: es waren alles langwährende, ewige Dinge, wie das Jahr und die Jahreszeiten; man brauchte nicht zuviel Mitleid an sie zu verschwenden.

Alte Leute lebten steifknochig und unversehrt weiter, und Kleinkinder gediehen; und obwohl der Küster – der rund-rückige Alte mit Augen wie stille graue Punkte, der immer roten, unterbödigen Lehm unter den langen Nägeln hatte – ob-wohl er oft mit zögernder Glocke eines Nachbars Hinscheiden ankündigte, so läutete er doch auch gebieterisch zum Gottes-dienst, fröhlich zu Hochzeiten und besinnlich zum Angelus.

Ich kam an einem alten Holunder vorbei, knickte einen belaubten Buschen ab und roch den saftig-sauren Duft des verwundeten Stiels. Packys Helmzier war auch ein Holunder gewesen, und ich musterte die Pflanze und heuchelte Interesse, doch nur, um Zeit zu gewinnen, um aufzuschieben, was ich bedenken mußte – ohne zu wissen, wie es bedenken, weil ich keine Begriffe bereit hatte, mit denen ich meine Gefühle in diesen neuen Bereich meiner Seele hätte eingliedern können. Ich war nur ein Knabe, und doch konnte mich hierin kein Mann leiten, außer dem einen, der auf Gedeih und Verderb der werdende Mann in mir selber war.

Ich zerquetschte die stinkenden Blätter in meiner Hand, und schließlich blickte ich dem Neuen in seiner ungelösten Ganz-heit ins Auge und gab zum erstenmal zu, daß meine Welt auch voller Leute war – voller Menschen, Menschheit – und nicht nur bewohnt war von Schatten und ehernen Gesetzen und dem Urrhythmus von Wind und Stern. Tränen liefen mir über die Wangen, und nicht alle um Packy oder mich oder den Maien-mond, sondern aus einer fremden Ichverlassenheit.

Unten am See führten zwei Punkte, die Männer waren, einen größeren Punkt, der Pferd und Wagen war, ans Ufer des Sees, und ich wußte, daß es die Bahre für Packy war und die

strand, and I knew this was to be Packy's bier and May's bier and bier also for fourteen *feckless* years of life that counted infant, child, and boy.

And I knew the cortège would wend slowly up the valley, Packy lying on the cart's scratched dusty floor, the unsprung ironshod wheels sinking to the naves at times in the ruts cut deeply in the peat and jolting his head and jerking his limbs as if he tossed in sleep; maybe he was still asleep, or reborn, or undying into death as the bream took time to die.

Perhaps the men would think kindly to strew the cart's floor with rush and marsh mint and wild thyme and line the box with asphodel and pearly ropes of hawthorn and set a sprig of elder between the horse's ears to drive away the flies.

And soon now the church bell from its high place would clang across the parish, lifting all heads to hear, between each slow strike, its own long-dying note – the sound of the barrow's trundle-song and the scrape of the coal-house door of my childhood and the first wild world-cracking shriek of an infant.

Bahre für den Maimond und auch die Bahre für vierzehn erledigte Lebensjahre, die für Säugling, Kind und Knabe galten. Und wußte, daß der Zug langsam ins Tal ziehen würde, und Packy würde auf dem zerkratzten, staubigen Boden des Wagens liegen, und die ungefederten, eisenbeschlagenen Räder würden manchmal bis zu den Naben in den Furchen versinken, die tief in den Torfboden eingeschnitten waren, so daß sein Kopf wackelte und seine Glieder zuckten, wie wenn er sich im Schlaf wälzte; vielleicht schlief er noch, oder er war wiedergeboren, oder er starb langsam in seinen Tod hinein, wie auch die Brassen Zeit für ihr Sterben brauchten.

Vielleicht dachten die Männer freundlich daran, auf den Wagenboden Binsen zu streuen und Wiesenminze und wilden Thymian; und den Kasten mit Asphodill und perlendem Weißdorn zu schmücken und einen Zweig Holunder zwischen die Ohren des Pferdes zu stecken, um die Fliegen zu verscheuchen.

Und bald erklang die Kirchturmglocke von ihrem Platz hoch über der Pfarrgemeinde, daß alle aufhorchten, und nach jedem schweren Schlag ihr eigener langhinsterbender Ton: der gleiche wie im Lied des Karrenrades und im Scharren der Kohlenschuppentür meiner Kindheit, und im ersten wilden, weltzerreißenden Schrei eines Neugeborenen.